古代歷史文化 研究輯刊

十 編

王明蓀 主編

第 25 冊

晚清紳士與政治整合研究：
以知識權力化整合模式爲路徑

郭劍鳴 著

國家圖書館出版品預行編目資料

晚清紳士與政治整合研究：以知識權力化整合模式為路徑／
郭劍鳴 著 — 初版 — 新北市：花木蘭文化出版社，2013〔民
102〕
目 4+216 面；19×26 公分
（古代歷史文化研究輯刊 十編；第 25 冊）
ISBN：978-986-322-353-5（精裝）
1. 中國政治制度　2. 清代
618　　　　　　　　　　　　　　　　　　102014429

ISBN-978-986-322-353-5

古代歷史文化研究輯刊
十　編　第二五冊　　　　　　　ISBN：978-986-322-353-5

晚清紳士與政治整合研究：
以知識權力化整合模式爲路徑

作　　　者　郭劍鳴
主　　　編　王明蓀
總 編 輯　杜潔祥
出　　　版　花木蘭文化出版社
發 行 所　花木蘭文化出版社
發 行 人　高小娟
聯 絡 地 址　235 新北市中和區中安街七二號十三樓
　　　　　　電話：02-2923-1455／傳真：02-2923-1452
網　　　址　http://www.huamulan.tw 信箱 sut81518@gmail.com
印　　　刷　普羅文化出版廣告事業
初　　　版　2013 年 9 月
定　　　價　十編 35 冊（精裝）新台幣 62,000 元

晚清紳士與政治整合研究：
以知識權力化整合模式爲路徑

郭劍鳴　著

作者簡介

郭劍鳴，1967 年生，江西吉水縣人，政治學博士，現任浙江財經大學教授、研究生處處長，博士生導師。1992 年畢業於上海復旦大學國際政治系。主要研究中國歷史政治與政府。發表《從傳統知識轉型到傳統政治轉型的邏輯：以晚清譯書業為例》、《晚清災疫政治》等論文與著作 60 餘篇部。

提　　要

　　政治整合是政治發展研究的一個基本課題。整合危機和認同危機被認為是後髮型國家政治發政治整合是政治發展研究的一個基本課題。整合危機和認同危機被認為是後髮型國家政治發展中面臨的嚴峻挑戰。如何提升後髮型國家的政治整合力是發展政治學研究的一個核心問題。根據歷史唯物主義的觀點，一種政治形態的整合力首先取決於該政治形態的性質，但政治性質的變遷並不能自然而然地帶來政治整合力的提升，還必須建構一個能最大限度地聚集政治資源的政治整合模式。而政治性質的變遷最終會體現到政治合法性模式的轉型和國家與社會關係形態的變遷上來，他們是政治整合模式選擇的決定性因素。因此，研究政治整合問題需要從該政治形態所建基的政治合法性模式和國家與社會關係模式入手。這是本文的基本理論預設。

　　探索傳統政治向現代政治轉型中的政治整合模式理論是本文研究的目的。為此，本文選取具有鮮明危機性和轉型性特徵的晚清政治作為研究對象。通過比較紳士在晚清應對不同性質的政治危機謀求政治整合過程中的獨特作用，分析其資源基礎、角色變化和背後的政治文化與政治制度變遷，系統地歸納出中國傳統政治整合的獨特模式──知識權力化，並進一步析出中國傳統政治的政治合法性模式──解釋性政治合法性，以及國家與社會關係的模式──基於紳士為中介的官紳民關係。在此基礎上，將中國傳統的知識權力化政治整合模式同解釋性政治合法性模式以及基於紳士為中介的官紳民關係模式有機地聯繫起來，形成本文的邏輯理路。

　　知識權力化是本文的核心概念。它是自隋唐確立科舉制度以來，逐漸形成的中國傳統政治整合模式。知識權力化政治整合模式是一個集核心理念（道統）、核心知識（儒學經典）、核心制度（科舉制）和核心群體（紳士）於一體的系統。它在中國傳統政治整合中發揮作用是基於這樣的機理運行的：其一，中國傳統政治合法性模式是解釋性的合法性；其二，傳統中國朝廷與社會的關係是以士人群體為中介的基礎上展開的；其三，分散的小農經濟不可能支撐龐大的官僚管理機構，嚴重制約著朝廷的整合力和管理力；其四，由於土地兼並盛行，皇權一直受到地方豪族的威脅。也就是說，不論是從建構合法性來源、應對分散化的管理，還是從化解地方威脅，或者將朝廷的影響力向基層社會滲透，朝廷都需要幫手。這個幫手既要有理論解說力、社會教化力、管理公共事務的能力，還要有抗衡大土地所有者的能力。在傳統中國的諸階層中，士人自然是充當這個幫手的最佳群體。因為他們是道統、禮制和知識的產兒，有勝任上述責任的素質，其地位因不源于財富而具有不定性，不構成對皇權的威脅。因此，根據掌握經典知識而制度化地向社會配置公共權力，便理所當然地成為朝廷整合社會的選擇。

受路徑依賴的支配，知識權力化模式具有明顯的報酬遞增和自我強化的特性，晚清政治整合的主導模式依然是知識權力化的。不過，晚清社會的變遷已嚴重地破壞了知識權力化模式的政治生態。這主要表現為，內憂外患耗損了朝廷的整合資源，動搖了傳統知識的權威，引發了傳統政治知識的危機，最終瓦解了解釋性政治合法性的根基，並推動它向有效性政治合法性模式轉型；同時，以傳統知識為支撐的紳士的權威受到新興階層和傳教士的挑戰，士人不能一如既往地承擔朝廷與社會的中介。尤其是，知識權力化模式有其自身致命的弱點和特定的適應空間。那就是將權力與知識捆綁起來，極大地限制了配以權力的知識的範圍，扼殺了知識階層的創新力，這在相對封閉的政治生態裏或許可以延續，但晚清已成中西方政治競爭之勢。知識危機和政治主體與知識階層創新力的枯竭預示著晚清沿用知識權力化政治整合模式的風險和失敗。

　　本文在研究思路上，跳出了傳統的財富——權力決定論，通過歷史分析，確證了中國傳統政治生活中經典知識與權力的密切互動關係，推進了知識政治學的研究深度。這一進路在馬克斯·韋伯、巴林頓·摩爾、舍勒、卡爾·Ａ·魏特夫等人著述中影約可見。正如韋伯說，那種從經濟權力析出政治權力的辦法過于誇張，進而混淆了「經濟的」、「由經濟決定的」以及「與經濟有關的」各種因素。從知識的視角來解讀政治、權力，將有助於政治學範式的轉型。

　　在研究方法上，本文著眼於從歷史中發現政治問題，是從歷史的角度來揣摩政治的理性，但不是歷史學的論文。所以在研究線路上的安排不是「歷史——歷史」也不是「政治——政治」，而是「政治——歷史——政治」。也就是，先做政治學理論上的假設，接著從歷史事實中對所假定的理論進行分析和驗證；最後在對理論與經驗的綜合中抽象出具有一般意義的權力配置理論和政治整合模式。既然不是歷史學的論文，也就不把注意力放在新史料的挖掘和考證上，而是側重於用政治學理論對已有史料的梳理。力求實現思辨與驗證的統一。

　　本文的核心觀點是：政治整合模式必須以政治合法性模式和國家與社會關係模式為基礎，政治合法性模式和國家與社會關係模式的轉型對政治整合模式的建構和選擇具有支配作用。這是轉型國家政治整合進程中必須遵循的內在規律。正如歷史揭示的那樣，知識權力化政治整合模式是與解釋性政治合法性，以及以士人為中介的朝廷與社會關係模式相匹配的。在這一特定的政治生態裏，知識權力化整合模式有效地動員了朝野的各種資源，較為成功地應對了一個個傳統危機。但當封閉的政治環境打破後，異質危機凸現，原來的政治合法性模式、朝廷與社會關係模式都面臨轉型的壓力，知識權力化政治整合模式也走到了盡頭。

目

次

導　言 ………………………………………………………………… 1
　　一、選題緣起與學術回顧 ……………………………………… 1
　　二、核心概念和理論預設 ……………………………………… 8
　　三、研究對象與研究方法 ……………………………………… 19
　　四、研究思路與主要觀點 ……………………………………… 24
第一章　晚清知識權力化政治整合模式的基礎 ………………… 29
　第一節　小農經濟：知識與權力組合的經濟基礎 …………… 30
　　一、兩種前現代經濟與政治模式 ……………………………… 30
　　二、小農經濟、晚清財政與官僚體制 ………………………… 35
　第二節　儒學文化：知識與權力組合的意識形態 …………… 39
　　一、儒學政治意識形態與士人的權力 ………………………… 39
　　二、晚清學術、知識與政治的互動 …………………………… 43
　第三節　官僚政治：知識與權力組合的制度安排 …………… 47
　　一、嚴正途之選 ………………………………………………… 48
　　二、優待紳士 …………………………………………………… 51
　　三、夯實崇儒氛圍 ……………………………………………… 54
　　四、將學額調整作為政治整合的一種手段 …………………… 58
第二章　救荒中的政治整合：晚清紳士的善舉與知
　　　　識權力化的鞏固 ………………………………………… 59
　第一節　晚清的災疫及其引發的儒學知識與道統
　　　　　問題 ……………………………………………………… 59

一、晚清的災疫 ························· 59

二、晚清的災疫觀：儒學知識與道統危機的
一個側面 ······················ 64

第二節 晚清災疫對官僚管理體系的考驗 ······ 70

一、災疫與晚清的財政危機 ············· 71

二、災疫與晚清官僚行政組織的救災效率 ·· 75

三、災疫與儒生階層的貧困化 ··········· 80

第三節 寓教化於救濟：紳士在政治整合中夯實知
識權力化的根基 ················ 82

一、整合民心：災疫觀的政治化與儒學化 ·· 83

二、官紳民整合：紳士救民助官的善舉 ···· 89

三、知識權力化：官紳民整合的歸宿 ······ 98

小 結 ····························· 100

第三章 安內中的政治整合：朝廷對紳士的依賴與
知識權力化的膨脹 ·············· 103

第一節 太平天國運動中的知識權力化問題 ····· 103

一、知識與權力關係梗阻：落榜文人走上反體
制之路 ························ 104

二、太平天國的知識權力化努力 ········· 107

三、「無知識的政權」：太平天國遊離於農村之
外 ··························· 111

第二節 依賴紳士：晚清政府的安內整合戰略 ·· 117

一、學術轉向：喚起紳士的道義與知識潛質·· 117

二、制度安排：國家壟斷性權力向紳士開放·· 120

第三節 政治整合的代價：知識權力化膨脹 ···· 132

一、地方名流恃勇挾國 ················ 132

二、團練局的政府化 ·················· 137

三、團練局對鄉裡組織的替代 ··········· 140

小 結 ····························· 144

第四章 攘外中的政治整合：晚清紳士的分化與知
識權力化的解體 ················ 147

第一節 外來衝擊對傳統政治合法性模式及其核
心知識的解構 ·················· 147

一、外來衝擊破壞傳統政治合法性的模式······ 147

　　　　二、外來衝擊消解經典知識對政治合法性的
　　　　　　解釋權…………………………………………152
　　第二節　外來衝擊與紳士的轉型：政治整合的核心
　　　　　　結構坍塌……………………………………158
　　　　一、傳教士對紳士權威及傳統政治整合結構
　　　　　　的衝擊…………………………………………158
　　　　二、紳士在攘外問題上的軟化：傳統知識與
　　　　　　傳統政治拆分…………………………………165
　　　　三、紳士的轉型與政治整合核心結構的解體…170
　　第三節　重條約廢科舉：知識權力化的政治整合模
　　　　　　式被徹底解制………………………………177
　　　　一、條約制度破壞晚清政治整合的制度基礎…178
　　　　二、科舉制被廢：知識權力化的基本制度潰決
　　　　　　…………………………………………………185
　　小　結……………………………………………………196
結　語………………………………………………………199
參考文獻……………………………………………………203
後　記………………………………………………………215
表目錄
　　表1－1：晚清部分年份財政收入結構分析表………36
　　表1－2：清地方官年薪銀…………………………38
　　表1－3：清代順治和同治部分年分直省鄉試額
　　　　　　定取錄定額對照表…………………………50
　　表1－4：清代曾任高層官吏人數及其出身進士
　　　　　　人數約計……………………………………51
　　表2－1：1841～1849晚清部分年份地丁雜稅與災
　　　　　　害關係表……………………………………72
　　表2－2：光緒二十三年主要納賦省份實征地丁
　　　　　　情況表………………………………………73
　　表2－3：1850年後官民設立各類慈善事業的份
　　　　　　額對比表……………………………………93
　　表3－1：鹹同年間江西撫州府學額加額情況……130

導　言

一、選題緣起與學術回顧

　　之所以選擇這樣一個題目來研究，主要源於二戰後，人們對發展中國家的政治發展模式問題的思考。特別是二十世紀五、六十年代以來，比較政治研究對發展中國家政治發展面臨的機遇與挑戰所給予的集中關注。人們普遍認爲合法性危機和整合危機是制約發展中國家政治發展的主要障礙。〔註1〕不過相關的研究雖然提出了問題，但已有的政治發展理論對發展中國家政治整合力弱的原因及變革路徑的解釋卻深淺不一，〔註2〕特別是關於發展中國家政治整合模式的專門研究有待深入。政治整合危機從根本上講是由政治的本質所決定的，但也與政治整合模式的選擇失當密切相關。研究發展中國家的政治整合模式正是本文的立論基點。不過這裏並不想從理論到理論，也不是宏觀地統而論之，而是著力從歷史的視野、從具有典型意義的由傳統政治向近代政治過渡歷史的中國來理解這些國家政治整合模式的變遷，以便爲他們從傳統政治向現代政治轉型的過程中建構科學的政治整合模式提供歷史借鑒。英國歷史學家 J・R・希里（Seeley）曾這樣表述過研究政治和研究歷史的關係：

〔註 1〕人們所熟知的西方學者 S・亨廷頓、L・派伊和于爾根・哈貝馬斯等人都提到了認同危機、合法性危機和整合危機等問題。拉美學者所進行的卓有成效的發展理論研究中也同樣重視這樣的問題。

〔註 2〕有關發展中國家的發展理論主要包括政治發展（民主、改革和危機）、發展與民族主義、現代化、不發達、依附性和帝國主義等。參見〔美〕羅納德・H・奇爾科特，比較政治學理論：新範式的探索〔M〕，第七章，社會科學文獻出版社，1998年。

「沒有政治科學的歷史無果；沒有歷史的政治科學無根。」〔註3〕本文正是在這種學術理念影響下，向歷史問路的一種嘗試。

但是在中國歷史的長河中，需要選擇這樣一個斷面：它必須具有傳統與現代的激烈碰撞特徵，進而引發傳統政治的危機，產生政治轉型的巨大壓力，才有解釋意義。國際漢學界和國內史學界近年興起的關於晚清國家與社會關係問題的討論，揭示出晚清政治具有鮮明的危機性和轉型性特徵。這些討論幫助我把本項研究的歷史素材坐實在晚清社會的政治變遷之中，使之擁有理論立意與歷史邏輯的共同支撐。晚清社會的政治變遷無疑是研究中國傳統政治整合模式最恰當的截面。因為晚清社會既是一個危機深重的社會，又是一個典型的轉型社會。晚清社會的危機不僅濃縮了傳統社會曾經有過的危機，還遭遇到前所未有的異質危機，晚清社會的轉型更是包含著「數千年未有之大變局」。不論是危機，還是轉型，都為晚清社會的政治整合提出了迫切要求。政治危機是對政治合法性的解構或挑戰，而政治整合則涉及國家如何調動社會資源和社會如何配合國家以建構、鞏固政治合法性的問題。

有關政治史的研究表明，晚清社會的政治整合是建基於文化形態的國家而非民族國家之上的。關於國家形態的劃分，有多種多樣的解釋。除了馬克思主義政治學從社會性質類型推導出國家性質存在兩大類型和四種形式之外。西方政治學對國家分類的研究有傳統和當代兩個發展階段。傳統的國家分類始自以亞里士多德為代表的古典政治學，主要以「人道的、倫理的和思辨的先驗觀點看待國家，注重國家的正式機構和相應活動」，來區分國家。〔註4〕20 世紀初，馬克斯·韋伯提出了一種區分國家類型的新標準，即政治權威的合法性來源，開了當代國家類型劃分的先河。20 世紀後半葉，西方宏觀政治學又衍生出兩種國家分類法，即根據權力配置制度類型，將國家區分為民主主義國家、權威主義國家和極權主義國家；以政治發展程度（制度化水平、合法性、參政等因素）為標準，將國家區分為傳統國家、過渡國家和現代國家。〔註5〕這兩種國家形態區分法在當代西方政治學中佔據了主流。〔註6〕綜

〔註3〕 *Introduction to Political Science*，*Longdon*：Macmillan& Co.，1919 年，p.4。轉引自萊斯利·里普森，政治學的重大問題〔M〕，華夏出版社，2001 年，第 16 頁。

〔註4〕 吳惕安、俞可平，當代西方國家理論評析〔M〕，陝西人民出版社，1994 年，第 128 頁。

〔註5〕 亨廷頓認為「國家之間政治上最重要的區別，不在於政府的形式，而在於政

觀上述對國家形態的劃分，儘管角度不同，但有兩個邏輯關係是相同的，那就是社會與政治關係發展的邏輯和權威來源的邏輯。根據這兩個共同的邏輯，我們不妨將歷史上的國家形態簡單分爲古典民主國家、前現代領主制或君主制國家、現代民族民主國家。前現代國家與現代國家的根本區別是現代國家意味著民族情結的形成、主權規則和民權主導地位的確立。

　　晚清政治無疑是屬於前現代意義的，它沒有民族國家的概念，也沒有主權概念。孫中山曾尖銳地指出：「中國人最崇拜的是家族主義和宗族主義，沒有國族主義，外國旁觀的人說中國是一盤散沙，這個原因在什麼地方呢？就是因爲一般人民只有家族主義和宗族主義，而沒有國族主義。中國人對於家族和宗族的團結力非常大，往往因爲保護宗族起見，寧肯犧牲身家性命。至於說到國家，從沒有一次具有極大犧牲精神去做的。所以中國人的團結力，只能及於宗族而止，還沒有擴張到國族。」〔註7〕費正清也曾表達過，在中國傳統政治中，官府對百姓的影響小，而紳士和宗族則起主要作用，這與現代政治依靠正式的系統（法律、制度和政府）起作用恰恰相反。〔註8〕黑格爾甚至從中國是非民族國家，而英國是民族國家的角度，爲英國發動鴉片戰爭的正義性作過辯護。〔註9〕傳統中國非民族國家，那麼它是一個什麼形態的國家呢？這需要從其確立內政外交的權威基礎來判斷。傳統中國在處理與外族的關繫時所依據的是自詡的文化中心主義，在確立內政權威的來源問題上，所依據的是對道統的佔有。所以，傳統中國稱得上是文化意義的國家。晚清政治就處於這種文化國家的末世。

　　「華夷之辨」一直是傳統中國與異族交往的主導思想，是傳統中國以文化中心主義治國的關鍵詞。認可華夏文化不僅是確立王朝統治權威正統地位的基

　　　　府的水平。有些國家政治上體現了一致性、共同性、合法性、組織、效率和穩定，而有些國家卻缺乏這些特性。它們之間的差別有甚於民主制與獨裁制的差別。」〔美〕亨廷頓‧變革社會的政治秩序〔M〕，上海譯文出版社，1989年，第1頁。

〔註6〕參見吳惕安、俞可平，當代西方國家理論評析〔M〕，陝西人民出版社，1994年，第138～168頁。

〔註7〕孫中山，三民主義〔A〕，見：孫中山選集〔M〕，人民出版社，1981年，第617頁。

〔註8〕參見〔美〕費正清，劍橋中國晚清史（上冊）〔M〕，中國社會科學出版社，1985年，第27頁。

〔註9〕參見〔德〕黑格爾，歷史哲學〔M〕，三聯書店，1956年，第2頁。

礎，也是群體身份認同的依據。這種主流思想到甲午中日戰爭後，才逐漸淡出。對此，著名的文化主義研究學者列文森、民族主義研究學者杜贊奇有過專門的論述。列文森認為：「文化主義是一種明顯不同於民族主義的意識形態」，「在20世紀初期才傳到中國知識分子中的民族身份認同與此前中國的身份認同之間發生了嚴重的斷裂。士大夫階層的文化、意識形態、身份認同主要是文化主義的形式，是對於一種普遍文明的道德目標和價值觀念的認同」。「文化主義指的是——種自然而然的對於文化自身優越性的信仰，而無需在文化之外尋求合法性或辯護詞」。「只有當19世紀晚期面對著『他者』的挑戰，文化價值不得不尋求合法性時，我們才開始看到『文化主義的衰弱』並迅速向民族主義發展。」〔註10〕杜贊奇在用民族主義範式重述中國歷史時，也強調20世紀初期的中國才格外有研究價值，一個重要原因就是現代民族主義在此期間的中國紮下根來。〔註11〕梁啓超坦言，中國在甲午戰前是沒有國族意識的，謂「喚起吾國四千年之大夢夕實自甲午一役始也。吾國之大患，由國家視其民為奴隸，積之既久，民之自視亦如奴隸焉。彼奴隸者苟抗顏而干預主人之家事，主人必艴然而怒夕非擯斥則譴責耳，故奴隸於主人之事，罕有關心者，非其性然也，勢使然也。吾國之人視國事若於己無與焉，雖經國恥、歷國難。而漠然不以動其心者，非其性然也，勢使然也。」〔註12〕陳旭麓先生也說：「1840年以來，中國因外患而遭受的每一次失敗都產生過體現警悟的先覺者，但他們的周圍和身後沒有社會意義的群體，他們走得越遠就越是孤獨。甲午大敗，『成中國之巨禍』，中國的民族具有群體意義的覺醒也因此而開始。」〔註13〕也就是說，只要「夷夏」思想仍然是晚清的主流政治意識形態，近代國家形態必備的民族意識和主權意識就不可能生成。單就民族意識和主權意識的成長而論，晚清向近代國家過渡是從甲午戰爭之後才開始的。

體現傳統中國是文化意義上的國家而非民族國家的另一個典型特徵，就是傳統中國將掌控文化方向和教化權作為政治統治的基本手段。孔孟倡導的

〔註10〕〔美〕杜贊奇，從民族國家拯救歷史：民族主義話語與中國現代史研究〔M〕，社會科學文獻出版社，2003年，第44~45頁。

〔註11〕〔美〕杜贊奇，從民族國家拯救歷史：民族主義話語與中國現代史研究（導輪）〔M〕，社會科學文獻出版社，2003年，第3頁。

〔註12〕梁啓超，附錄一：改革起源〔A〕，見：戊戌政變記〔M〕，中華書局，1954年，第133頁。

〔註13〕陳旭麓，近代中國社會的新陳代謝〔M〕，上海人民出版社，1992年，第154頁。

「爲政以禮」、「內聖而外王」可以說是傳統中國文化治國論的思想基礎。後來，經過歷朝的推崇，便演變爲文化專制主義，文化專制也成了中國傳統集權模式的代名詞，有清一代更是有過之而無不及。晚清雖然限於國力不能像康乾時期那樣，通過編書來掌控文化方向和教化權，但十分注意對學術思想的調整，甚至將國運興旺與學術的轉換、禮教的維護緊密地連接起來。奕訢曾專門作《禮可以爲國論》的文章，說：「夫禮，國之幹也，壞國者必先去其禮。〔註14〕」晚清理學的代表倭仁也曾這樣表述傳統政治的治國思想：「立國之道，尙禮儀不尙權謀，根本之圖，在人心不在技藝」。〔註15〕不僅民變的危害被理解爲對儒教道統的衝擊，平定民變的同治中興被解釋爲是曾國藩等理學名臣以宋學取代乾嘉漢學的成功，〔註16〕而且列強的危害也被理解爲對儒教道統的衝擊。費正清認爲：「1800 年以後，歐洲人開始威脅中國，其原因主要是他們不接受儒教。」〔註17〕不接受儒教意味著大清承繼天命的正統受到挑戰，所以，晚清當局不論在多麼困苦的境地，都將「中體西用」視爲他們與洋人打交道所能承受的最後底線。

　　近代民族國家與文化意義上的國家在國家與社會的關係問題上，最根本的區別就在於，近代國家的國家與社會關係，是基於主權和法律規定國家與社會雙方的責任和義務，具有較高的確定性，民眾對國家的回應與國家對民眾回應也是相互的。恰如王韜所論：「泰西各國……皆君民一心，無論政治大小，悉經議院妥酌，然後舉行」，「唯君民共治，上下相通，民隱得以上達，君惠亦得以下逮」。〔註18〕而傳統中國的國家與社會關係，是基於儒學禮教來確定各個結構在社會中的位置的。芮瑪麗在深入研究了同治中興的歷程後曾這樣回答一個世紀前（1868 年）《北華捷報》的提問：「什麼是保持中華帝國完整的力量？」「什麼是在那個地方把廣大不調和的領地結合於一體的紐帶呢？」她說：「答案是由於禮的觀念，」「這種把社會從上到下劃分成等級森嚴的體系，規定每一位個人和每一個集團的權利和義務。」〔註19〕然而，這

〔註14〕奕訢，樂道堂文鈔（1867～1868 年）第 1 卷〔M〕，第 5 頁。
〔註15〕中國史學會主編，洋務運動（二）〔M〕，第 30 頁。
〔註16〕芮瑪麗把同治中興解釋爲儒學＋人才＋地方紳士，參見〔美〕芮瑪麗，同治中興：中國保守主義的最後抵抗〔M〕，中國社會科學出版社，2002 年。
〔註17〕〔美〕費正清，偉大的中國革命 1800～1985 年〔M〕，世界知識出版社，2000 年，第 42 頁。
〔註18〕王韜，韜園文錄外編，卷三〔M〕，第 68、23 頁。
〔註19〕〔美〕芮瑪麗，同治中興：中國保守主義的最後抵抗〔M〕，中國社會科學出

種依靠一套思想體系，甚或意識形態來規定國家與社會關係的模式本身就為國家與社會關係預設了不穩定性。其約束力和作用空間取決於該思想體系的載體——知識階層的努力及其與當局合作的程度。

政治整合在一定意義上就是對國家與社會關係的調整，國家與社會關係模式的差異必然導致政治整合程度及體制的不同。正如費正清先生分析的那樣：中日戰爭時，日本已是一個現代國家，國家可以直接動員社會，社會也以盡義務的名義，回應國家的整合的要求，遠勝於晚清，清政府於其民眾只是各行其是的實體，〔註20〕脫離中介力量更不可想像。因此，在一定意義上說，晚清國家與社會關係的核心就轉換成朝廷、紳士與民眾之間的互動關係。這就決定了我們解讀晚清的政治整合需要從紳士入手。

紳士何以成為明清時期朝廷與民間社會交往的中介，進而成為晚清社會政治整合的關鍵性群體？在半個多世紀學術界對紳士的研究中，已從社會、歷史和文化等側面作了回答。

一個世紀前，近人梁啓超在《開紳智》一文中，就強調過對紳士作用的研究，提出過「欲興民權，宜先興紳權」的思想。不過，現代學者對中國明清時期、特別是晚清紳士的關注源於20世紀40年代。在國內，費孝通、吳晗和張仲禮的研究是開拓性的，也最具代表性。〔註21〕費孝通於1945年在美國芝加哥大學出版了《China's Gentry》一書，1948年他又和吳晗共同結集出版過《皇權與紳權》的文集，在書中，他主要寫了《論紳士》、《論師儒》和《論知識階級》等文，對社會結構中的紳士、知識與紳士權威的關係等問題進行了定性式的研究。〔註22〕吳晗在1948年也先後發表《論皇權》、《論紳權》和《再論紳權》等文章，分別對皇權與紳權的關係、紳權的來源和內容及其在不同時期的表現等問題作了的研究。〔註23〕張仲禮於1955年在美國華盛頓大學出版社出版了其博士論文《中國紳士——關於其在19世紀中國社會中作

版社，2002年，第77頁。

〔註20〕參見〔美〕費正清、劉廣京，劍橋中國晚清史（下冊）〔M〕，中國社會科學出版社，1985年，第132頁。

〔註21〕在同一時期，周榮德對雲南昆陽縣紳士身份、結構等問題進行了調查研究。2000年，上海學林出版社出版了其研究成果《中國社會的階層與流動：一個社區中的士紳身份的研究》。

〔註22〕費孝通，費孝通文集第五卷〔M〕，群言出版社，1999年。費孝通先生對紳士的研究主要側重於民國時期，成果形式以論文集為主。

〔註23〕吳晗，吳晗史學論著選集第二卷〔M〕，人民出版社，1986年。

用的研究》，後來又出版了該文的續篇《中國紳士的收入》。這兩本書從歷史學角度對 19 世紀中國紳士的作用、構成、特徵、人員規模、成長途徑、收入狀況作了系統的考察，由於書中的考證詳實，成為後人研究晚清紳士的必讀書。此後，由於眾所周知的原因，國內在這一領域的研究停滯了 30 年。直到 20 世紀 80 年代起，才有學者重新涉獵其中。如劉澤華發表《士人與社會（先秦）》，特別提出了對士人研究的價值。他說：「大量的以知識為資本的人加入官僚隊伍，給政治帶來了巨大的影響，表現在君主政治體制的變革，政治機構的健全與完善，政治社會功能的強化與改進，官僚隊伍知識構成的提高官僚隊伍的不斷增長，官場競爭的加劇等等。士的官僚化和官僚隊伍知識化，是中國歷史發展中一個具有全局性的問題，應進行整體研究。」〔註 24〕到了 90 年代，馬敏、朱英、王先明、楊念群等學者在該領域有較為突出的研究成果。其中，最具方法論意義的當屬馬敏、朱英在對蘇州、漢口紳商和商會的個案研究中，批判性地引入了「市民社會」、「公共領域」等概念，提出了官府與社會合作性的「市民社會雛形論」，從而為解釋紳士在當時社會中的作用提供了新範式。〔註 25〕

在國外，20 世紀初，英國學者沃納（E.T.C.Werner）就曾將清代的上層社會集團區分為官吏和紳士兩個層次。馬克斯·韋伯則從官僚體制和選官制等問題談到過儒學與紳士階層的關係。〔註 26〕日本學者於 20 世紀 40 年代也開始這方面的研究。其主要代表是本村正一、根岸佶、左野學和松本善海等。他們的視角集中在紳士在傳統中國社會結構中的角色。〔註 27〕60 年代，在美國的蕭公權、瞿同組、何炳棣等人分別對紳士的社會性格、紳士與朝廷關係、紳士與科舉制的關係展開研究。80 年代余英時以「士與中國文化」為主線分時段地回顧了中國古代士人成長的特徵。

但已有的紳士問題的研究，主要集中在歷史學、社會學和文化學等視閾，研究的著力點則放在對紳士構成、來源和權威等方面的考證和史料挖掘上，

〔註 24〕劉澤華，士人與社會〔M〕，天津人民出版社，1988 年，第 85 頁。
〔註 25〕參見馬敏、朱英，傳統與近代的二重變奏：晚清蘇州商會個案研究〔M〕，巴蜀書社，1993 年。馬敏，官商之間：社會劇變中的近代紳商〔M〕，天津人民出版社，1995 年。
〔註 26〕張仲禮，中國紳士——關於其在 19 世紀中國社會中作用的研究（導言）〔M〕，上海社會科學出版社，1991 年。
〔註 27〕郝秉鍵，日本史學界的「明清紳士論」〔J〕，清史研究，2004 年，第 4 頁。

還沒有建構起解釋中國傳統社會「紳士現象」的理論體系，更少從政治學和管理學等角度來觀察紳士的功能基礎。通過比較紳士在晚清應對不同性質的政治危機、謀求政治整合過程中的角色變化及其背後的政治文化、政治制度變遷的研究，系統地歸納出中國傳統政治整合的獨特模式，進一步析出中國傳統政治與西方政治背景下全然不同的政治合法性模式以及國家（朝廷）與社會關係的模式，最終建構起傳統政治向現代政治轉型進程中的政治整合理論，是本項研究的首要目的。而建構起解釋中國傳統政治中「紳士現象」的政治學理論，便成爲本文踏上歷史學與政治學交叉研究路徑所希望達到的第二個目的。

二、核心概念和理論預設

（一）核心概念：知識權力化

知識權力就是指基於知識的佔有而獲取的政治影響力，具體表現爲知識對政治的解釋力和規範力。美國政治哲學家約瑟夫・勞斯曾從知識與權力的三種互動關係中描述過知識權力的功能。他說：「運用知識獲取權力。或許可以更準確地說，如果一個人能精確地再現其情景及其工具所產生的效果，那麼他就能更輕易地獲得或更有效地使用某種權力。知道事物是什麼樣子的以及它們如何運作，就能夠爲操縱和控制創造機會；如果不知道的話，就會誤導或阻礙對事物的介入……知識可以把我們從權力的壓製作用下解放出來。它能夠揭露權力所造成的扭曲，揭開權力進行黑箱操作的面紗。」〔註28〕知識權力的客觀性可以在理論上和歷史經驗中得到證實。從一般意義上講，權力屬於上層建築的範疇，它來源於並決定於經濟基礎。因此，根據所有制關係來解釋政治權力的路徑已廣爲人們所接受。但這不是說只此一徑。馬克斯・韋伯在分析中國傳統政治的基本特徵時就把它定位於官僚（官僚從科舉中產生，而非依據地產佔有程度產生）政治，以別於地主階級政治的定性。他說，那種從經濟權力析出政治權力的辦法過於誇張，進而混淆了「經濟的」、「由經濟決定的」以及「與經濟有關的」各種因素。〔註29〕巴林頓・摩爾在分析中華帝國的衰亡時，也談到

〔註28〕〔美〕約瑟夫・勞斯，知識與權力——走向科學的政治哲學〔M〕，北京大學出版社，2004 年，第 12 頁。
〔註29〕轉引自張仲禮，中國紳士——關於其在 19 世紀中國社會中作用的研究（導言）〔M〕，上海社會科學出版社，1991 年，第 3 頁。

傳統中國的權力分配是與地產的關聯性大，還是與官僚的關聯性大的問題。他傾向於把隋唐以後的中國政治理解爲皇權同知識官僚合作以壓制土地貴族騷亂的歷史。〔註30〕應該說這樣的理解基本符合傳統中國的歷史面貌。

　　中國傳統政治權力配置的基礎表現出三個不同的階段性特徵，即先秦、秦漢和隋唐以後。先秦時期主要表現爲權力與出身、土地（財富）資本、軍功和剛剛獨立出來的學問多元結合的特徵。據《左傳》記載，哀公二年，趙簡子伐鄭誓詞中說「克敵者，上大夫受縣，下大夫受郡，士田十萬，庶人工商遂。」這是因軍功而分配權力的反映。「中章、胥已仕，而中牟之民棄田圃而隨文學者邑之半」〔註31〕則反映了當時平民以文學進仕的景象。劉澤華也認爲先秦士人地位的上升，「其主要憑藉是知識、道德和勇力，而不是經濟。」〔註32〕秦漢之際，政治權力配置的依據主要是對土地的佔有，土地貴族的勢力逞強，甚至於皇族也對他們顧忌三分，這種勢頭到魏晉南北朝時期達到巔峰。〔註33〕隋唐以後，政治權力配置的基礎主要是對經典知識的佔有，這種勢頭到明清時期達到巔峰。明清時期，紳士不論作爲民間社會的一員，或是朝廷官員管理社會，其權力都因他們的學銜所表現的資格而獲得，「一個紳士即使沒有土地也可擁有很大的權力，而沒有紳士身份的地主卻無這樣的權力。」〔註34〕可見，在分析傳統中國的權力分配關係中，即便不能排除經濟對權力的決定性影響，至少可以拆分經濟對權力的壟斷性支配關係。而且，歷史事實也表明，在相當長時間裏，左右傳統中國政治權力配置的主要因素

〔註30〕　〔美〕巴林頓・摩爾，民主和專制的社會起源〔M〕，華夏出版社，1987年，第129～130頁。

〔註31〕　《韓非子・外儲說左上》。

〔註32〕　劉澤華，士人與社會〔M〕，天津人民出版社，1988年，第120頁。

〔註33〕　吳晗先生曾說：秦唐時期，社會地位由門閥出身而定，皇帝只不過是暴發戶。士（世）族的權威來源於歷史傳統、莊園經濟、中正選舉權和對典章制度的熟悉等。五世紀中期的士族都是大地主，大莊園的佔有者。形成土地資本與官僚資本的循環。吳晗，再論紳權〔A〕，見：吳晗史學論著選集第二卷〔M〕，人民出版社，1986年。

〔註34〕　張仲禮，中國紳士——關於其在十九世紀中國社會中作用的研究（導言）〔M〕，上海社會科學出版社，1991年，第6頁。臺灣學者龔鵬程也認爲，「南北朝時期以血統宗族爲社會階層劃分的條件……安史亂後，功能分化，世族在血統意義上轉爲單純的宗族；在權力關係上，與九品中正制結合的政治特權，因科舉而日削，王權日盛；在知識意義上，經學禮法掌於世家的情形也有了改變，不惟不復由彼壟斷，也逐漸由科舉知識階層所取代。」，龔鵬程，中國文人階層史論〔M〕，蘭州大學出版社，2003年，第30頁。

便是對體制內（經典）知識的佔有。所謂知識權力化在此就是指經典知識轉換為政治權力的制度安排和過程，而將隋唐科舉制確立至清末 1300 年來逐漸形成的以掌經典知識（獲取功名）作為社會配置政治權力基礎的歷史時段概括為知識權力化社會。

雖然，知識權力化社會的名詞尚沒有學者直接這樣提過。〔註 35〕但是，類似的思想在文獻中已不鮮見。除了費蘭茲・邁克爾在給《中國紳士》寫的導言中，明確提出：掌握知識是紳士在中國社會中擔任領導作用的主要條件外。美國學者魏特夫從亞細亞生產方式的學說出發，認為東方社會是「治水社會」，這種社會需要大規模的協作，更需要管理、紀律，因而賦予有功名的官僚以權力是必要的，這就是東方專制主義的典型特徵（中國又是其中的典型）。〔註 36〕日本學者三石善吉對傳統中國的知識權力化現象作了更為直接的概括，他說：「所謂傳統的重構是指伴隨著科舉的制度化，確立以文為重選舉觀的過程。學問通往權力，否，應該說學問不僅通權，其自身就是權力。有文者，士之也，統治者之謂。無文者，庶之也，統治之對象是也，非人也。」〔註 37〕臺灣學者龔鵬程曾稱傳統中國社會為「文學化社會」。〔註 38〕余英時強調，在傳統社會，「『士』有直接進入權力世界的大門和制度保障，這是現代學校的學生所望塵莫及的，也是傳統的『士』與現代知識分子之間的關鍵性區別。」〔註 39〕劉建軍博士也將中國傳統政治形態的總體特徵表述為「知識政治化與政治知識化的合一」。〔註 40〕

知識權力化的主要特徵表現為：（1）傳統中國皇權的合法性不像西方那樣由人格化的神來賦予，而是籠統地表述為「合乎天，順乎民」，因而有賴於知識階層來解釋。政治層面有著強烈的知識化需求。（2）臣民普遍以孔孟倡

〔註35〕 何懷宏先生認為戰國以前的社會是「世襲社會」，秦漢至明清的社會是「選舉社會」。參見何懷宏，世襲社會及其解體〔M〕，三聯書店，1996 年；選舉社會及其終結〔M〕，三聯書店，1998 年。

〔註36〕 參見〔美〕卡爾・A・魏特夫，東方專制主義：對極權力量的比較研究〔M〕，中國社會科學出版社，1989 年。

〔註37〕 〔日〕三石善吉，傳統中國的內發性發展〔M〕，中央編譯出版社，1999 年，第 13 頁。

〔註38〕 龔鵬程，中國文人階層史論〔M〕，蘭州大學出版社，2003 年，第 18 頁。

〔註39〕 余英時，士與中國文化〔M〕，上海人民出版社，2003 年，新版序，第 6 頁。

〔註40〕 劉建軍，中國現代政治的成長——一項對政治知識基礎的研究〔M〕，天津人民出版社，2003 年，第 120 頁。

導的「學而優則仕」爲求知動機，「朝爲田舍郎，暮登天子堂」成爲天下讀書人最理想的歸宿。而朝廷也以「勞心者治人，勞力者治於人」作爲向社會分配政治權力的指導思想。知識與權力的緊密連接在朝廷和社會各階層間都達成了普遍的共識，知識階層更有政治化的追求。（3）朝廷以科舉制爲核心，配附一系列的政治、經濟、法律及社會特權，將讀書人羅致其中，爲知識權力化社會的維繫提供了制度支持。（4）儘管朝廷有多種選官進仕的途徑，但朝廷和社會各階層間均以讀書科考爲入仕和晉升社會地位的正途，使知識權力化有著廣泛的社會基礎。〔註41〕

　　需要特別提及的是，提出「知識權力化」這一模式主要是強調隋唐以來傳統中國知識與權力的制度化關係。同時，也表明傳統中國與西方國家在權力配置基礎上的差異。西方社會主要表現出財富權力化的特徵。分析西方傳統政治關係的變遷，理應把土地、資本、財產和貿易等經濟性要素作爲核心變量。而分析傳統中國政治問題，需要以知識爲重要變量。既然中國傳統社會具有鮮明的知識權力化特徵，那麼分析傳統中國政治整合的思路就需要從經典知識、科舉制度、功名、官紳民關係談起。但這並不意味著傳統中國沒有財富與權力組合的途徑，有清一代，捐例已從功名擴展到官職，這正是知識權力化與財富權力化融合的表現。而且，財富在支撐讀書——功名——權力的遞進線路中作用也是不可替代的。

（二）理論預設

　　作爲政治學與歷史學交叉研究的論文，簡單復述歷史是不夠的。那麼，研究政治整合所依託的理論基礎是什麼呢？近年來政治學界對政治合法性理論和國家與社會關係理論的熱烈討論給了我啓發。它爲本項研究奠定了清晰的理論路徑，那就是透過政治合法性理論和國家與社會關係理論來研究政治整合模式。一方面，政治合法性理論和國家與社會關係理論無疑是政治整合理論的上位理論，只有弄清這兩大理論的邏輯才能從源頭上把握政治整合的模式選擇。另一方面，政治整合又是研究政治合法性及國家與社會關係問題的恰當視角。因爲政治整合從本質上就要求國家與社會關係獲得某種平衡，政治整合獲得成功也意味著政治合法性得到鞏固，反之，則表明政治合法性的喪失。可是現有的政治合法性理論和國家與社會關係理論都不能作爲分析

〔註41〕郭劍鳴，從傳統知識轉型到傳統政治轉型：晚清譯書業發展的邏輯與功能〔J〕，人文雜誌，2005 年，第 2 頁。

晚清政治的現成理論。下面讓我們從簡要的理論回顧中入手，以便確立本文的理論邏輯。

1、解釋性的政治合法性

對合法性問題進行系統思考的現代先驅當屬馬克斯・韋伯。他最早從社會學意義上來認識政治體系的合法性，認為任何政治權力都存在先定的社會結構，正是這種社會結構決定了政治權力的運作是否正當。因為，一定的社會結構總是代表著一定的利益結構，而任何政治權力的運轉都要觸及利益問題。但合法性與建立在物質動機、情緒動機或價值合理性動機上的服從願望不一樣，後者不是構成統治的可靠基礎，任何統治要鞏固它的持久存在，都要喚起對合法性的信仰。〔註42〕他對政治合法性理論建設的突出貢獻還表現在人們所熟知的他關於政治合法性形態的分析。

帕森斯從政治角色的安排上論述了政治合法性問題。他認為，現代社會中，公民服從官員，是因為官員的政治角色，而不是因為官員的個人品性；政治角色是權利和義務的統一；政府官員的權力地位之所以具有合法性，是因為政府官員角色使公民角色所要求的權利得到了實現的可能。正是這種權利和義務關係，構成了官員角色和公民角色之間權力和服從關係的基礎。〔註43〕

行為主義代表人物李普塞特認為：「合法性是指政治系統使人們產生和堅持現有政治制度是社會的最適宜制度之信仰的能力。」〔註44〕

誇克和伊斯頓一致同意合法性是政治系統合法統治權利與民眾自主服從權利的統一的看法。伊斯頓指出：「通常的合法性概念意味著相信在合法原則界限內當局的統治權利和成員的服從權利。」〔註45〕

本特利是從功利的角度來認識政治合法性的。他認為，公共利益是各方利益衝突和妥協的結果，如果政府行為表達了這種妥協結果，它就是合法的，反之即不合法。〔註46〕

〔註42〕 參見〔德〕馬克斯・韋伯，經濟與社會（上卷）〔M〕，商務印書觀，1997年，第239頁。

〔註43〕 參見 T，Parsons：The Social Sy5tem，NewYork：FreePress，1961年。

〔註44〕 〔美〕馬丁・李普塞特，政治人：政治的社會基礎〔M〕，上海人民出版社，1997年，第55頁。

〔註45〕 〔美〕戴維・伊斯頓，政治生活的系統分析〔M〕，華夏出版社，1989年，第347頁。

〔註46〕 參見燕繼榮，論政治合法性的意義和實現途徑〔J〕，學海，2004年，第4頁。

　　哈貝馬斯強調：「合法性意味著，一種政治秩序總是要求人們把它作爲正確的和正義的事物加以承認，有充分的理由被承認，一種合法的秩序理應得到承認。合法性意味著一種值得認可的政治秩序。」〔註47〕

　　亨廷頓也表達了他對政治合法性的看法，認爲政府行爲的合法性來自政府制度的中立性，政府制度越是代表自身利益，它就越不代表某一特定社會集團的利益，它的行爲就越合法。〔註48〕

　　各家之言，見仁見智，但有一個共同點，即認爲政治合法性也就是政治的正當性，它一般涉及三個要素：有相對一致的核心價值、有特定的法律邊界和通過公民能動地認同方式而獲得。

　　顯然，套用現有的合法性理論，來解釋晚清的政治危機和政治整合都是不適合的。因爲，它們主要是以現代民族民主國家和歐洲社會形態爲參照而建立的範式，而晚清社會性質和政治性質是屬於前現代意義的。傳統政治雖然重視社會核心價值信仰的教化，但不可能滿足現代政治合法性理論所要求的法律和能動認同方面的條件。所以，要眞正把握中國傳統社會政治的合法性來源，揭示傳統政治整合的資源及其動員模式，就需要建構新的政治合法性理論。

　　本文預設政治合法性應區分解釋性的合法性和認同性的合法性。我們現在談論的政治合法性一般是從認同的合法性意義上講的。然而這種合法性模式其實只適用於近現代民主國家。因爲，只有在這樣的國家模式中，才起碼從理論上允許民眾以獨立主體的資格與當局發生眞正意義上的互動。而在晚清這樣的前現代政治體中，「國家視其民爲奴隸，積之既久，民之自視亦如奴隸焉」，民眾何以以主體的身份來認同當局？所以，認同模式是不能用來分析晚清政治的合法性及其整合舉措的。那麼該用什麼模式來解釋傳統政治的合法性問題呢？李普塞在發現傳統國家與現代國家存在合法性與有效性背離的差異時，也爲此深感困惑。他不能說明爲什麼在傳統國家會出現有效性低而合法性卻依然很高？〔註49〕其實，在上面對文化國家的國家與社會關係模式的討論中，已經給出了答案，那就是解釋的合法性模式。它與認同的合法性

〔註47〕　〔德〕于爾根・哈貝馬斯，交往與社會進化〔M〕，重慶出版社，1993 年，第184 頁。

〔註48〕　參見〔美〕亨廷頓，變革社會的政治秩序〔M〕，華夏出版社，1989 年。

〔註49〕　〔美〕馬丁・李普塞特，政治人：政治的社會基礎〔M〕，上海人民出版社，1997 年，第 59 頁。

模式分別適用於前現代和現代國家。〔註50〕

所謂解釋的政治合法性，就是將政治權威基礎建立在某種神秘的力量、傳統的習慣或複雜的理論體系之上，其標準過於主觀、模糊和複雜，從實質上為一般民眾去自我體認某種政治的價值設置了過高的成本，從程序上它以教化、灌輸的方式進行，不要求、也不允許有討論式的回應。所以，不論從實質上、還是程序上，這種政治合法性都有賴於一個解釋環節、解釋階層來貫通。能承擔合法性解釋任務的無疑就是古之聖賢階層。正如荀子所說：聖人之所以異於眾者，「能化性、能起偽」也。〔註51〕黃仁宇也認為：「我們的帝國是由幾百萬個農村聚合而成的社會。數以千萬計的農民不能讀書識字，全賴乎士紳的領導」。〔註52〕

而認同的政治合法性，則是將政治權威基礎建立在共同參與的約定之中，當局的權利和義務有特定的邊界，其政治正當性已轉換為確定的法或合同。民眾無論從實質上、還是從程序上，都有權力或能力去自我評判和體認政治的合法與否，可以就政治正當性問題直接與當局對話，而不需要通過專門的解釋階層。

可以這樣認為，解釋的政治合法性是一種被動式的合法性，一種接受的（不一定理解或無意識）合法性，維繫這種合法性的基本因素是一套價值規範。相比之下，認同的政治合法性是一種主動式的合法性，一種在內心體認基礎上表達出來的合法性，維繫這種合法性的基本因素是世俗的管理績效。費正清曾提到晚清中國「至少占人口五分之四的普通農民在對親屬的義務、盡職責、講禮貌和社交等方面都受到良好教育而成為有教養的人，但他們又都是文盲或半文盲。」〔註53〕這可以說是對傳統中國解釋的政治合法性的一個恰當注解。只有在這樣的政治體系裏，才可能出現那種自己不識字，卻接受一套完整的價值和行為規範的群體。因為，他們是通過教化而不一定需要

〔註50〕也有學者從規範的合法性和經驗的合法性角度來討論這一問題。認為傳統國家的合法性是基於對某中價值的追求，它也不需要民眾從世俗的眼光來評判（認同）。而近現代以來，隨著市民社會的興起，政治合法性受到功利主義的嚴重侵襲。民眾從經驗事實中認同政治的正當性便成為現代政治合法性不可迴避的程序。

〔註51〕《荀子·性惡》。

〔註52〕黃仁宇，萬曆十五年〔M〕，中華書局，1982年，第230頁。

〔註53〕〔美〕費正清，劍橋中國晚清史（上冊）〔M〕，中國社會科學出版社，1985年，第11頁。

通過自身的體認去獲得這些規範的。

　　傳統中國政治合法性的模式顯然屬於前一種。我們知道，關於政治權威來源的界說主要有「神授說」、「契約說」和「工具說」。「神授說」流傳於前現代國家，有歐洲中世紀和傳統中國兩個版本，他們雖然本質相似，但形式不同。歐洲中世紀的「君權神授說」將世俗權力的來源綁定在人格化了的神或宗教教義中。因而削減了它對解釋環節的依賴，或者說，宗教文化已經為歐洲世俗權力提供了穩定的解釋支持。而中國傳統政治的合法性雖然也求助於神秘的力量，但它沒有將這種神秘力量人格化和宗教化。它與歐洲中世紀的神秘權威相比，更具有不定性和自由解說的空間。人們要理解它必須依賴專門的知識階層。

　　具體而言，中國傳統政治的合法性是天命論的政治合法性。這種觀念源於殷商，《尚書》記載：「有夏多罪，天命殛之」。〔註54〕其中講的是夏之所以亡，亡於得罪上天。天命成為政治合法性的主宰。《左傳》中也說：「國之大事，在祀與戎。」這裏的「祀」即祭祀天神，「戎」即武力或軍隊。掌握有組織的暴力，抵禦外來侵略，維持國內治安，是政權得以存在、統治得以施行的現實基礎。而祀天拜祖，神道設教，則為政權提供了一種不可缺少的合法性基礎。西漢董仲舒是天命觀的集大成者。他說：「天以天下予堯舜，堯舜受命於天而王天下。」〔註55〕「唯天子受命於天，天下受命於天子。」〔註56〕天命觀後來又演變成天道觀和天理說兩種形式。春秋戰國時期，《周易》和《左傳》中富含天道的思想。比如，《周易》中說：「天地之道恒久而不已也……聖人久於其道而天下化成」。《左傳》記載：「禮以順天，人之道也」。〔註57〕對傳統王朝政治頗有微詞的王夫之，在政治反思中也沒有走出天道觀的牢籠。他說：「天下之勢，一離一合，一治一亂而已。……一合而一離，一治而一亂，於此可以知天道焉，於此可以知人治焉。」〔註58〕南宋朱熹是天理說的代表。他認為：「宇宙之間，一理而已……其張為三綱，其紀為五常」，「蓋三綱五常，天理民彝之大節而治道之本根也。」〔註59〕

〔註54〕《尚書‧湯誓》。
〔註55〕《春秋繁露‧堯舜湯武》。
〔註56〕《春秋繁露‧為人者天》。
〔註57〕《左傳‧文公十五》。
〔註58〕《讀通鑑論》卷十七。
〔註59〕《諸子大全‧延和奏箚》。

綜而言之，天命論、天道觀、天理說都把政治合法性建立在與上天的「對話」之中，是一種取道神秘的合法性假設。顯然，與上天的「對話」非常人所能為，而必須有賴於知識階層的建構。為此，孔子專門為傳統中國的知識人——「士」規定了其職業角色。孔子說。「士志於道」。〔註60〕劉向也說：「辯然否，通古今之道，謂之士。」〔註61〕

當然，解釋的合法性也不意味著是由士隨意作出的，或一味阿權而順從當局的意思形成的。雖然從總體上講，傳統中國士人對天子的統治權威解釋為「承天命」，但與「天命觀」並行的還有「內聖而外王」、「以德配天」、「天譴說」、「有道伐無道」等改變或限制當局政治合法性的解說。所以，解釋的合法性不僅僅是為統治者提供合法性論證，還有規範性的功能。也就是說，在解釋的合法性模式下，統治者並不能毫無顧忌地運用其權威，其合法性首先需要與知識階層所建構的思想體系磨合，並通過知識階層進一步向下層民眾宣講和傳授。恰如費孝通先生所說：「皇權有兩道防線，一是無為政治，使皇權有權而無能；一道是紳權的緩衝。」〔註62〕這正好說明士人階層對於維護中國傳統政治的合法性及傳統政治整合是多麼的關鍵，正好說明紳士何以能成為官民的中介。

2、以「官民兩棲」組織為中介的朝廷與社會關係

回顧國家與社會關係的理論模式，概而論之，主要有三種：亞里士多德開創的一元主義模式。他在其《政治學》的開篇中就將城邦看成是追求最高善業的最重要的聯合體。〔註63〕雖然，他預留了社會的位置，但當城邦與社會發生衝突時，對於國家來說，其餘的聯合體都是附屬的。一元主義模式經過布丹、霍布斯、黑格爾等人的極端式復興，成為近代國家初奠時期處理國家與社會關係的意識形態導向。二戰前夕，以國家集中整合社會資源應對經濟危機而聞名的凱恩斯主義代表了一元主義國家與社會關係理論的最新成果。

教會理論開創的二元主義模式。耶穌的名言「把凱撒的事情交給凱撒，把上帝的事情交給上帝」清楚地表明了從靈魂拯救和世俗責任方面劃分國家與教會的邊界的思想。這一思想經過教皇吉萊希厄斯一世的踐行，發展成為

〔註60〕《論語·里仁》。

〔註61〕《說苑》卷十九《脩文》。

〔註62〕轉引自吳晗，再論紳權〔A〕，見：吳晗史學論著選集第二卷〔M〕，人民出版社，1986年。

〔註63〕〔古希臘〕亞里士多德，政治學〔M〕，北京，商務印書館，1996年，第1頁。

吉萊希厄斯二元論教條。〔註64〕到了 18 世紀末，以個人主義、經濟和市場替代教會向國家權威挑戰的「有限國家」觀是一種純世俗意義上社會限制國家的理論。20 世紀初，本特利（Arthur Bentley）、拉斯基（Harold Laski）以及 60、70 年代的達爾（Robert Dahl）和林德布洛姆（Charles Lindblom）將國家與社會的二元主義推向了多元主義的新高度，認為國家只是諸多平等社會團體中的一個，權力多元化是近代民族國家向現代民主社會發展的特徵，「沒有一個集團在每個問題上永遠能夠為所欲為」，國家也不例外。〔註65〕

　　哈貝馬斯開創的公共領域範式。根據哈氏的解釋，國家和市民社會是分離的。國家指的是公共權力領域，廣義的市民社會包括私人領域和公共領域。私人領域主要由商品交換領域、社會勞動領域和家庭及私生活組成，公共領域是一個由私人集合而成的公共的領域，是私人集體用以抗衡公共權力的領域，獨立性和批判性是公共領域存在的基本前提。〔註66〕顯然，哈貝馬斯是在嘗試走出國家與社會關係問題上的零和論、平等論，強調與國家相抗的社會空間。哈貝馬斯「公共領域」概念提出後，20 世紀80、90 年代羅威廉、蘭金、孔飛力、魏斐德、黃宗智、馬敏等人圍繞「公共領域」概念能否應用於中國社會分析展開了熱烈的討論。爭論集中在三種意見，即以羅威廉、蘭金為代表的肯定者，認為自明以來，中國已逐步發展出一個包括國家和社會兩方面力量的公共領域；以孔飛力、魏斐德為代表的否定者，認為中國近世並不曾出現足以與國家對抗的自治空間；以黃宗智、馬敏為代表的折中者，認為預設中國近世存在著國家與社會的二元對立不可取，即便明清以來中國社會公共領域開始萌生，也不同於西方早期的公共領域。〔註67〕這種爭論因黃宗智提出「第三領域」的解說而相對平息下來。〔註68〕

〔註64〕 吉萊希厄斯認為，既然上帝賦予了我們和身體相分離的靈魂，那麼教會與國家就應彼此獨立地存在，因而皇帝行使精神權力與教皇控制世俗的事務同樣都是不正確的。參見〔美〕萊斯利・里普森，政治學的重大問題〔M〕，華夏出版社，2001 年，第 140 頁。

〔註65〕 〔美〕查爾斯・林德布洛姆，決策過程〔M〕，上海譯文出版社，1988 年，第 181 頁。

〔註66〕 〔德〕于爾根・哈貝馬斯，公共領域的結構轉型〔M〕，學林出版社，1999 年，第 2、35 頁。

〔註67〕 參閱 Modern China 17，3（July1991）、Modern China19，1（January1993）、Modern China19，2（April1993）。

〔註68〕 黃宗智，中國研究的範式問題討論〔M〕，社會科學文獻出版社，2003 年，第 268 頁。

　　就晚清國家（朝廷）與社會的關係而論，從理論上講可以是一元主義的，不會是二元或多元主義的，也就是說朝廷具有便利地調動社會資源的主觀性。因為，在中國傳統社會裏，諸如「國」、「家」、「社」與「會」之類的概念都包容於「天下」之中了。善堂、會館等社會組織一開始就不是與朝廷、天下相併列，更不可能是與之相對立的概念。正所謂「普天之下莫非王臣，率土之濱莫非王土」。但這僅僅是從儒學意識形態或文化意義上而言的。

　　傳統中國，特別是傳統力量走向衰弱的晚清，朝廷湮滅社會的可能性僅僅是理論上的推斷。根據已有的研究文獻，明清兩季，存在聯結官民的中介組織的結論被廣泛地接受。問題是如何界定紳士用以發揮中介作用的組織性質及其形態尚存較大爭議。這裏提出的「官民兩棲」組織是替代哈貝馬斯的「公共領域」、黃宗智的「第三域」等概念作為理解晚清官、紳、民關係的域場。在專制制度和道統的約束下，晚清社會公共事務不可能由完全對立於朝廷的組織來主導，但晚清政權已由盛而衰，無論從制度化水平、治理技術和治理資源等方面說，都無法由朝廷單獨去應對各種危機，甚至由朝廷直接滲透到最底層，動員社會以應對危機的可能性也不存在。這就是說，朝廷與社會之間需要有一個雙方都接受的階層來協調雙方的關係，這是理解晚清政治整合的另一個關鍵。

　　因此，哈貝馬斯那種純粹對抗性的「公共領域」在晚清即便可能存在，也只能是及其個別的。黃宗智提出的「第三域」主要強調中介組織的非國家、非社會性質，這種判斷既不清晰，也不符合當時官、紳、民利益關係的邏輯。由紳士主導的「官民兩棲」組織側重強調其亦官亦民性質，是晚清社會各方面最能接受的公共域場。「官民兩棲」組織就是晚清皇權控制力趨弱的背景中，紳士在傳統意識形態的內約和官方支持（直接、間接或默許）下，糾合民力，承擔社會責任的載體。其形態隨應對的問題而變化，主要包括：社倉、義倉、育嬰堂、團練、商會、學會等等。其性質隨官、紳、民的利益關係變化而搖擺，既有借官壓民型，也有借民抗官型，其傾向與晚清社會的政治整合力成正向關係。也就是說，官方力量強大時，這類組織的官方性質就強，反之，民間性質就強，並非固定不變。清末，隨著紳士階層的解體和越來越多的舊紳士轉化為近代知識分子，傳統的「官民兩棲」組織有的瓦解、有的轉化成異己的力量。清政權也隨之崩盤。

　　不論是解釋性的政治合法性理論，還是基於中介組織的國家與社會關係理論都為晚清社會政治整合的結構、路徑提供了理論注解，同時也揭示出晚清社

會政治整合模式被解構的結局。這個整合結構就是皇權整合紳權、紳權聯合族權整合民眾，紳士是其中的中介，「士大夫是作爲知識載體的士人與官僚的合二爲一」，成爲朝廷與社會之間的橋梁。〔註69〕這個整合路徑和制度安排就是知識權力化。這一整合結構和路徑比地產、出身和權力組合，具有更好的可控性。這可以作爲傳統中國超穩態社會的一種結構性解釋。但當解釋的合法性模式被外來衝擊所撼動而不得不向認同的合法性模式轉型時，傳統知識及其載體——紳士的權威也將不可避免地要被解構。而且權力與知識捆綁起來，也有許多局限性。首先，這是一種相對單一的整合路徑，隨著晚清多元因素的積聚，其整合力會不可避免地被大大消解；其次，它對知識發展來說是個緊箍咒，並通過限制知識而束縛整個社會的創新力；其三，傳統中國能配以權力的知識是十分狹隘的，僅限於道德知識、經典知識、體制內合法化知識，或者叫功名知識，而不能用現代的知識概念來打量。世紀智者羅素曾一語道破中國文化的致命弱點：「缺乏科學」知識。〔註70〕費孝通先生也講得很明白：「傳統社會裏的知識階級是一個沒有技術知識的階級，可是他們獨佔著社會規範決定者的權威。」〔註71〕這就是說，只有當傳統社會的各種危機還未超出傳統知識所能應對的邊界時，紳士才能發揮政治整合的作用，反之，一旦政治危機表現爲知識危機時，知識階層的應變能力就會枯竭，如晚清社會面臨外來異質文化的衝擊時那樣，紳士以及知識權力化的政治整合模式便在無奈中淡出了歷史的潮頭。

三、研究對象與研究方法

（一）研究對象

1、晚清紳士

從習慣上來說，紳士是特指明清時期的士人群體。〔註72〕中國歷史上士人群體的形成與發展有著不同的階段特徵。〔註73〕其中，理解紳士概念的關鍵在於釐

〔註69〕葛荃，權力宰制理性——士人、傳統政治文化與中國社會〔M〕，南開大學出版社，2003 年，第 13、57 頁。
〔註70〕〔英〕羅素，中國問題〔M〕，學林出版社，1999 年，第 39 頁。
〔註71〕費孝通，費孝通文集（第 5 卷）〔M〕，群言出版社，1999 年，第 481～482 頁。
〔註72〕趙秀玲，中國鄉里制度〔M〕，社會科學文獻出版社，2002 年，第 248 頁。
〔註73〕春秋以前的「士」主要指「知書識禮」的貴族，如「多士」、「庶士」、「卿士」和「武士」等；到了春秋時代，等級分封的封建秩序解體和私學的興起，一方面使士的身份從封建貴族中游離出來，出現士庶互動景象，「士」成爲四民

清紳士的來源及其與政治權力的關係。在這個意義上，對紳士概念的界定就不會流於籠統。學術界對此已有的代表性觀點主要有：（1）強調紳士與功名的緊密關聯性，〔註74〕紳士指的是不在官位的士大夫，或是具有了政治身份、考取了功名的士。（2）強調官僚與紳士的關係，如吳晗認為「官僚，士大夫，紳士，是異名同體的政治動物，士大夫是綜合名詞，包括官僚紳士兩專名。官僚紳士必然是士大夫，士大夫可以指官僚說，也可以指紳士說。官僚是士大夫在官時候的稱呼，而紳士則是官僚離職，退休，居鄉（當然居城也可以），以至未任官以前的稱呼。」〔註75〕（3）區分紳士的類型。有學者認為，紳士總括不外乎三種情況。一是本人從士而為官，又致仕歸鄉而稱為紳士。二是考取了功名，卻未曾實授官職，他們既可以進而為官，自當與地方官以禮相接，高於平民而又尚未做官，正是紳士的特殊定位。三是本人既未居官，又無功名，但家中有至親在朝為官，他們憑藉官勢相維相繫，在地方上威勢不小，這類人也會被尊為紳士。〔註76〕也有學者認為，「縉紳」，主要是指官員、留職離任官員、封贈官、捐納官等，或被稱為官僚地主。另有一批有功名而未仕的人，如文武舉人、監生、生員等，稱為「紳衿」。兩者也並稱士紳，若居鄉則稱為鄉紳。〔註77〕

本文所涉及的紳士主要強調知識──功名──權力──紳士的邏輯關係，包括傳統上講的「縉紳」和「紳衿」，也包括「官紳」（居鄉的官僚）、「紳商」和「學紳」。需特別指出的是無功名的地主不在紳士之列。〔註78〕對於捐

之首：另一方面知識的獨立性日益明顯，「士」的思想日益自由，可以「思出其位」了，這才有了對超乎現實世界的「道」的追求，開了「士志於道」風氣。士成為社會知識、思想和社會批評的主要代表，是中國歷史上「知識人」的開端。春秋晚期「士」的數量由於貴族下降和平民上升而激增，因此，公元前六世紀中葉以來士庶界線模糊，有合流的趨勢。清代沈垚曾指出：「宋、元、明以來變遷之較」是「天下之士多出於商。」。余英時，士與中國文化〔M〕，上海人民出版社，2003年，第599～602頁，新版序第2。

〔註74〕張仲禮，中國紳士──關於其在十九世紀中國社會中作用的研究〔M〕，上海社會科學出版社，1991年，第1頁。

〔註75〕吳晗，論紳權〔A〕，見：吳晗史學論著選集第二卷〔M〕，人民出版社，1986年。

〔註76〕劉澤華，士人與社會〔M〕，天津人民出版社，1988年，第64頁。

〔註77〕龔鵬程，中國文人階層史論〔M〕，蘭州大學出版社，2003年，第7頁。《辭海》中區分紳士大夫所用的大帶；衿為生員的服飾，引申為縉紳與紳衿的地位差異。辭海（詞語分冊下）〔M〕，上海辭書出版社，1977年，第1241頁。

〔註78〕民國時期，由於沒有功名製度，人們習慣將因土地財富而在鄉里享有權勢的地主比稱為舊時的紳士。張仲禮先生認為，費孝通先生做的有關紳士的研究

納出身的紳士則是從解構知識——權力鏈條的角度加以論述的，也就是說，他們的龐大加劇了紳士內部的分裂，降低了紳士的整體素質，從而削弱了紳士整合社會的能力。同時，也須注意到來自不同職業和層次的紳士往往有不同的政治態度，他們在晚清社會的政治整合中發揮的作用也不好一概而論。比如，紳士的政治派別結構可以分爲：封建頑固派紳士、洋務派紳士、改良派紳士和立憲派紳士。根據其與封建王朝的關係緊密程度、政治主張、業界基礎及知識結構，前兩派基本上屬於舊式紳士（官僚性），後兩者屬於新式紳士（工商性、開明有功名的地主），是資產階級的早期形態。紳商和學紳（接受或從事新式教育的紳士，是封建士大夫與新式知識分子的過渡形態），他們是兩個接受新產業、新知識的紳士群體，在思想上較爲活躍和搖擺。〔註 79〕最後，中國傳統社會的紳士與西方傳統社會的紳士也不同。其中，最根本的差異也在於他們各自的來源。正如何炳棣所說：「英國的縉紳階級的最重要決定因素是土地產業，間或因其他形式的財富。……中國的縉紳階級則不然，在明清兩代的大部分時期中，他們的地位由來只有部分是財富，而極大部分是功名。」〔註 80〕這同時也爲傳統中國知識權力化社會的特徵提供了印證。

2、政治整合

政治整合（Political integration）是一個由政治系統理論、政治行爲理論和政治文化理論交合衍生的話語。它首先假定政治生活是一個相互作用、相互關聯的系統或共同體，在政治系統內部、不同政治系統之間以及政治系統與其他社會系統的互動中，會產生各種干擾和壓力，如果政治系統不能對這些壓力進行有效的回應，系統就會分裂或瓦解，〔註 81〕而其中對成員有穩定吸附力的因素就是政治文化。雖然，這三大政治學理論的代表人物伊斯頓、帕森斯和阿爾蒙德並沒有直接提出政治整合的概念，〔註 82〕但有關政治整合問

主要是民國時期的，並試圖以此推及到帝國時代的紳士。張仲禮，中國紳士——關於其在十九世紀中國社會中作用的研究（導言）〔M〕，上海社會科學出版社，1991 年。

〔註 79〕參見馬敏，過渡形態：中國早期資產階級構成之迷〔M〕，中國社會科學出版社，1994 年，第 125、138 頁。

〔註 80〕Ping--ti Ho，*The Ladder of Success in Imperial China*〔M〕，Columbia Universiyi Press，New York，1962 年，第 40 頁。

〔註 81〕參見〔美〕戴維‧伊斯頓，政治生活的系統分析〔M〕，華夏出版社，1988 年，第 36 頁。

〔註 82〕阿爾蒙德提出過政治綜合的概念，認爲政治綜合是把各種要求匯合進政策選

題的意義和分析框架已基本確定。

政治整合從狹義上講，「意指若干個政治單位結合成一個整體」。〔註 83〕新功能主義學者哈斯認為政治整合是「政治忠誠、期望和政治行為」不斷「中心化」的過程。〔註 84〕這可以說是一種相對廣義的解釋。不論是從那種意義上理解政治整合，它在政治史上的地位都十分重要。就整合模式而言，現代學者所強調的政治整合，主要有三種代表性觀點：（1）文化感情式政治整合。伊斯頓提出，「通過採用『共同體感』這一概念來認識政治共同體的感情的文化的方面，我們就能掌握一種分析的手段，它能給我們提供瞭解對政治共同體支持的主要指標。因此，從長遠觀點來看，許多系統想要在沒有發展相當水平的共同體感的情況下就謀求持續是不可能的，要想經受得住嚴重的危機，也是不可能的。政治共同體感確實代表了支持的最重要的手段。」〔註 85〕（2）參與溝通式政治整合。如有學者認為，政治整合是把民眾納入政治體系中統一起來，在政治參與過程中達成共識。〔註 86〕政治整合指社會成員對國家的認同和向心力，或政治體系內各種成分之間的衝突——結合程度。政治整合是多層次的，包括民族——語言整合、宗教整合、領土整合、階級整合、精英——大眾整合等。〔註 87〕（3）綜合式政治整合。如臺灣學者林嘉誠、朱宏源認為「政治整合是存在於政治社群中的一種整和狀況」，這種狀況取決於三方面的因素：系統政治文化的支配力、政治制度與過程的成效和政治溝通的容易程度。〔註 88〕

這些見解雖不能簡單套用於分析前現代國家的政治整合，但其中豐富的學術資源仍可資借鑒。例如，伊斯頓用「共同體感」來表述政治整合力水平

擇並動員支持這些政策選擇的資源的過程。〔美〕加布里埃爾・A・阿爾蒙得、小 G・賓厄姆・鮑威爾，比較政治學：體系、過程和政策〔M〕，上海譯文出版社，1987 年，第 233 頁。

〔註 83〕布萊克維爾政治學百科全書〔M〕，中國政法大學出版社，1992 年，第 559 頁。

〔註 84〕Hass，E.：*The Uniting of Europe：political，social and economic force* 1950～1957〔M〕，London：Stevens，1958。

〔註 85〕〔美〕戴維・伊斯頓，政治生活的系統分析〔M〕，華夏出版社，1988 年，第 206 頁。

〔註 86〕孫關宏、胡雨春、任軍鋒，政治學概論〔M〕，復旦大學出版社，2003 年，第 338 頁。

〔註 87〕吳惕安、俞可平，當代西方國家理論評析〔M〕，陝西人民出版社，1994 年，第 155 頁。

〔註 88〕林嘉誠、朱宏源，政治學辭典〔M〕，五南圖書出版公司，1990 年，第 276 頁。

的指標，就爲政治整合應用於分析傳統政治體系的縱橫向結構關係預留了空間。根據前面所作的理論預設，本文正是從「共同體感」（主要是文化共同體）的視野，〔註89〕來觀察晚清社會在多重危機面前，所進行的政治動員的努力。所以，我們將政治整合界定爲，當一種社會政治模式出現危機甚或解體時，當局運用意識形態、制度安排和各種具體政治行爲以強化社會「共同體感」，並依此進行的戰略拯救舉動。就晚清社會的政治整合而言，就是朝廷如何圍繞不同時期的危機主題，通過意識形態和制度安排去動員紳士，並利用紳士「官民兩棲」的身份進一步向基層、民間社會滲透，以強化儒學文化共同體、聚集社會資源、應對各種政治危機的過程。這種整合主要是由上而下式的整合，而不是上下互動式的整合。如果說有互動，那也只能是中央與地方實力派、官府與紳士之間的互動，全然不同於現代參與式整合的理念和方式。

（二）研究方法：在驗證與思辨之間

政治學從本質上講是屬於思辨的，但它自發軔時起，就沒遠離過驗證。亞里士多德所開創的西方古典政治學理論既保留了哲學、倫理學的思辨風範，又以城邦政治經驗爲支撐，是理性分析、規範分析和經驗分析結合的典範。此後分化出來的傳統政治哲學、行爲主義政治科學和後行爲主義政治理論只不過是在思辨和事實之間尋找不同的支點的產物。正如奇爾科特在對各種政治學範式的優勢進行總結時說：主流範式是「在比較分析中把事實與價值觀聯繫起來」。〔註90〕

馬克思曾這樣批評過黑格爾在思考國家與社會關係問題上的方法論錯誤，說黑格爾是「用國家來解釋邏輯」，而不是用「邏輯來解釋國家」，在他那裏，「規定其他東西的東西成了被規定的東西，產生其他東西的東西變成了它的產品的產品」。〔註91〕其蘊義與強調歷史學和政治學之間存在「根」「果」關係論有著異曲同工之妙，那就是要用歷史的邏輯來驗證政治理性，儘管政治理論需要對經驗進行超越。將歷史與政治貫通起來，形成一項歷史政治學

〔註89〕也必須指出伊斯頓曾將整合區分爲共同體、典則和當局三個層次，這種模式不能應用於傳統中國的政治整合研究。因爲，傳統中國政治的合法性強調天道、道統和政統的統一，失道同時意味著失去統治權。這也是晚清社會飄搖之時，保守主義之所以拼力捍衛道統的原因所在。

〔註90〕〔美〕羅納德·H·奇爾科特，比較政治學理論——新範式的探索〔M〕，社會科學文獻出版社，1998年，第92頁。

〔註91〕馬克思恩格斯全集第一卷〔M〕，第252頁。

的研究，最困惑之處莫過於如何從史料堆裏爬出來，不被史料所湮滅，又不失去政治學理論思辨的神骨。所以，本文只選擇了歷史演進中的一個截面，這樣既避免了寬泛的宏大敘事，又確保所歸納的理論邏輯經得起歷史邏輯的考驗。

本文著眼於從歷史中發現政治問題，是從歷史的角度來揣摩政治的理性，但不是歷史學的論文。所以在研究線路上的安排不是「歷史——歷史」，也不是「政治——政治」，而是「政治——歷史——政治」。也就是，先做政治學理論上的假設（也是以已有的歷史和政治研究成果爲基礎），如文化國家意義上的政治整合、解釋性的政治合法性和知識權力社會，這些理論模式在沒有歷史驗證之前，只具有預設意義；接著從晚清朝野應對社會危機、政權危機和民族危機的歷史事實中對所假定的理論進行分析和驗證；最後在對理論與經驗的綜合中抽象出具有一般意義的權力配置理論和政治整合模式。既然不是歷史學的論文，也就不把注意力放在新史料的挖掘和考證上，而是側重於用政治學理論對已有史料的梳理。

將事實分析、價值分析和規範分析結合起來是溶思辨與驗證於一爐的可行路徑。首先，晚清應對社會危機、政權危機和民族危機的舉動是文章進行事實分析的平臺，當然這裏不會看到對歷史的復述，而是摘取了其中有代表性的片段，來觀察官、紳、民之間的互動關係。接著是對這種互動關係展開的制度變遷進行梳理，是爲規範分析。最後，順著這種互動關係演繹的邏輯，去發現在不同危機面前，官、紳、民結合的主題和旨趣，便進入了價值分析的視閾。價值分析的結論就是晚清爲應對各種危機而進行的政治整合所貫通的其實就是一條由教化儒學、復興儒學和捍衛儒學形成的價值鏈。這正好說明了晚清的政治整合是文化國家意義上的整合，其合法性是解釋性的，在知識權力化社會裏，一種知識類型的存留與政治合法性是聯體的。

四、研究思路與主要觀點

（一）研究思路

政治整合的核心是權力配置，權力配置關係是政治學研究的一個基本問題。歷史唯物主義通過對西方社會發展經驗的總結，得出了經濟對政治、財富對權力的支配關係的經典結論。那麼，對政治、權力的解釋是否只有經濟和財富一途呢？按照歷史唯物主義的觀點，「對世界的不同看法可以從一個時

代或文化與另一個時代或文化的對比中發現。眞理是與人們隸屬的時代和文化所特有的世界觀有關的。因此，世界觀是暫時的、相對的，不是絕對的。」〔註 92〕以此來觀察中國傳統社會，就可以發現經濟——權力組合與知識——權力組合是交織一起，甚至相抗的歷史圖景。這就爲人們用知識解釋政治的範式來補充用經濟解釋政治的範式提供了研究素材。在思想史上，孔孟早就有將掌握知識，甚至掌握不同性質的知識作爲區分人的社會地位和特權的論述。孟子說：「勞心者治人，勞力者治於人；治於人者食人，治人者食於人，天下之通義也。」就是以知識作爲權力配置基礎的經典表述。〔註 93〕在學術史上，開闢用知識變遷來解釋政治變遷的思路也有一個世紀的歷史。早在清末就有不少學者從學術競爭力、知識競爭力的差異角度尋找過中西方近世文明興衰的根源。他們認爲「泰西何以強？有學也，學術有用，精益求精也。中國何以弱？失學也，學皆無用，雖有亦無也。」〔註 94〕國學大師梁啓超更是直言「天地之間獨一無二的大勢力，何在乎？日智慧而已矣，學術而已矣。」〔註 95〕這是一條把學術、知識和文化視爲影響社會發展的核心要素的理路，後來成爲推動「五四」新文化運動的一大思想資源。然而，「五四」之後，知識之維的解釋權完全被經濟之維、階級之維所取代了。上世紀後半葉，西方後現代主義爲挑戰啓蒙運動理論範式的解釋霸權，樹起了「創新知識——解構傳統——建構多元」的理論範式。儘管後現代理論的諸多方面仍受到質疑和批評，但它無疑是對經濟的、歷史的「元敘事」方式的衝擊。〔註 96〕

　　知識能否作爲解釋政治、權力的基本要素？需要說明知識對權力的取得、對權威合法性的維護以及對政治共同體的整合所具有的關鍵性價值。答案只能從歷史中去尋找，這需要有知識與權力結合的制度、知識與權力結合的階層和最能體現這一結合的經驗事實的確證。晚清社會正是能從這三個方面提供例證的恰當時段。從中我們可以找到這樣一條邏輯理路：眾所周知，

〔註 92〕〔美〕羅納德・H・奇爾科特，比較政治學理論——新範式的探索〔M〕，社會科學文獻出版社，1998 年，第 92 頁。

〔註 93〕參見費孝通，皇權與紳權〔A〕，見：費孝通文集第五卷〔M〕，群言出版社，1999 年，第 476 頁。

〔註 94〕貫公，振興女學說〔A〕，見：開智錄〔M〕，1901 年 3 月 5 日。

〔註 95〕梁啓超，論學術之勢力左右世界〔A〕，見：梁啓超文集〔M〕，北京燕山出版社，1997 年，第 215 頁。

〔註 96〕〔美〕史蒂文・塞德曼，有爭議的知識——後現代時代的社會理論〔M〕，中國人民大學出版社，2002 年，第 189 頁。

晚清社會是一個危機深重的社會，這些危機不僅衝擊政權，也衝擊道統體系，因而傳統的共同體必須作出因應。我們把這種應對危機之舉解釋爲政治整合，是對社會各方面力量的動員並予以統一配置的過程。然而，晚清政府的能力、制度化水平及其面臨的社會背景均不支撐朝廷擁有這樣直接滲透於基層社會的可能。歷史事實表明正是紳士在朝廷與民眾之間穿針引線。那麼，紳士何以具有這樣既讓官府信賴，又讓民眾尊重的品格呢？我們知道，讀書——科考——功名是紳士的本質規定性，由此可知，掌握經典知識是他們取得特權的本錢。這樣，知識與權力的聯繫就建立起來了。

以紳士與晚清社會的政治整合爲研究平臺，通過對紳士在晚清社會應對社會危機（災荒、疾疫）、政權危機（民變）和民族危機中的作用模式進行經驗式梳理，我們發現它是一個傳授傳統知識（在救荒中教化）——復興傳統知識（在平叛中重塑理學）——捍衛、補救傳統知識（中體西用）的歷史畫面。在這個歷史畫面中，人們可以清晰地看到傳統知識對於傳統政治合法性的關鍵作用，可以看到晚清的政治整合是圍繞傳統知識的存續展開的。這恰恰印證了傳統政治的合法性是解釋性的，傳統社會的政治整合是文化意義上的，離開傳統知識便不能維繫。但由於知識與權力綁定的局限，以及晚清危機的深重性和異質性，傳統知識在體制內變遷是不可能的，最終一切的危機都集中表現在傳統知識的危機上。隨著傳統知識在人們心目中的地位下降，特別是支持傳統知識的制度安排拆除，紳士作爲一個群體走向解體，取而代之的是一個多元的結構（商人、軍閥和自由知識分子），但他們都不能像紳士那樣輕便地「官民兩棲」了。晚清社會在失去了紳士群體力量的中介性支持之後，再也沒能整合起來過。政治的合法性因知識合法性的崩潰而崩潰，這是知識與權力關係緊密的最好驗證。

歸納起來，晚清政治整合的社會生態基礎是危機社會＋知識權力化社會＋過渡社會。〔註97〕這樣的社會屬性表明晚清社會的演展存在著複雜的變數：其一，社會處於不能自主的危機之中，是爲危機性；其二，社會發展引入了新的社會元素，既有的社會發展方式已難以爲繼，面臨著新的選擇，是

〔註97〕毛澤東指出：「鴉片戰爭以後，中國一步一步地變成了一個半殖民地半封建的社會。」中國革命與中國共產黨〔A〕，見：毛澤東選集〔M〕，人民出版社，1969年，第589頁。危機性、過渡性和官僚性正是半殖民地半封建社會性質的展開形式。

為過渡性；其三，傳統的官僚社會形態仍有頑強的黏附力，是為官僚性，亦即知識權力化。嚴重的危機爲晚清社會的政治整合提出了需求、確定了主題，知識權力化社會的政治管理方式又爲晚清社會的政治整合鎖定了基本的依賴力量和模式，而晚清社會過渡性的逐漸增強，預示著傳統整合模式的風險和失敗。

（二）基本觀點

晚清已處於傳統知識權力化社會的末世，隨著社會危機、政權危機和民族危機的紛至沓來，其危機社會的一面日益突出。在各種危機的衝擊下，傳統政治的意識形態（道統）、官僚制度（特別是科舉制度）、統治知識（儒學）和知識階層（紳士）的合法性遭遇到前所未有的挑戰。特別是異質知識、技術、制度、生產生活方式和宗教信仰的滲透，誘發了傳統社會的內部分裂，使傳統社會的各個主要方面都不同程度地萌生了其對立面。晚清社會由傳統向近代過渡的特徵也越來越明顯，其突出變化表現爲文化國度裏誕生出日益強烈的民族主義意識、解釋的政治合法性模式日益受到質疑、傳統社會的核心結構正在被新社會群體所取代，他們合力破壞了傳統的知識權力化社會的生態環境。依靠道統、科舉選官制、儒學德性知識和紳士的組合來抗擊各種危機、捍衛傳統政治的合法性，只會越來越顯現其不適應性：其一，知識與權力組合模式具有其自身不可克服的局限性，最爲關鍵的是限制了知識的創新，從而束縛了整個共同體的應變能力，其整合力只能是「內卷」〔註98〕式的，到晚清時，知識權力化對社會各方面（尤其是精英）的吸引力已經耗損待盡。其二，知識與權力組合模式在動員社會應對傳統危機的行動中依然有效，例如，我們將要分析的應對災荒、疾疫、民變等危機中，知識與權力組合模式基本上是成功的，然而，眞正對晚清傳統社會構成毀滅性衝擊的不是這些傳統的危機，而是由西方新思想、新知識、新制度、新生產生活方式帶來的異質危機，用傳統的整合模式應對全新的挑戰，便產生了新的危機，即知識危機。由於傳統政治的合法性是依靠傳統知識的合法性支撐的，當傳統知識出現危機時，傳統政治喪失其合法性是不可避免的。其三，知識權力化

〔註98〕「內卷化」是克利福德・吉爾茨用來概括農業勞動力投放過密導致的「邊際報酬遞減」現象，黃宗智先生稱之爲「過密型增長」。在此用來隱喻晚清紳士隊伍雖然還在膨脹，但其整體威望已經過了「邊際」的臨界點，不斷地萎縮。參見黃宗智，華北的小農經濟與社會變遷〔M〕，中華書局，1986年，第一章。

社會的整合模式主要是一種縱向式整合，它產生的社會精英流動、社會資源調動是上下層次的，而不是橫向的。儘管我們可以找到不少「朝爲田舍郎，暮登天子堂」那樣社會地位縱向躍升的例證，但知識權力化框架中的「知識」僅限於經典知識，不容納技藝知識、生產生活知識、科學知識和其他信仰知識，能進入知識權力化軌道的業界原則上不包括商人、工匠、雜戶、官戶、莊客、客戶、屯兵、佃民、新學學生和其他自由職業者，更不用說像部曲、客女、傭士、寺觀依附戶、奴婢、賤民、倡優等行當，社會橫向流動和橫向整合併未成爲知識權力化整合模式中的一個合法部分。可是，晚清社會的過渡性特徵已呈現「外卷」式不斷放大之勢，舊社會要素逐漸萎縮，新社會要素與日俱增，初步顯示出多元性的圖景，其中就包含著日益強烈的社會橫向流動的要求。而知識權力化的整合模式將這些新生元素大都拼棄在外，其所能產生的整合效應是可想而知的。

　　總之，在晚清社會應對各種危機的政治整合歷程中，運用的是知識與權力組合的整合模式。儘管，作爲這一模式的核心階層的紳士總體上盡了可能的努力和責任，也在某些方面取得了成功，但最終還是以自身的解體而告吹。其中的根源有深有淺，在本文所研究的視閾內，可以歸納爲三對矛盾所致：(1)用單一的政治整合機制來整合初步多元化的社會。這個單一的機制就是單一的意識形態、單一的知識體系、單一的制度支持和單一的依賴階層，這個機制不具有包容多元因素的能力。(2)用傳統的政治整合模式來應對異質危機。(3)依靠不斷「內卷」化的力量來整合逐步「外卷」化的社會。晚清社會政治整合的路徑是皇權整合紳權、紳權整合民權的階梯狀整合。皇權對基層社會的滲透離不開紳權的中繼。但是，到了晚清，紳士的威望早已進入「暮年」，紳士內部也出現嚴重的分化，特別是捐納之例盛行，使紳士整體素質大大下降，而商人的雀起和傳教士的湧入則直接向紳士的傳統權威發起挑戰。與此同時，新社會元素卻不斷衍生，並游離在傳統模式之外。隨著紳士承擔社會責任的理念和能力薄弱化，他們已不能像以往那樣擔「四民之望」的角色了。所以，一種政治模式要想獲得更穩固的合法性，就必須打破單一的權力配置模式，實現權力與多重價值的嫁接，使社會各方面可以在置換資源中相互得到權力和地位的認可，最終形成多元因素（財富、知識、技術、勞動等）與權力組合的政治整合格局。

第一章　晚清知識權力化政治整合模式的基礎

　　道格拉斯·C·諾斯曾用路徑依賴（Path Dependence）一詞來研究制度變遷模式的基礎。他將路徑依賴概括爲：「今天的選擇受歷史因素的影響」。〔註1〕從諾斯的分析來看，制度變遷的路徑依賴是指由於制度變遷的過程中存在一種報酬遞增和自我強化的機制，所以制度變遷的初始選擇構成了制度變遷的初始制度條件，在初始制度條件的報酬遞增和自我強化機制的作用下，制度變遷一旦走上了某一路徑就會沿著既定的路線不斷地獲得自我強化。用這一邏輯來觀察晚清社會的政治整合歷程，可以發現知識權力化社會爲之提供了從意識形態到制度安排、知識基礎和社會結構等全方位的路徑依賴。知識權力化正是自隋唐開創的我國傳統社會配置權力、調整利益的初始性制度選擇。到晚清時，該模式已運轉了千餘年，由於歷史積澱已深，無論是從運轉成本的低廉性（有現成的經驗可循），還是習慣化和既得利益階層的膨脹，都使知識權力化模式具有報酬遞增和自我強化的特性。所以，晚清社會在應對各種危機的整合舉動中表現出鮮明的對知識權力化模式的依賴和捍衛，即知識——紳士——權力的組合，使紳士在應對各種危機的政治整合中發揮著廣泛的中介作用。要深入理解知識權力化在晚清的運轉機理，還須從解剖其社會生態環境入手。綜合史家的觀點，支

〔註1〕〔美〕道格拉斯·C·諾斯，制度變遷理論綱要〔A〕，見：經濟學與中國經濟改革〔M〕，上海人民出版社，1995年，第3頁。

配晚清政治運轉的是一個小農經濟——儒學文化——官僚政治三位一體的結構。〔註2〕

第一節　小農經濟：知識與權力組合的經濟基礎

一、兩種前現代經濟與政治模式

在工業革命帶來社會化大生產的資本主義經濟方式之前，存在著兩種較為典型的前現代經濟模式，即小農經濟和領主制經濟。雖然它們談不上有性質意義的差異，但各自的運轉結構還是判然不同。這些迥異性足以令建構於其上的政治上層建築以不同的方式展開。與小農經濟相伴的是官僚政治，與領主制經濟同行的是貴族政治。

1、小農經濟與官僚政治

小農經濟被人們常記於心的特徵，主要指自給自足、勞動密集性、擴大再生產力弱、與自然關係密切（受氣候、災害年景限制）和經驗性強等。而其中最根本的因素：土地的分散私有卻常為人們所忽視。在小農經濟模式下，可以自由擁有土地的人在理論上是沒有限制的，包括上自皇帝、下至自耕農農（甚至包括部分佃農，他們自有的土地不足謀生，而需另租地耕種）的各個階層。正如陳旭麓說，「同西歐封授世襲的莊園經濟、印度的農村公社相比，中國封建社會經濟構造的顯著特點就在於土地的私有和買賣……皇室、貴族、官僚、地主，都可以用經濟的或非經濟的手段造成巨量的土地集中，」然後，又在朝代更替和諸子均分的過程中，化整為零。〔註3〕魏特夫也指出，在治水社會的中國，「自由私有地的確立，導致了一個龐大的農民土地所有者階級的出現。」〔註4〕特別是明清時期，「土地國有制處於急劇變化時代」，「國

〔註2〕馬敏‧過渡形態：中國早期資產階級構成之謎〔M〕，中國社會科學出版社，1994年，第19頁。費正清也認為晚清社會是以「精耕細作的農業、嚴密組織的家庭生活和官僚化的行政機構為其特徵的。」費正清，劍橋中國晚清史（上冊）〔M〕，中國社會科學出版社，1985年，第10頁。郭漢民認為晚清舊體制的四大因素是以自然經濟為物質基礎，以儒家思想為意識形態，以宗族制度為社會細胞，以官僚和紳士的合作為管理機制。郭漢民，晚清社會思潮研究〔M〕，中國社會科學出版社，2003年，第2頁。

〔註3〕陳旭麓，中國近代社會的新陳代謝〔M〕，上海人民出版社，1992年，第4～5頁。

〔註4〕〔美〕卡爾‧A‧魏特夫，東方專制主義：對極權力量的比較研究〔M〕，中

家土地所有制開始走向衰弱並逐步向封建土地私有制轉化」。〔註5〕清代土地所有制明確將土地區分為官田和民田，規定「凡辦納糧者為民地，不納糧者，不分有主無主，俱為官地」〔註6〕；「凡官地，例禁與民交易」〔註7〕，民地則允許自由買賣。官地主要指旗地，包括皇莊，在全部土地中比重很少。〔註8〕以清乾隆時期為例，皇莊共 887 所，土地合計 4 萬餘頃，約占當時全部 700 餘萬頃土地的 1／180。〔註9〕而同時期，直隸懷柔郝氏亦有「膏腴萬頃」。〔註10〕這說明皇室的特殊地位和統治權並不來自於對土地的佔有，所謂「普天之下莫非王土」在小農經濟模式下不是以所有制的方式實現的，而是通過公共財政提取（徵收田畝稅）的方式體現出來。在此基礎上形成的政治關係，有以下基本特點：（1）國民之間只存有佔有土地的能力大小之分，而無政治上的隸屬關係。從理論上說，所有國民都直接與君王建立臣民關係，這樣，君王要面對的是分散的管理對象，整個初始管理結構是平面式的。（2）土地的分散私有為土地的兼併提供了制度支持，這樣又不可避免地會產生兩種威脅王權的政治力量：大土地所有者和赤貧者。（3）「治人者」與「治於人者」之間的政治關係並沒有明確的約定性，因為從經濟意義上講，「治於人者」如果種的是自己的地，他們與「治人者」就沒有依附關係。

所以，如何將王權有效地向下滲透？如何在經濟和法律意義之外說明王權的合法性？如何抑制豪強勢力對王權的挑戰？如何安定赤貧者？便成為小農經濟模式下政治統治和政治管理所面臨的迫切難題。為解決上述難題，統治者必須開府設官，實行行政官僚化，由知識人士和有地方威望的人士充任管理者；必須強化並依賴意識形態對政治合法性的解釋力；必須從經濟因素之外「製造」一個平衡豪強的力量；必須建立一支教化赤貧者的隊伍。也就是說，不論是從應對分散化的管理，還是從化解威脅，或者將政治關係固定下來的角度，王權都需要幫手。這個幫手既要有管理公共事務的能力，又要有教化赤貧者的能力，還要有抗衡大土地所有者的能力。在傳統中國的諸階

國社會科學出版社，1989 年，第 287 頁。
〔註 5〕龐毅，中國清代經濟史〔M〕，人民出版社，1994 年，第 40 頁。
〔註 6〕清世祖實錄，卷八十七〔M〕。
〔註 7〕户口田制〔A〕，見：清史稿，卷一二〇〔M〕。
〔註 8〕王方中，中國近代經濟史稿〔M〕，北京出版社，1982 年，第 6 頁。
〔註 9〕龐毅，中國清代經濟史〔M〕，人民出版社，1994 年，第 42 頁。
〔註 10〕昭槤，嘯亭雜錄〔A〕，見：中國近代農業史資料，第一輯〔M〕，第 69 頁。

層中，士人自然是充當這個幫手的最佳群體。因為他們是道統、禮制和知識的產兒，有勝任上述責任的素質，其地位因不出於財富而具有不定性，不構成對王權的威脅。恰如英國學者麥高溫所論，在中華帝國，「文人的身份，乃是官員的必備條件。……國家的行政官員必須從文人中選出，若認識到要對這個地域遼闊的國家進行管理需要多少行政官員，那麼這個階層在國家中是多麼強大和有影響力也就不難想像了。」〔註11〕這種將世襲統治權與初具專門性的政治管理以及對教化的依賴溶於一體的政治模式就被稱為「歷史官僚帝國制」。〔註12〕

「歷史官僚帝國制」是基於改變分散管理和形成社會內部結構抗衡的需要而產生的知識官僚體制，其核心是知識與權力組合，不是地主官僚體制（當然不排除土地、知識與權力三位一體）。韋伯說，中國是官僚體制的樣板，主要指的正是這種通過科舉而不斷產生官吏的制度安排。〔註13〕它與西方國家基於工業化引發的複雜管理而形成的專業化、技術化、中立性的現代官僚制明顯不同。在現代官僚制下，官僚組織的權能由法律規定。而小農經濟模式下的歷史官僚制，官僚身份是由皇權圈定的，他們按「恭順原理」服務於皇權，並依憑知識和官僚身份平衡豪強勢力。所以，一方面，皇權需要「與士大夫治天下」；〔註14〕另一方面，「皇家是士大夫的衣食飯碗，（士大夫）非用全力支持（皇家）不可，士大夫是皇家的管家幹事，俸祿從優，有福同享，君臣間的距離不太近，也不太遠，掌櫃和夥計間的恩意是密切照顧到的。」〔註15〕

小農經濟模式下，不但管理意義上需要知識官僚，而且「耕讀社會」一直被灌輸為小農經濟的理想社會形態，使知識官僚的產生有深厚的社會基礎。小農經濟的生產所能產生的商品流動、人際交往十分有限，改變個人或

〔註11〕〔英〕麥高溫，中國人生活的明與暗〔M〕，朱濤、倪靜譯，時事出版社，1988年，第2頁。

〔註12〕〔英〕S・N・艾森斯塔得，帝國的政治體系〔M〕，貴州人民出版社，1992年，第25頁。也有學者將我國秦——唐時期稱為「前期家產官僚制國家」，宋——袁世凱政權時期為「後期家產官僚制國家」。〔日〕三石善吉，傳統中國的內發性發展〔M〕，中央編譯出版社，1999年，第147頁。

〔註13〕參見張仲禮，中國紳士——關於其在十九世紀中國社會中作用的研究（導言）〔M〕，上海社會科學出版社，1991年，第2～3頁。

〔註14〕李燾，續資治通鑑長編，卷二二一。

〔註15〕吳晗，論紳權〔A〕，吳晗史學論著選集，第二卷〔M〕，人民出版社，1986年。

家族命運之路，除了讀書這條「華山道」外，沒有多少可靠的選擇。「讀書應試不僅是入仕的正途，在以農業爲本、生產不發達的社會中，讀書應試入仕且是士子唯一的本業。此與歐洲封建時代武士之以騎馬、較武、戰爭爲本業，可以此擬。」〔註16〕尤其在鄉村，社會變遷的腳步緩慢得更是讓人難以覺察，這就爲稍有積蓄的家庭選擇「耕讀」的生活和發展方式提供了外部環境。〔註17〕特別是，印刷術發明後，「得書比較容易，書籍的流通比較普遍，知識也比較不爲少數家族所囤積獨佔，平民參加考試的機會增加了；『遺金滿篋，不如教子一經』。念書，考進士，作官，發財『萬般皆下品，惟有讀書高』。『天子重英豪，文章教爾曹』。政府的提倡，社會的鼓勵，作官作紳士得從科舉出身，竭一生的聰明才智去適·應科舉，『天下英雄入我彀中』，皇權永固，官爵恩澤，出於皇帝，士大夫不能不爲皇帝所用」。〔註18〕

2、領主制經濟與貴族政治

領主制經濟是西歐中世紀的經濟模式，其主要特徵可以概括爲：（1）國王是全國土地的最高領主，次級領主是國王的借地者（佃戶），次級領主負責全權管理封邑內的土地和人口。（2）國王與食封者的關係是基於封地而形成的依附關係。不過，這種所謂的依附關係是嚴格受到以下兩條原則的限制的：其一，國王與食封者的權利與義務在受封儀式上以契約的形式確立，即「土地是閣下的，我發誓忠於閣下」，並不是全人格意義的依附；其二，按照「我的附庸的附庸不是我的附庸」的原則，國王只能與食封者發生權力與義務關係，不能過問食封者的臣屬。可見，土地的分散私有與國王至少是形式意義上的土地集中所有者是小農經濟與領主制經濟最基本的區別。

基於這樣的差異，領主制經濟模式下的政治關係也明顯不同於小農經濟模式下的情形：（1）政治統治和政治管理因層次化而避免了分散化，國王面對的是少數的食封貴族，不是分散的國民，其統治和管理結構有縱深，而非平面。（2）國王的統治合法性具有確定性，但又僅限於土地封授意義，超出此範圍，國王的強制性便自然喪失。比如，「國王可以要求他的諸侯擔負幾個

〔註16〕王德昭，清代科舉制度研究〔M〕，中華書局，1984年，第66頁。

〔註17〕曾國藩讀書出仕之路便是傳統中國小農經濟模式下，無數積數世耕業而養讀成功的代表。參見史林、遲雲飛，曾國藩大傳〔M〕，中國經濟出版社，2000年，第12頁。

〔註18〕吳晗，論紳權〔A〕，見：吳晗史學論著選集，第二卷〔M〕，人民出版社，1986年。

星期的軍務；但是超過這個契約規定的有限時期，他就無法控制諸侯的行動，如果付出適當的款項，期限可以延長。」〔註19〕「當國王欲以征稅、定法律時，必須徵求家臣（食封貴族）的意見和同意」等等。〔註20〕（3）以國王爲代表的中央政府僅有司法和處理對外關係等少數幾項職能。所以，在領主制經濟模式下，無論從管理的需要，還是政治鬥爭的需要（國王與領主間只要依契約行事，一般不會導致政治失序），都無產生知識官僚的動力，也無需特別依賴意識形態和教化手段來強化國王統治的合法性。

所以，在歐洲並沒有類似於傳統中國的士人階層或曰「紳士」，專門作爲官僚或官僚的儲備。「在歐洲，社會等級之區別，或可分爲土地等級（領主與屬民）、金錢等級（資產階級與無產階級）、教會等級、國家等級（裁判所、初等法院、高等法院、御前會議）、文化等級等等。可是這些等級區分的指針沒有一項適用於『文人階層』這個概念。」雖然，「在歐洲十六、十七世紀以後，資產階級興起，貴族之外，遂有了『紳士』（gentry）。這種階級，包括了律師、檢察官、公證人、醫生等非農工之自由職業者。這類紳士，地位在工匠、農民、店鋪主、勞工之上，屬於『有體面的人』，過著貴族式的生活。他們的特徵局部或與我國文人有相肖似之處，可是究其實質，誠可謂截然異趣……是既不同於貴族也不同於紳士的。」〔註21〕

領主制經濟模式下，只有貴族政治而沒有官僚政治。這裏所謂的貴族即領主，他們一方面直接管理封邑內的土地和人口；另一方面又聯合起來共同與國王進行博弈。領主制經濟模式下的政治呈現出一種「以貴族（和市民）爲一方，以皇室力量爲另一方的競爭」。〔註22〕在皇室與貴族之間沒有一個俯首聽命於皇室又可以與貴族抗衡的力量。所以，西歐領主制經濟時代，皇權的專制並不能徹底向下滲透。恰恰相反，由於貴族的聯合和分封時的契約色彩，領主制經濟一直在孕育憲法和議會政治的細胞。〔註23〕這與小農經濟模

〔註19〕〔美〕卡爾・A・魏特夫，東方專制主義：對極權力量的比較研究〔M〕，中國社會科學出版社，1989年，第78頁。

〔註20〕〔日〕三石善吉，傳統中國的內發性發展〔M〕，中央編譯出版社，1999年，第147頁。

〔註21〕龔鵬程，中國文人階層史論〔M〕，蘭州大學出版社，2003年，第6頁。

〔註22〕〔美〕卡爾・A・魏特夫，東方專制主義：對極權力量的比較研究〔M〕，中國社會科學出版社，1989年，第78頁。

〔註23〕參見 Rodney Hilton，*The Transitation from Feudalism to Capitalism*，London，

式下，皇權依賴恭順它的知識官僚有效地抑制住了地方豪強的擴張，而令專制政治大行其道形成鮮明的反差。換言之，小農經濟基礎之上演繹的政治邏輯是官僚政治、專制政治，而領主制經濟基礎之上演繹的政治邏輯是貴族政治、議會政治。

二、小農經濟、晚清財政與官僚體制

雖然，小農經濟的分散性和中國的超大規模爲政治管理上的知識官僚體制提供了生存空間，但是，分散化的社會管理成本和小農經濟所能產生的財政剩餘又限制了知識官僚體制的規模。可以說，小農經濟之於知識官僚體制是一把雙刃劍。

1、晚清財政的規模與特點

雖然，明清之際商品經濟有了一定的發展，但小農經濟的基礎地位並未動搖，晚清的財政依然以提取小農經濟的剩餘爲主要來源，呈現以下特點：（1）由於勞動剩餘有限，人均財政貢獻低，財政規模相對較小。以晚清之初的財政「正供」收入 4500 萬兩白銀計，國家財政占當時全國糧、棉、絲、茶等七種主要產品產值 19,1284 萬兩的 2.35%，加上實物賦稅，也只約占 3.14%，〔註24〕如果按 1841 年人口 4,1345.73 萬計，〔註25〕人均財政貢獻僅 0.11 兩白銀，似乎平均稅負較輕，其實這正說明，小農經濟的財政提取空間有限，而且，即便是這樣的稅負，就已經弄得社會民不聊生了。（2）財政收入結構相對單一，對田賦依賴的比重較高，在關稅及釐金受到重視或開徵之前，晚清財政幾乎沒有增長的空間（表 1－1）。（3）財政支出除了供皇親宗室享樂外，也主要用於維持小農社會的基本延續。相關研究數據表明，鴉片戰爭前夕，清王朝財政支出規模約爲 4150 萬兩左右，其中大宗的支出主要有兵餉 2200 萬兩、官俸 616 萬兩、治水河工約 400 萬兩。〔註26〕（4）財政的應變能力差，彈性

1976 年。

〔註24〕參見吳承明，中國資本主義與國內市場〔M〕，中國社會科學出版社，1985 年，第 251 頁；周育民，晚清財政與社會變遷〔M〕，上海人民出版社，2000 年，第 62 頁。

〔註25〕龐毅，中國清代經濟史〔M〕，人民出版社，1994 年，第 97 頁。

〔註26〕參見湯象龍，鴉片戰爭前夕中國的財政制度〔M〕，周育民，晚清財政與社會變遷〔M〕，上海人民出版社，2000 年，第 34〜38 頁。戰爭和災荒賑濟支出只能作爲例外開支，不能在年內財政收支中平衡，可見，在當時的正常財政

小。小農經濟支撐下的財政與年景和祥異有著密切的關係。一般情況，年景好又無災荒和戰事，財政會略有節餘，否則就出現不同程度的虧空。例如，康雍乾盛世的 100 餘年的歷史中，積盈的年份多，出現虧空的年份僅為 30 個左右，到乾隆 42 年庫銀積存達 8182 萬兩。但嘉道以降，戰事、災荒頻仍，財政積存直線下降，到鴉片戰爭前，清中央和地方共存銀僅 2000 餘萬兩，1850年末，下降為 300 餘萬兩，1853 年 6 月，戶部存銀僅 22.7 萬兩，連下個月的兵餉也發不出來了。〔註27〕

表1－1：晚清部分年份財政收入結構分析表　　　單位：兩

項目 / 年份	財政收入總計（實徵數）	地丁雜稅（主要為田賦）		鹽課		關稅（1885 年後含釐金）	
		實徵數	所佔份額%	實徵數	所佔份額%	實徵數	所佔份額%
1840 前	41919100	30759100	73.38	5745000	13.70	5415000	12.92
1841 年	39617526	30431744	76.80	4958083	12.51	4227699	10.67
1842	38712018	29593435	76.45	4981839	12.86	4136744	10.69
1845	40804525	30213900	74.05	5074161	12.44	5516464	13.51
1849	36003506	26322672	73.11	4955871	13.76	4724963	13.13
1885	77086561	39505413	51.24	7394228	9.59	30186820	39.16
1888	87792918	44257318	50.41	7507128	8.55	36028372	41.04
1890	86807659	44704394	51.50	7427615	8.56	34675550	39.95
1894	81033604	46632865	57.55	6737469	8.31	27663170	34.14

資料來源：根據周育民：《晚清財政與社會變遷》，上海人民出版社，2000 年，第 238～239 頁及劉岳雲《光緒歲計表》編製。

支出中幾乎沒有發展性支出。曾國藩曾歎道：「至於財用不足，內外臣工，人人憂慮。自庚子（1840 年）以至甲辰（1844 年）五年之間，一耗於夷務，再耗於庫案，三耗於河決，固已不勝其浩繁矣。」也說明了當時財政支出的方向和困難。曾國藩，議汰兵疏〔A〕，見：曾國藩全集，奏稿一〔M〕，嶽麓書社，1987 年，第 19 頁。

〔註27〕清咸同之交的幾年中，財政儲備一直處於枯竭狀態，如咸豐八年至同治三年，戶部存銀沒有一年超過 8 萬兩。參見彭澤益，咸豐朝庫銀收支分析〔A〕，見：十九世紀後半期的在國財政與經濟〔M〕，人民出版社，1983 年。文宗實錄卷97〔M〕，第 33 頁。

2、晚清財政與官僚政治體制的結構

馬克思說：「賦稅是官僚、軍隊、教士和宮廷的生活源泉，一句話，它是行政權力整個機構的生活源泉。」〔註28〕由於晚清財政與小農經濟的緊密掛鉤，不僅規模小、結構單一，而且彈性差、長時間處於沒有儲備狀態，對官僚政治體制的結構產生了深刻影響。這主要是限制了官僚行政體系的規模和能力，使官僚體系（特別是地方）難以滿足基本的管理要求，從而為紳士發揮作用留下了空間。晚清統治集團不得不更加依賴非官僚的紳士群體的幫助，所以，晚清官僚政治體制清晰地體現出編內知識官僚與編外紳士合作共治的格局。正如張仲禮指出：「地方官沒有足夠的辦事人員和經費來處理所有的政府公務。」以至，「凡是需要一個行政單位的地方，總是需要一個紳士團體來協助地方事務。」〔註29〕

一方面，困於財政危機，清朝官員的俸祿不僅水準低（表 1－2），而且經常折扣發放，辦公經費也是少得難以維持衙門的正常運轉，更談不上有多少履行職能的能力。據史料記載，清初總督衙門每月辦公經費僅 54 兩銀子，後又裁減至 29 兩，甚至 8 兩，而州縣僅 1 兩。〔註30〕至於減薪則自咸豐朝至光緒朝一直都有，如咸豐三年二月，京官文職三品以上、武職二品以上俸銀停發一年，接著各直省文職七品以上的養廉銀分別減成支放，自咸豐六年夏定為一、二品只發七成，三、四品發八成，五至七品之正印官及武職三品以上，發八成，延續到光緒年不變。〔註31〕一些地方減薪幅度比規定的還要大，如咸豐十年，廣東豐順縣應減官佐薪銀每兩實發「七錢五分二釐」，是年合縣核減役食銀 142 兩，〔註32〕使縣署運轉和職員生活受到影響。為此，官府除了將相當一部分管理和服務委託地方紳士和民間社會外，就是在正項收入外苛徵以彌補行政經費的不足和中飽私囊，結果，不少由官府介入的管理和服務還不如由紳士舉辦的服務那樣有成效、受歡迎。例如，在維護地方治安事務中，經常出現官府「造成的麻煩（給地方帶來負擔）超過他們的價值」，所以，晚清中興名將胡林翼將其成功經驗總結為「避免地方騷亂的關鍵是將地方管理和防禦置於可靠紳士的

〔註28〕馬克思恩格斯選集，第二卷〔M〕，人民出版社，1966 年，第 94 頁。
〔註29〕張仲禮，中國紳士——關於其在十九世紀中國社會中作用的研究〔M〕，上海社會科學出版社，1991 年，第 78 頁。
〔註30〕光緒大清會典事例，卷 251〔M〕，第 5 頁。
〔註31〕周育民，晚清財政與社會變遷〔M〕，上海人民出版社，2000 年，第 468 頁。
〔註32〕豐順縣志卷三〔M〕，光緒十年補刊本，成文出版社印行，第 396 頁。

指揮之下。」〔註33〕在救荒事務中，也有同樣的經驗。正如鄭觀應所說：治災「責之疆吏不如責之鄉紳，蓋生長聚族於斯，則痛癢相關。」〔註34〕這更進一步加重了紳士在地方社會事務中的威望，以及官府與紳士合作的必要。

表1-2：清地方官年薪銀　　　　　　　　　　　　　　單位：兩

官 職	總 督	巡 撫	布政使	按察使	知 府	知 縣
薪銀	120	120	144	120	72	36
蔬菜炭燭	180	144	80	80		

資料來源：光緒《大清會典事例》卷251，第1～4頁。

　　另一方面，晚清官僚行政體系的規模也受到財政的嚴格制約，使官府如果缺乏地方紳士的幫助幾乎一事難成。按照清代官制，全國的官僚只有 2 萬名文官和 7 千名武官，其中，只有 2 千個左右的基層行政官員職位，再加上 1500 個教職。〔註35〕清代全國共 1300 餘縣，一般情況下，每縣設知縣 1 員，正七品；縣丞 1 員，正八品；主簿 1 員，正九品。多數縣，只有一名知縣和一名不入流的典史在治理縣事。而所治理的縣域人口少則十餘萬人，多則一二百萬人。〔註36〕官府要治理這麼大的地域和人口，只能依靠當時 110 萬左右有功名的人士。〔註37〕正如費正清所說：「在地方上，當地的小紳士，以及有時也可能出現的大紳士，他們左右著眾多的事情。他們共同主管各種公共事務，如修橋梁，設津渡，建圍牆和寺廟，籌措學校和書院的費用，發起和印刷地方志，參與地方的祭祀和祭孔活動。在當地遭災時，他們也會組織對流民、無家可歸的人、老人和貧民的救濟；當發生騷亂時，他們可以在皇帝的認可下資助、招募甚至統率民團。在所有這些活動中，地方上層人物運用他們在民眾中的聲望和與政界的關係，還運用他們對儒家行動準則和地方行

〔註33〕〔美〕孔飛力，中華帝國晚期的叛亂及其敵人〔M〕，中國社會科學出版社，1990 年，第 111、137 頁。
〔註34〕鄭觀應集〔M〕，第 746 頁。
〔註35〕〔美〕費正清，劍橋中國晚清史（上冊）〔M〕，中國社會科學出版社，1985 年，第 14 頁。
〔註36〕張研、牛貫傑，19 世紀中期中國雙重統治格局的演變〔M〕，中國人民大學出版社，2002 年，第 45～49 頁。
〔註37〕有學者曾用不同時期的財政所供養的官員人數比來解釋行政效率，這是一種不瞭解不同時期財政性質和治理結構而產生的誤解。

政的知識，既提供錢財，又發揮個人的領導作用。他們構成了地方官吏和官府統治的基礎，沒有這個基礎，官府是不能有所作爲的。」〔註38〕

第二節　儒學文化：知識與權力組合的意識形態

一、儒學政治意識形態與士人的權力

儒學在我國傳統社會裏已被高度意識形態化，成爲主宰政治、經濟和文化生活的唯一正統思想。正所謂「二千年以來無議論，非無議論也，以孔夫子之議論爲議論，此其所以無議論也。二千年以來無是非，非無是非也，以孔夫子之是非爲是非，此其所以無是非也。」〔註39〕儒學思想深邃而淺出，駁雜而理明。陳旭麓先生曾將儒學的政治內容歸納爲三個方面：天道、大一統和綱常倫理。〔註40〕他們分別從思想上規範著上天與皇權、皇權與士人、社會各等級間的關係。其內核是「一統」，包括：政治哲學觀的一統，「一而不二者，天之行也」；〔註41〕政治運行的規律是遵照「一統」的原則進行的，「唯天子受命於天，天下受命於天子」；〔註42〕思想文化上的一統，獨尊儒術。在這一意識形態的支配下，傳統中國成爲一個千年「儒學王國」，其中每一個方面都強化著知識與權力聯姻的基礎。

1、儒學道統與士人的解釋權

儒學道統是關於皇權合法性、皇權運行以及皇權更替的系統學說。主要包括以下內容：〔註43〕

其一，君主享有權力的合法性需要由道來驗證。如孟子說：「非其道，則一簞食不可受於人；如其道，則舜受堯之天下，不以爲泰。」〔註44〕君主運

〔註38〕〔美〕費正清，劍橋中國晚清史（上冊）〔M〕，中國社會科學出版社，1985年，第15頁。

〔註39〕吳虞，吳虞集〔M〕，四川人民出版社，1985年，第65頁。

〔註40〕陳旭麓，中國近代社會的新陳代謝〔M〕，上海人民出版社，1992年，第16～18頁。

〔註41〕《春秋繁露·天道爲二》。

〔註42〕《春秋繁露·爲人者天》。

〔註43〕參見葛荃，權力宰制理性——士人、傳統政治文化與中國社會〔M〕，南開大學出版社，2003年，第17頁。

〔註44〕《孟子·滕文公下》。

用和行使權力必須遵循道的準則。荀子說：「治之要在於知道，」〔註45〕「道存則國存，道亡則國亡。」〔註46〕《呂氏春秋·知度》說：「治天下之要，存乎除奸，除奸之要，存乎治官，治官之要，存乎治道。」南宋葉適認為：「人君必以其道服天下，而不以名位臨天下。」〔註47〕明末清初的王夫之講得更明確：「君天下者，道也，非勢也。」〔註48〕

其二，「民本」論。中國古代的民本思想是從政治興亡的經驗教訓中總結出來，濫觴於商周更替之際。民本一語，源自《尚書·五子之歌》：「民惟邦本，本固邦寧」。《尚書·盤庚》中也有「重我民」，「罔不唯民之承」等重民思想的記載。到了春秋以後，民本思想越來越體現為對民眾政治力量的發現，是對天命政治觀的修正。所謂：「夫民，神之主也。是以聖人先成民而後致於神。」〔註49〕「國將興，聽於民；將亡，聽於神。」〔註50〕孟子是我國古代從民本的角度思考政治合法性的典型代表。他提出的關於民、社稷、君王三者地位關係的思想，是整個民本學說的核心。他說：「民為貴，社稷次之，君為輕。」〔註51〕在總結夏、商之亡的教訓後，他進一步指出「桀紂之失天下也，失其民也；失其民者，失其心也。得天下有道，得其民，斯得天下矣；得其民有道，得其心，斯得民矣。」〔註52〕此外，他還將天命之合法性援入民本思想中，所謂「天視自我民視，天聽自我民聽」。〔註53〕天意終將以民意為依歸，君主也應該通過對民眾負責來實現其對天負責的關係。荀子用水舟關係形象地表達了他的政治合法性思想。所謂「君者，舟也；庶人者，水也。水則舟，水則覆舟。」〔註54〕漢代賈誼從「國」、「君」、「吏」、「民」的關係角度，強調了民是整個政治治理結構中的根本。他講道：「夫民者，萬世之本也。」「國以為本，君以為本，吏以為本。」〔註55〕之後，眾多的思想家、政

〔註45〕《荀子·解蔽》。
〔註46〕《荀子·君道》。
〔註47〕《水心別集·君德一》。
〔註48〕《讀通鑒論·宋武帝》。
〔註49〕《左傳·恒六公》。
〔註50〕《左傳·莊公三二》。
〔註51〕《孟子·盡心下》。
〔註52〕《孟子·離婁上》。
〔註53〕《孟子·萬章上》。
〔註54〕《荀子·王制》。
〔註55〕《新書·大政上》。

治家將民本思想進一步具體化爲順民、養民、富民、寬民等實際的民生問題。如，唐太宗自誡：「刻民以奉君，……君富而國亡」。〔註56〕程頤認爲，「爲政之道，以順民心爲本，以厚民生爲本，以安而不擾爲本。」〔註57〕王夫之主張「寬以養民」等等。

其三，「有道伐無道」。董仲舒說：「夏無道而殷伐之殷無道而周伐之，周無道而秦伐之，秦無道而漢伐之。」〔註58〕在他看來，有道與無道的交替是改朝換代的內驅力，因而具有合理性。「無道昏君」招致的將是「異姓革命」。

其四，「華夷有別」。將認可、接受華夏文化的中心地位作爲處理不同民族關係的最高準則，也作爲入主華夏的資格認證。

可見，傳統政治的合法性及其運行都與「道」、「仁德」和「民心」等理念結下了不解之緣。但是，何爲道？怎樣才是法道，又如何才是無道？無論是把宇宙天地之本源和規律概括爲「天道」，還是把社會領域人們應當共同遵守的原則與規範，人與人之間的關係準則，人的情性與本能等稱之爲「人道」，都是由知識士人來概括和解釋的。正如費孝通所說：「在董仲舒的公式裏上是天，中是皇，次是儒，末是民。他擡出天來壓倒皇權，使皇權有所畏。誰知道天意的呢？那是師儒。」〔註59〕所謂「王道」與「霸道」之別，說到底，就是治權與治權的解釋權是適度分離還是合二爲一的問題。歷史表明，「霸道」將兩者集於王者一身莫不落得速亡的結局。所以，後世諸王擁立孔子爲「萬世師表」的「素王」，實際上是承認了知識人士對「道」的解釋權。

2、大一統與士人的規範權

「大一統」事實上是皇權與儒學互動的思想體系。一方面，儒學承認皇權「承繼天命」、「四海爲一」的合法性；另一方面，皇權「罷黜百家，獨崇儒術」認可儒家經典知識對社會及政治的解釋和規範作用。董仲舒將這一思想的兩個方面連接起來，爲儒學與政治，皇權與士人的結合奠定了思想基礎。他不僅強調「唯天子受命於天，天下受命於天子。」「春秋大一統者，天地之常經，古今之通誼也。」而且提出「諸不在六藝之科孔子之術者，皆絕其道，

〔註56〕《資治通鑑》卷一二九。
〔註57〕《文集》卷五。
〔註58〕《春秋繁露·堯舜不擅移湯武不專殺》。
〔註59〕費孝通，皇權與紳權〔A〕，見：費孝通文集第五卷〔M〕，群言出版社，1999年，第495頁。

勿使並進。邪辟之說滅息，然後統配可一而法度可明，民知所從矣」〔註60〕要做到這樣的結合，爲人君者須「尚賢」，爲士人者須「志於道」。「尚賢」和「士志於道」都是儒學思想追求。孔子直言：「舉直錯諸枉，則民服；舉枉錯諸直，則民不服」〔註61〕孟子進一步提出了君賢吏能的思想，希望實現「尊賢使能，俊傑在位」，「賢者在位，能者在職」〔註62〕的景致，否則，「不信仁賢，則國空虛」。〔註63〕君主必須禮敬賢人君子爲師爲友，因爲賢人君子掌握道，是最好的政治顧問。君王尚賢，士人自當志於道。所以，孔子強調：「士志於道，而恥惡衣惡食者，未足以議也。」〔註64〕孟子也說：「故士窮不失義，達不離道。」〔註65〕「君子之事君也，務引其君以當道，志於仁而已。」〔註66〕道的形式既表現爲經典知識中承載的治道，也表現爲遠古政治神話中喻示的政治典範，如三皇五帝時代天下大治的圖景。「儒者正是神話的唯一的講述人。通過科舉被選出來的儒者們向皇帝灌輸著古聖賢的豐功偉績，以提醒皇上時時不忘先王。……皇帝高唱繼承聖王的論調、標榜德治主義以求得王朝的安寧保障；知識分子通過經典的學習、古聖王事迹的講述不斷地向皇帝灌輸德治觀念以期杜絕皇帝的專橫。在這裏學問連權力、權力通學問現象已表露無遺。所以，學問並不僅僅是表現權力，其本身就是權力自身，是作爲權力化的學問。」〔註67〕皇權接受道統的規範，士人「學而優則仕」，無疑是知識與權力組合的理想背景。

3、綱常倫理與士人的教化權

綱常倫理是「道統」和「大一統」思想的派生物，或者說是他們向社會滲透的具體化形式，其內容體系毋庸多議。沒有綱常倫理的說教，「道統」和「大一統」思想難免浮上而不易踐行。所以，綱常倫理又是儒學政治意識形態的顯現部分。一般人都是在綱常倫理的薰陶中形成、固著其對皇朝權威的

〔註60〕班固，董仲舒傳第26〔A〕，見：漢書，卷56〔M〕，第2523頁。
〔註61〕《論語・爲政》。
〔註62〕《孟子・公孫丑上》。
〔註63〕《孟子・盡心下》。
〔註64〕《論語・里仁》。
〔註65〕《孟子・盡心上》。
〔註66〕《孟子・告子下》。
〔註67〕〔日〕三石善吉，傳統中國的內發性發展〔M〕，中央編譯出版社，1999年，第131頁。

從屬心理的。但是，要在廣袤的大地，讓眾多而分散的人口都得到綱常倫理的薰陶卻並非有限的官府資源所能做到的。這就爲士人與權力組合開闢了又一個廣闊的空間——社會教化權。因爲，士人具有承擔教化職事的素質、責任感和便利條件。士人所擁有的經典知識、與官府的密切關係以及「生長於斯，而痛癢相關」的鄉情使他們有能力和責任去主動承攬鄉村教化事務。例如，鄉約就是一個知識與權力在社會教化這一平臺上組合的典型。社會教化一般由地方官及縣學教官於每月朔望兩期舉行，官員不能到達的地方，則委託地方紳士舉行。後來，委託基本成爲定例。如，據清代《宦海指南·欽頒州縣事》載，凡縣官「不能分身兼到者，則遵照定例，在諸大鄉大村，設立講約所。選舉誠實堪信，素無過犯之紳士，充爲約正，值月分講。」

二、晚清學術、知識與政治的互動

當然，儒學文化爲知識與權力的組合所提供的意識形態支持是可以有不同的形式來表現的，因爲，儒學文化本身在不同的時代也並非一成不變。梁啓超就曾這樣概括過儒學的演變：「寢假而孔子變爲董江都、何邵公矣，寢假而孔子變爲馬季長、鄭康成矣，寢假而孔子變爲韓昌黎、歐陽永叔矣，寢假而孔子變爲程伊川、朱晦港矣，寢假而孔子變爲陸象山、王陽明矣，寢假而孔子變爲紀曉嵐，阮芸臺矣。」〔註68〕儒學先後經歷了古文經學、今文經學、宋明理學等幾次大的嬗變。這些變化並非完全出於儒學自身發展規律使然，而是與政治有著密切的關聯。到了晚清，學術方向的轉變更被提到政權存亡、道統去留的高度，甚至不惜擴充和修補儒學來滿足政治面的訴求，這可以說是知識與權力組合發展到極端的一個特例。

1、晚清學術與政治的互動

近人王國維曾說：我（清）朝三百年間學術三變：國初一變也；乾、嘉一變也；道、咸一變也……國初之學大，乾、嘉之學精，道、咸以降之學新。〔註69〕基本上概括了有清一代學術對政治態勢的回應狀況。清初，政治面氣勢宏偉，滿清貴族吸取元朝歧視儒學而衰亡的經驗，不但接受漢文化，而且自身也不斷漢化，並通過融於漢文化，尊崇儒學知識，擴大其政治統治基礎。這種學術發展戰略滿足了漢人「用夏變夷」的心理，漢族也接受了滿族入主華夏的事

〔註68〕梁啓超，保教非所以尊孔論〔N〕，新民叢報，1902年，第2期。
〔註69〕沈乙庵先生七十壽序〔A〕，見：觀堂集林〔M〕，卷二十三。

實。乾、嘉之時，挾盛世之餘輝，雖然已危機四伏，但表面上仍呈昇平氣象。此間的政治面以守成爲要，沒有必要向學術和知識面發出求變、求新的籲求，學術上也不敢有新的舉動，只能在古書堆裏找空間。道、咸以降的政治態勢就截然不同了。社會危機、政權危機和民族危機集中爆發，應對這些危機，需要有新思維、新知識，歸根到底，學術需要轉向。所以，才會有「道、咸以降之學新」的景象。也就是人們所指的理學的復興和經世之學的興起。理學與經世學是一事之兩面，統一在實踐這個觀念之下；所不同者，理學注重個人的道德實踐，經世則強調整體的社會、政治實踐。〔註70〕它主張將學問應用於政府統治問題，關心統治政策和過程，反對直觀知識、思辨哲學和形式主義。相比之下，乾嘉經學則是學院式的研究，局限於研究古代經典，特別是語言學爲清代主要學術傳統提供的是以前歷代帝國典章制度的詳細知識，包括祭祀、喪服、運輸工具，甚至髮型，但對如何解決清代晚期政府面臨的緊迫問題則幾乎沒有提供任何良策。〔註71〕朝野各方經過艱難的交鋒，才確立新學術方向的主流地位。期間，不管是新的政治形勢喚醒了學術的生機，還是新的學術方向引領了政治上的微變，儒學與政治的互動在晚清是顯而易見的。其突出的表現就是這時朝野有影響力的人士多來自理學和經世派，當朝的股肱之臣，如林則徐、賀長齡、徐繼畬、奕訢、曾國藩、文祥、李鴻章、左宗棠、張之洞等，或官民相間的學者，如魏源、嚴復、馮桂芬、鄭觀應、康有爲、梁啓超等，他們分別成爲開眼看世界、同治中興、洋務運動、戊戌變法等政治大潮的弄潮兒。這種不同的政治態勢與不同的學術格調的組合關係，可以從阮元與魏源的學術經歷的比較中得到更清晰的說明。

阮元（1764～1849 年）生活在乾嘉道三朝，其政治傾向是在乾嘉時期形成的，在學術上也主要承「乾嘉漢學」的衣？其主要學術成就是作爲一個目錄學家和學術事業的促進者。他多次擔任巡撫和總督，建立了許多圖書館和書院，出版了至少十一二本大部頭著作——藝術品的目錄、詩選、《十三經注疏》、珍本文集等等。他在廣州任職的十年中，與英國的災難性衝突正初見端倪。但他仍埋頭於編纂地方志，刊印了共計三百六十六卷訓詁一百八十種經籍的集

〔註70〕劉建軍，中國現代政治的成長——一項對政治知識基礎的研究〔M〕，天津人民出版社，2003 年，第 181 頁。

〔註71〕〔美〕費正清、賴肖爾，中國：傳統與變革〔M〕，江蘇人民出版社，1992 年，第 272 頁。

子，發表了自己大約五十卷詩、散文和書目筆記，出版了一百八十三卷的江蘇詩選。難怪他對在廣州的西方人一般採取讓步和消極的政策。〔註72〕

魏源（1794～1857 年）生活的年代雖比阮元晚不了多少，但政治局勢已不可同日而語。魏源對宋代新儒學、漢學都有研究，但更傾注於經世之學，成爲晚清最早的經世學派的代表。他不僅提出過著名的「師夷長技以制夷」的夷務之策，還對「漕政」、「鹽政」的改革發表了眞知灼見。他編撰的《皇朝經世文編》、《聖武記》，編譯的《海國圖志》等名篇，都是於現實的內政外交政策有重要參考價值的著述。

2、晚清知識與政治的互動：以譯書業的轉向為例〔註73〕

學術與政治關係的演繹離不開知識與政治關係的發展。因爲新學術需要有新知識體系來支撐，政治對學術的新要求，也是對知識的新要求。晚清譯書業在甲午戰爭前後的轉向足以說明這一點。

譯書是不同知識體系間交換信息的尋常渠道。晚清譯書業雖然興起於 19世紀 40 年代，但至甲午中日戰爭前，譯書活動基本上是在傳統政治體系掌控之下，圍繞傳統知識的擴充而展開的。甲午中日戰爭後，隨著民族的覺醒，特別是新式知識分子力量的壯大，譯書業已不再滿足於補救舊知識體系的目標，而是越來越從傳統體系中游離出來，一步步朝著導入異質知識的方向發展。前後兩個時期，譯書的宗旨、主體、主題和知識來源等方面都發生了根本轉變，而且轉變過程與晚清時局的演化密相契合，使譯書作爲因應時局危機而向知識領域發出的一種籲求的邏輯更加凸現。

鴉片戰爭後至甲午戰爭前，伴隨著晚請政治中開眼看世界和洋務自強的主旋律，晚清譯書業呈現出以下特點：

其一，譯書的主旨是擴充傳統知識體系。雖然當時兩大譯書主體（國人和傳教士）對此有各自不同的表述，但實際引入的知識內容是相似的。洋務派強調譯書是在傳統德性知識的統馭下，擴充傳統知識中的器藝領域，以適應清政府內政、外交的需要。即所謂「以中國倫常名教爲本，輔以諸國富強之術」，「應世事，濟時需」。〔註74〕而傳教士則看重通過傳播世俗化知識，達

〔註72〕〔美〕費正清、賴肖爾，中國：傳統與變革〔M〕，江蘇人民出版社，1992 年，第 273 頁。

〔註73〕參見郭劍鳴，從傳統知識轉型到傳統政治轉型：晚清譯書業發展的邏輯與功能〔J〕，人文雜誌，2005 年，第 2 期。

〔註74〕顧衛民，基督教與近代中國社會〔M〕，上海人民出版社，1996 年，第 225 頁。

到「援孔入耶」的目的。這一主旨直接支配著當時譯書的選題、資料來源和譯書力量的成長。

其二，譯書的主題是西方的自然科學，尤其是技藝之學。基於擴充傳統知識的主旨，此時譯書的選題都是應洋務派之需而定，即便是教會獨立譯書也很注意選題不越當局的紅線，極少翻譯西方新思潮、社會制度之類的反體制書籍。當時譯述最豐的傳教士傅蘭雅曾談到與清政府在譯書選題上的歧見，謂清廷「今特譯緊要之書，如李中堂數次諭特譯某書」，而自己「本欲作大類編書」，有系統地「按西國門類分列」，完整地翻譯西學知識，結果未如所願，只得「與華士擇合其緊用者，不論其書與它書配否」，進行翻譯。〔註75〕不過，此間所譯之書雖不成體系，但涉及的範圍卻囊括了數學、天文學、物理學、化學、生物學、地質學、地理學、醫學等西方自然科學的大部分領域。特別是在應用科學方面，與時需聯繫緊密的軍備、器械、船舶、冶煉、化工、採礦、紡織、駕駛等一應具有。形成了晚清譯書的第一個高潮。

所以，甲午戰前譯書業的總特徵表現爲：政治面統馭知識面，知識面服務於政治面，全然是一種體制內性質的譯書。

然而，甲午中日戰爭之後，在舊知識體制下嫁接新知識的洋務自強運動遭到社會的拋棄。譯書業便開始擴大譯書選題的範圍，甚至跨越舊知識體系的界線。

其一，譯書主旨突破了擴充體制內知識的界線，朝引入異質知識方向轉型。清政府在甲午戰爭中戰敗，表面上看是洋務運動的失敗，實際上是在「中體西用」框架下，數十年擴充傳統知識努力的失敗。儘管此前的譯書業對補足傳統知識的技藝方面有推巨臂之功，仍不能充分動員社會，無濟於政治危機的根本解決。正如日人稻葉君山所評，「自曾國藩時代所創之譯書事業，雖有化學、物理、法律各類，然不足以喚起當時之人心。」〔註76〕所以，當政治運動的主旋律由洋務變奏爲維新和革命時，作爲知識運動主戰場之一的譯書業就不再停留於體制內知識的修補，而是將導入異質知識——維新和革命的知識爲己任，進入了梁啓超所說的「將世界學說無限制的盡量輸入」的階段。〔註77〕

〔註75〕顧衛民，基督教與近代中國社會〔M〕，上海人民出版社，1996年，第261頁。
〔註76〕〔日〕稻葉君山，清代全史卷下〔M〕，中華書局，第30頁。
〔註77〕梁啓超，清代學術概論〔M〕，中華書局，1954年，第65頁。

其二，譯書的選題主要集中在哲學、社會科學領域，尤其重視反映新文化、新政治思想和新社會制度的著作的翻譯。西方哲學、社會科學研究的內容類似於傳統知識體系中的德性知識，在「夷夏大防」的華夏中心論主導下，中國傳統的德性知識具有優越性，需要補充的只是技藝知識。因而，在舊譯書體制裏，西方哲學、社會科學類著述屬抵制之列，至少是不提倡的。比如魏源的《海國圖志》問世後，傳統士大夫就「欲舉是書而毀之」。〔註78〕然而，甲午戰後，國人已不止於痛感技藝知識的匱乏落後，更把矛頭放到了對傳統德性知識和社會政治制度的反思和重建上。譯書業是知識領域中最早做出反映的界別之一，主要表現為對譯書內容進行了結構性調整，西方哲學、社會科學類著述上升為首要地位，自然科學和技藝知識退居其次。梁啓超稱之為「以政學為先，而次以藝學」的時期。〔註79〕此期譯述的西方哲學、社會科學著作，無論是涉及的學科、思潮，還是人物，都是前期鮮有所聞的。特別是《天演論》、《民約論》、《法意》、《原富》、《群學肄言》、《穆勒名學》以及《道德進化論》等名著的翻譯，不僅為國人帶來全新的社會政治思想，更為我國知識界初創哲學、政治學、經濟學、社會學、邏輯學、倫理學、美學等學科門類，推動我國知識體系從傳統向近代轉型，起了奠基作用。

可見，甲午戰後譯書業的總特徵表現為：知識面引導政治面，並力圖通過知識更新拖動政治的轉型，初具體制外譯書的性質。當「中體西用」框架下擴充儒學知識的努力失敗，社會越來越被新知識吸引時，儒學給予知識與權力組合的支撐也徹底瓦解，一種新的權力配置結構和政治運作模式將孕育而生。知識因政治的變化而變化，政治也因知識的轉型而轉型，這正是晚清知識與權力組合的性徵所在。

第三節　官僚政治：知識與權力組合的制度安排

費正清在回答公元 5 世紀後，中華帝國和羅馬帝國一個得以重建輝煌、一個卻壽終正寢的原因時，曾說：中華帝國的「皇帝依靠不是按照出身或機遇而是按才幹選拔的官僚知識分子行使權力」，這種統治被認為是「實行公正的道德的統治」。「這種觀念比羅馬人通過非人格法律實行統治的思想

〔註78〕史革新，中國社會通史，晚清卷〔M〕，山西教育出版社，1996 年，第 582 頁。
〔註79〕梁啓超，大同譯書局敘例〔A〕，見：張靜廬.中國近代出版史料補編〔M〕，中華書局，1957 年，第 53 頁。

更易讓當時人理解。」〔註 80〕誠如上文分析，在小農經濟模式下，皇權＋士人的治理結構是一種合乎邏輯的選擇。所以，從漢朝時起，中華帝國的統治集團就開始探索皇權與知識官僚組合的制度安排，科舉制的推出便是其中的碩果。〔註 81〕此後歷朝對這種組合的制度安排都有更縝密的舉措，有清一代亦不例外。

一、嚴正途之選

所謂正途就是指通過科舉考試獲得功名或官職。歷朝都將正途視為最嚴肅的選才方式，並對正途出身的士人和官員以優待。有些朝代甚至杜絕異途出身者為官，不得以才開捐例。如明太祖曾下詔：「使中外文官，皆由科舉而進，非科舉者，毋得與官。」〔註 82〕清代也有類似的規定，「凡滿漢入仕，有科甲、貢生、監生、廕生、議敘、雜流、捐納、官學生、俊秀。定制，由科甲及恩、拔、副、歲、優貢生、廕生出身者為正途，餘為異途。……其由異途出身者，漢人非經保舉，漢軍非經考試，不授京官及正印官，所以別流品，嚴登進也。」〔註 83〕又如，「凡科舉出身的官員，都謂之出身『正途』，得以重用。入官者雖有它途進者，終不得與科舉出身者相比。」〔註 84〕又除旗員外，非科甲正途不得為翰、詹及吏、禮二部官。所以，清代有「科甲進士，高自位置；他途進者，依附從人」之說。〔註 85〕

區分正異途，並非出於簡單的選才目的，而是體現出一種國家導向。給正途入仕者以優遇，表明國家希望天下之士走讀書科考之途，引導民眾通經典、習禮制、服王化，完全是一種政治整合的制度安排。因為，科舉所求的是「依

〔註 80〕〔美〕費正清、賴肖爾，中國：傳統與變革〔M〕，江蘇人民出版社，1992 年，第 97 頁。

〔註 81〕余英時認為，廣義的科舉始於漢代。漢武帝時，郡縣舉孝廉改以「士」為對象，太學中博士子弟更成為入仕的重要途徑。從此，漢代郎吏由「士」出身變制度化了。博士弟子「甲科」為郎已是考試的結果；東漢陽嘉元年（132年）不但規定孝廉限於「諸生」和「文吏」兩項，而且還要加以考試。這便是科舉制度的濫觴。參見余英時，士與中國文化〔M〕，上海人民出版社，2003年，第 6 頁；嚴耕望，秦漢郎吏制度考〔M〕，臺北，聯經出版公司，1991 年；閻步克，察舉制度變遷史稿〔M〕，遼寧大學出版社，1991 年。

〔註 82〕選舉二〔A〕，見：明史，卷 70〔M〕。

〔註 83〕選舉志五〔A〕，見：清史稿，卷 110〔M〕。

〔註 84〕選舉志一〔A〕，見：清史稿，卷 106〔M〕。

〔註 85〕王德昭，清代科舉制度研究〔M〕，中華書局，1984 年，第 56 頁。

於德、游於藝、志於道的士君子」，〔註86〕所以，讀書科考是溶傳承規範知識、
灌輸綱常理念和抑控人心雜念於一體的方法。按照科舉定制，清代科考內容和
形式嚴格限定爲四書、五經、詔、表、判、策、論等。科考場次和等級分別有
縣試、府試、院試、鄉試和會試殿試，正常情況下，每種考試間隔一至三年不
等。這些考試不僅直接決定儒生參加上一級考試的資格，而且決定他們的陞遷
乃至黜革。依例，生員入學後，非丁憂、患病、游學在外，不得缺考，但即便
如此，凡歲考出缺三次者也將革除功名。〔註87〕科舉制度尤其對考試中式的名
額作了近乎吝嗇的數量限制。對比順治和同治年間各直省舉人定額，人口雖已
成倍增加，〔註88〕而學額卻變動不大（表1－3）。「清末，舉人與秀才限額的比
例按規定大體是 20：1，加上歷年的落榜者，20：1 的比例就大打折扣，按大、
中、小省，分別是 80：1、60：1、50：1，淘汰率就很可觀了。參加會試殿試
考進士，比例就是 30：1、40：1。」〔註89〕這樣的制度設計，一方面，令讀書
——科考——功名——入仕之路具有誘惑力和整合力，據近人徐勤估算，盡中
國讀書人有 2000 萬人。〔註90〕通過這批人影響周圍的人，有如植被之於沙漠，
起到以儒學教義吸附整合社會的功能。何炳棣的統計數據說，有的州縣在明代
約有四分之三的生員，在清代約有二分之一以上的生員，出生寒微，祖上乃至
未曾有過生員。明清兩代的進士，平均也約有百分之四二點九，出生於從未有
過功名的家庭。可見，科舉提供了一條最大可能的選拔才能的途徑，也爲社會
下層分子提供了一條上進的途徑，使社會不斷進行階級的對流，也對政治和社
會產生穩定的作用。〔註91〕另一方面，讀書科考要功成名就既艱難又遙遙無期，
使讀書——入仕之途對讀書人具有持久的約束力，其退出成本極爲高昂。以清
末狀元張謇的科考路爲例，他 16 歲中秀才，之後，鄉試 5 次落第，33 歲中舉

〔註86〕王德昭，清代科舉制度研究〔M〕，中華書局，1984 年，第 78 頁。
〔註87〕禮部：學校、諸士考課條下〔A〕，見：事例卷三八三，乾隆十年諭〔M〕，張
樹聲以諸生佐戎幕，積功，官至封疆。光緒朝任某省巡撫時，猶接其本籍教
官來文，謂伊歷欠歲考，未有出學文憑，請即同籍應試，以符功令云云。見
徐珂，清稗類鈔·考試類·張樹聲欠歲考條〔M〕，上海商務印書館，民國
六年。足見考試制度對有功名的士人的壓力，也體現出朝廷對士人的持久控
制。
〔註88〕參見何炳棣，1368～1953 中國人口研究〔M〕，上海古籍出版社，1989 年。
〔註89〕任恒俊，晚清官場規則研究〔M〕，海南出版社，2003 年，第 3 頁。
〔註90〕徐勤，中國除害議〔N〕，時務報，光緒二十三年九月二十一日。
〔註91〕Ping--ti Ho. The Ladder of Success in Imperial China〔M〕.P.124、259，Columbia
University Press，New York，1962.

人，之後，會試 4 次落榜，42 歲中狀元。終其一生 73 年，有 35 個春秋在科場拼搏。〔註92〕而這種情形比起那些七、八十歲未中秀才、舉人或進士，仍磨筆科場的人還算是幸運的。據《光緒會典事例》公佈的數字，從乾隆十七年（1752年）開始，一直到光緒十二年（1886年），六朝在 130 年的會試中，恩賜給 70歲以上舉人國子監司業、學正、翰林院檢討等頭銜者 2224 人，賜給各省鄉試的秀才以舉人和副榜頭銜 12140 餘人。以至百歲壽星進科場也不希奇。正如清末一落榜諸生詩云「十九屆諸生，壯心不已。一千年不死，老腳還來。」〔註93〕這樣的制度安排，如果不是科場中的逃兵，是不可能成為舊秩序的對抗者的。而能從科場中逃出來的讀書人，不僅要付出高昂的經濟、機會成本，還要經受社會的譏諷，乃至心身的折磨。這種人總是廖若星辰。如洪秀全在作出反叛孔孟之道的決擇前，重病了 40 天。而當他開國做上天王後，馬上又回過頭來開科取士，雖然考試內容不是孔孟之學，但仿傚的制度安排卻是舊制的翻版。

表1-3：清代順治和同治部分年分直省鄉試額定取錄定額對照表

省份 年份	順天	江南	浙江	江西	湖廣	福建	河南	山東	廣東	四川	山西	陝西	廣西	雲南	貴州
順治二年	168	163	107	113	106	105	94	90	86	84	79	79	60	54	40
同治元年	185	152	129	127	135	128	96	89	102	92	84	81	55	64	47
同治九年	187	178	133	128	137	128	99	89	103	93	88	81	59	64	48

資料來源：《政典類纂》卷一九八，《選舉》八，《文科：鄉試中額》。

儘管，晚清迫於危局，財政窘迫，異途出身的官員比例大為增加，如道光年間開捐達 30 萬人以上，是同期取中進士和舉人的若干倍。〔註94〕但正途出身無論在士人的心理上和實際任官資格上仍占盡先機。所以，一些異途出身的官員任職後，仍可能參加科考，以求「扶正」。如嚴復早年留學英倫，歸國後任北洋水師學堂總教習，後以知府選用，已然官居五品，仍參加鄉試。

〔註92〕張謇自己曾說：「綜吾少壯之日月，宛轉消磨於有司之試而應其求，蓋三十有五年。」凌霄一士隨筆〔N〕，國聞周報，第 9 卷，第 28 期。
〔註93〕任恒俊，晚清官場規則研究〔M〕，海南出版社，2003 年，第 2 頁。
〔註94〕任恒俊，晚清官場規則研究〔M〕，海南出版社，2003 年，第 37 頁。

終清一代，正途出仕高級官僚的比例依然很高（表1-4）。即使有「軍功」的人如擔任高級省職，仍需要相應的學術資格，只是在太平軍興時期有過短暫的例外，隨著剿撚戰爭的結束，朝廷停止有「軍功」的候選人可以擔任布政使或按察使的做法，除非他們有正規的高級功名，或者符合文官條例規定的資歷。〔註95〕從表中可見，在列爲高級官僚的四種職位中，除去其他正途出身者，僅由進士出身任職的就占 41％。如果考慮按清制高官一般滿漢各半，而滿、蒙王公多無功名居高位的情況，那麼這一比例就更重了。

表1-4：清代曾任高層官吏人數及其出身進士人數約計

	總職數	出身進士人數	進士出身比例％
尚書	744	339	45.56
左都御史	430	221	51.39
總督	585	181	30.94
巡撫	989	390	39.43

資料來源：嚴懋功《清代徵獻類編》上冊，轉引自王德昭：《清代科舉制度研究》，中華書局，1984年，第58頁。

二、優待紳士

給予獲得功名的人士以各種特權，是隋唐後歷朝統治者爲爭取知識人士對統治合法性支持並提供管理方面必要的幫助而推行的基本制度安排，也是鞏固知識與權力結合的具體體現。除了上面分析過的紳士是官僚的主要後備隊伍這一政治性特權外，還有許多經濟及社會特權。恰如顧炎武所論：「一生得此，則免於編氓之役，不受侵於里胥，齒於衣冠，得以禮見官長，而無笞捶之辱。」〔註96〕簡言之，紳士的特權還表現在以下三方面：〔註97〕

1、禮遇

清朝一本地方官必讀的書中明確寫道：「爲政不得罪於巨室，交以道，接以禮，固不可權勢相加。即士爲齊民之首，朝廷法紀盡喻於民，唯士與民親，

〔註95〕盛康，皇朝經世文續編，卷21〔M〕。
〔註96〕顧炎武，亭林文集，卷1〔M〕，第17～18頁。
〔註97〕另參見張仲禮，中國紳士——關於其在十九世紀中國社會中作用的研究〔M〕，上海社會科學出版社，1991年，第一章第五節。

易於取信。如有讀書敦品之士，正賴其轉相勸誡，俾官之教化得行，自當愛之重之。」〔註98〕具體說，紳士受到的禮遇包括在公共場合的特殊地位、社會交往禮儀、出席重要典禮等。如紳士的穿戴與平民有別，這種規定與財富的多寡沒有關係，而純粹由功名身份決定。紳士見官不必像平民那樣行下跪禮。明洪武詔令，「致仕官與人敘坐，惟於宗族外族及妻家敘尊卑，若筵宴則設別席，不得居無官者之下。……其於異姓無官者相見，不必答禮。庶民則以官禮謁見，敢有淩侮者論如律，著爲令」。〔註99〕清承明制，有「當事之待紳衿，固宜優禮」之說。〔註100〕如順治十年諭禮部，謂國家選取生員，「朝廷復其身，有司接以禮，培養教化，貢明經，舉孝廉，成進士，何其重也。」〔註101〕雍正八年重新釐定生員衣帽帶飾，以示尊貴。〔註102〕新任地方官待鄉紳更是十分謹慎，他履新的最初幾件事往往就是對鄉紳摸底，準備如何與鄉紳見禮，特別要掌握「恬退隱逸向時禮數褒異者幾人，鄉宦見任幾人，致仕幾人，舉人貢監生員若，其接見常規如何」。〔註103〕

2、免賦稅徭役

清初有詔：「教官、舉貢、監生、生員各免二石，人二丁」〔註104〕。這表明當時獲得免除丁稅優渥的除了教官、生員等本人，還包括其宗族成員。後來，清世宗進行改革，「紳衿除優免本身丁銀外，倘借名濫以子孫族戶冒人者，該地方官員查出，生監申革。」〔註105〕將人享有優渥之人只限於紳士本人，不包括家族成員，對紳士優免的範圍有所收縮。以後，又側重免除徭役，「任土作貢，國有常經。無論士民，均應輸納。至於一切雜色差徭，則紳衿例應優免。」〔註106〕也就是不免田產稅，只免除丁稅和徭役。但清代里甲制

〔註98〕牧令書一六·紳士。

〔註99〕鄧士龍，野記一〔A〕，見：鄧士龍.國朝（明）典故卷31〔M〕。

〔註100〕黃六鴻，福惠全書，卷3〔A〕，見：涖任部〔M〕。

〔註101〕《皇朝掌故彙編》（清光緒二十八年）內編：卷四十一，《禮政》十三，《學校》四，《直省府州縣學》目。臺灣文海出版社影印本。轉引自王德昭，清代科舉制度研究〔M〕，中華書局，1984年，第67頁。

〔註102〕「定制生員帽用銀雀高頂，帶用烏角圓版，四塊銀鑲邊，袍服用藍色飾以青」。學制〔A〕，見：光緒吉水縣志卷二十一〔M〕。

〔註103〕牧令書二〔M〕。

〔註104〕順治五年上諭〔A〕，見：清世祖實錄三七〔M〕。

〔註105〕大清律例彙輯便覽卷八〔M〕。

〔註106〕乾隆元年上諭〔A〕，見：欽定學政全書·三二〔M〕。

度廢除後，爲紳士包攬地方錢糧的行爲開了方便之門。紳士通常可以利用其身份通過包攬地方稅收事務，而將一部分應徵田賦轉嫁出來。以至納稅數量不是根據田產多少，而是根據勢力的強弱。「江蘇向來完漕，紳富謂之大戶，庶民謂之小戶之短交，取償於小戶。」〔註107〕浙江「完納錢糧，向有紳戶民戶之分，每正耗一兩，紳戶僅完一兩六分至一兩三四錢而止，而民戶則有完至二千八百文至三四千錢者。」〔註108〕此外，紳士還有得到國家補貼，若遇災荒，有優先獲得賑濟等經濟特權。

3、刑罰上的特殊保護

這種保護包括實體和程序兩方面。有關大清律令規定，「吏卒罵舉人比照罵六品以下長官律杖七十」，而辱罵一般人僅杖十。〔註109〕如果紳士犯有必須懲治的罪行，必須先革除功名，再適用專門的程序。對此，清初就有定制：「生員犯小事者，府州縣行教官責懲。犯大事者，申學黜革，然後定罪。如地方官擅責生員，該學政糾參。」〔註110〕在一份專門爲辦案人員而作的書中更清楚地寫道：「生員犯杖笞輕罪褫革者，只詳學院與本府本縣。徒罪以上，方用通詳。若新重案牽連應褫革者，雖罪止杖笞，亦應通詳。廩生並詳藩司，以便開除廩糧。貢監生應褫革者，無論杖笞徒罪，均應通詳，兼詳學院。」〔註111〕除了上述特權外，紳士還有介入地方公共事務管理或在其中便宜行事的權力及能力。包括辦理接受官府委託事宜，協助官府辦事，紳士自行其事，後由官府追認或默許等等。在這些管理行爲中，紳士或能增進與官府的關係，或能謀求自身私利，或能提高其在民眾中的威望，是鞏固其社會地位的通途。

但是，對官府優待紳士的制度安排不應孤立地認識，把它僅僅看成是籠絡士人之舉，而應看到其對於調整傳統政治結構的深層意義。從政治結構看，皇族、地主、士人構成了對立統一的統治集團。他們的利益雖然總體上是一致的，但具體的利益爭奪也從未停頓。其中，皇族與地主是統治集團內部主要的矛盾方面，士人是一個集道統、經典知識和禮制於一體的階層，沒有初

〔註107〕田賦考二〔A〕，見：清朝續文獻通考，卷2〔M〕。
〔註108〕盛康，皇朝經世文續編，卷37〔M〕。
〔註109〕大清律例彙輯便覽，卷29〔M〕，第1～2頁。
〔註110〕順治十年上諭〔A〕，見：欽定學政全書・三二〔M〕。
〔註111〕王陰庭，辦案要略〔A〕，入幕須知五種〔M〕，第46頁。

始性的特殊地位，他們與皇族的統一性要遠多於對立性。皇族通過擡高士人以抑制豪強的整合戰略自漢唐以來一直在強化。通過這樣的戰略，可以更改統治集團內部各種勢力的排序，甚至使之成爲立體結構，即皇權整合紳權，地主即使有財富，但無特權，其利益要通過獲取功名身份來得到鞏固。這樣就將天下有才、有財之士一律趨趕到皇權易於控制的功名軌道上來了。吳晗曾這樣描繪過皇權、豪族和紳士之間關係的演變：秦唐之際，「社會地位由門閥出身而定，皇帝只不過是暴發戶。這時的紳士其實是士族，他們的權威來源於歷史傳統、莊園經濟、中正選舉權和對典章制度的熟悉等。」皇族與士族之間還只能算是一種平面結構。公元十世紀，「考試制度代替了門閥制度」，「老紳士（士族）絕了種，用八股文所舉成的新紳士來代替。新紳士是從奴化教育裏成長的，不提反抗，連挨了打都是『恩遣』，削職充軍，只要留住腦袋便感謝聖恩不盡，服服帖帖，比狗還聽話。」〔註112〕將地主豪強的地位置於有功名身份的紳士之下，或者說推動地主的紳士化，是皇權孜孜以求的結果。因爲，這樣可以盡可能地控制統治集團內部的對立性，增強統一性。正如費正清所言，「要把紳士作爲社會——政治的官員和作爲地主這二者的作用協調起來」，「由於財產主要不是由法律，而是靠勾通官府來保護的，士子文人——紳士就能夠利用他們的政治社會身份來維護地主——紳士（純粹的地主並不是紳士——引者注）的經濟地位。這兩種起作用的成份，即士子文人——紳士和地主——紳士並不是相互排斥的，而是相互加強，時常交織在一起，有時則是合二而一的。」〔註113〕皇權駕馭紳權，地主向紳士靠攏，正是傳統官僚政治制度安排的一個用意所在和巧妙之處。

三、夯實崇儒氛圍

如果說，嚴正途之選和優待紳士還主要是從調整統治集團內部關係爲鞏固知識與權力組合所作的制度安排的話，那麼，圍繞夯實崇儒氛圍而作的一系列制度安排則是著眼於改善外部環境來鞏固知識與權力的組合基礎。這些安排主要包括：

〔註112〕吳晗，論紳權〔A〕，見：吳晗史學論著選集，第二卷〔M〕，人民出版社，1986年。

〔註113〕〔美〕費正清，劍橋中國晚清史（上冊），中國社會科學出版社〔M〕，1985年，第15～16頁。

1、設官（義）學，蓄養（資助）儒生

明清開國皆於地方學宮建臥碑，明示「朝廷建立學校，選取生員，免其丁糧，厚以廩膳，設學院、學道、學官以教之，各衙門官以禮相待，全要養成全才，以供朝廷之用。」〔註114〕所謂「廩生」即「廩膳生員」，國家規定學額，資其學業。國子監肄業貢、監生，除廩生外，例給膏火，亦即受國家官費贍給之謂。雍正八年定國子監「凡於講課之期，每年賞銀六千兩，以為飲食之費，所餘銀以備諸生遇有事故，實力不足者，量加調助。」晚清同治九年，國子監奏准，「向例每年恩賞肄業生銀六千兩，」咸豐四年，戶部歲末存銀僅十二萬餘兩，「仍折發實銀一千二百兩，同治二年，增發實銀三千兩。」光緒二年以後南學額定肄業生增至六十名，月給膏火銀仍舊。光緒十二年，復以南學諸生膏火，每名增至八兩。〔註115〕除京師官學外，於地方，則有府、州、縣學，另設社學、義學與書院。清初「每鄉置社學一區，擇其文義通曉，行誼謹厚者，補充社師，免其差役，量給廩餼養贍，提學案臨日，造姓名冊申報查考。」〔註116〕這些學校或全額官辦，或社會及鄉紳捐建，地方官府均給予資助。據估算，太平天國以前，除國子監、省書院外，各類官學總數達1741個，學額為25089個，清政府每年為此支出至少100萬兩左右。〔註117〕各省會城書院，「皆遵旨賜帑銀一千兩，歲取租息，贍給師生膏火」，「其餘各省府、州、縣書院，或紳士出資創立，或地方官撥公帑經理」。以天津為例，天津有書院四所，內問津書院系邑紳所捐地創建，膏火、獎賞所需，由長蘆鹽運司庫支發；三取書院系地方官捐修地基建立，由長蘆鹽商捐給經費，後亦改歸運庫支給；輔仁書院系邑紳所創建，以捐得基金生息與地方官撥欵為經費；會文書院系鹽運司於光緒初年所倡設，由鹽運司庫、津海關道與天津道分擔經費。〔註118〕這種做法一直援例至晚清。如湖廣總督張之洞於光緒十六年（1890年）在武昌創辦兩湖書院，學生240名，無年齡限制，每人每月

〔註114〕《皇朝掌故彙編》（清光緒二十八年）內編：卷四十一，《禮政》十三，《學校》四，《直省府州縣學》目。臺灣文海出版社影印本。轉引自王德昭，清代科舉制度研究〔M〕，中華書局，1984年，第67頁。

〔註115〕國子監：六堂課士規則〔A〕，內外班肄業條〔A〕，見：事例卷一〇九八〔M〕，同治九年、光緒二年下。

〔註116〕禮部：學校：各省義學〔A〕，見：事例卷三九六〔M〕，順治九年下。

〔註117〕周育民，晚清財政與社會變遷〔M〕，上海人民出版社，2000年，第37頁。

〔註118〕張燾，《津門雜誌》卷上，《書院》條，總第三八九二，轉引自王德昭，清代科舉制度研究〔M〕，中華書局，1984年，第103頁。

發膏火銀 4 兩，每月考試還有 3、6、10 兩不等的獎學金。〔註119〕另外，各地都圈有官學學田，其租金也多用於補貼生員。在這樣的制度安排下，國學、府學、縣學的儒生才會安於舉業，以至出現「考其學業，科舉之外無他業也；窺其志慮，求取功名之外無他志也」的景象。〔註120〕雖然這種情況常被人們指責為科舉制的積弊，但這正是皇權為駕御儒生而樂見的結果。

2、表彰名儒忠臣，重振儒道

晚清之際，危機頻仍，儒學成為傳統社會僅存的一道整合人心的防線。所以，太平軍席卷大半個中國時，以曾國藩為代表的一批理學名臣便及時打出「衛道」的旗號，主張振興孔孟程朱之學，收攬人心。曾國藩在《討粵匪檄》中重申孔孟程朱所宣揚的「君臣父子，上下尊卑，秩然如冠履之不可倒置」〔註121〕，號召廣大士人「崇正學」，「衛正道」，反對太平天國的「邪教」。與此同時，清王朝也適時作出相應的制度安排，以大造崇尚程朱理學的風氣。這主要表現為三個方面，其一是重用儒臣。除曾國藩外，倭仁、李棠階、吳廷棟等理學名臣均被起用，或者參與樞府機要，或者授予六部要職。這些理學大臣執掌要職後，無不以倡導程朱理學為己任。其二是名儒從祀孔廟。咸豐十年（1860 年），清廷發佈上諭，規定，「嗣後從祀文廟，應以闡明聖學，傳授道統為斷」〔註122〕，據此，清廷上諭表彰了一批故去的及健在的程朱派名儒。同治九年（1870 年），清廷「恩准」張履祥從祀孔廟，光緒二年（1876 年），費延釐奏請將張伯行從祀文廟。同年，陝西省的名儒王健常亦被請從祀文廟。以上諸人均是已經故去的理學名家。同治十三年（1874 年），清廷以關中理學家賀瑞麟、楊樹春、薛於瑛宣講理學有績，皆賜國子監學正銜。〔註123〕其三是設立昭忠祠、賢良祠和功臣專祠，以表彰忠臣。雖然此舉非晚清所創，但在晚清更盛。據《清史稿》記載，從乾隆至光緒的六朝中，朝廷允准入祀昭忠祠者以咸豐、同治、光緒三朝的人數為最多，具體數字是：咸豐朝 105 人，同治朝 91 人，光緒朝 78 人，而在此以前的乾隆朝入祀者為 25 人，嘉慶

〔註119〕史革新，中國社會通史，晚清卷〔M〕，山西教育出版社，1996 年，第 209 頁。
〔註120〕湯成烈，學校篇上〔A〕，見：盛康編經世文續編卷六五，禮政五：學校下〔M〕。
〔註121〕曾國藩全集·詩文〔M〕，第 232 頁。
〔註122〕朱壽朋，光緒朝東華錄第 2 冊〔M〕，總 2037 頁。
〔註123〕史革新，中國社會通史，晚清卷〔M〕，山西教育出版社，1996 年，第 446 頁。

朝爲 5 人，道光朝爲 32 人。入賢良祠者通常都是侍郎、巡撫、副都統以上的高級官員。各朝入祠人數，嘉慶朝 11 人，道光朝 15 人，咸豐朝 6 人，同治朝 12 人，光緒朝 29 人，宣統朝 5 人。〔註124〕而清廷爲曾國藩、李鴻章、左宗棠、劉坤一、曾國荃、彭玉麟等人在北京或多個省份建有功臣專祠，供人祭祀，頌其「勳績」。

3、表彰孝子節婦，敦厚綱常名教

　　論儒道，「忠臣」、「孝子」和「節婦」乃一體之三維。所謂「自古忠臣出孝子」，而標準的賢妻良母就是以相夫教子爲專事。表彰孝子節婦，敦厚綱常名教，便是儒道教化、夯實儒學社會基礎的基本手段。爲了表彰孝子節婦，清制規定，北京及各直省、府、州、縣、衛，各建有節孝祠，祠外建大坊，凡孝順父母及祖父母應旌表者，由各省督撫、學政會同具題，送交禮部，再由禮部核議題准後旌表，題名於節孝祠內設位，春秋致祭，並撥給本家一筆建立牌坊的費用。節婦自 30 歲以前守節，至 50 歲或未及 50 歲而身故，守節已達 10 年者，准予旌表，旌表節婦、烈女、烈婦，均由督撫、學政會同具題，並取具冊結，送禮部核議題准，節婦可入節孝祠，烈婦、烈女可在節孝祠中設位致祭，各給銀 30 兩建牌坊。

　　1905 年，科舉制被迫廢除後，清王朝爲應對深重的危機，仍然大力擡高孔子的地位，重彈「尊孔讀經」的舊調。1906 至 1907 年，清政府正式宣佈「忠君」、「尊孔」爲辦教育的宗旨，學堂以孔學爲「正學」，「經學爲必修之科目」。與此同時，清政府提高祭孔的級別，把對孔子的祭典由「中祀」升爲最隆重的「大祀」，與祭天等同。光緒帝親自出席祭孔大典，以視對孔子及其學說的高度重視。代表清末教育改革一大成果的「癸卯學制」釐定，「立學宗旨，無論何等學堂，均以忠孝爲本，以中國經史之學爲基。俾學生心術壹歸於純正，而後以西學淪其智識，練其藝能，務期他日成材，各適其用，以仰副國家造就通才，愼防流弊之意。」〔註125〕1907 年，候補內閣中書黃運藩呈請清政府不要更改士人讀《四書》、《五經》的傳統，說：「爲《四書》、《五經》於人心士習，關係至要，雖百世以俟聖人，而其制要莫能改也」。〔註126〕這些措施都是崇儒救時之舉。

〔註124〕禮制六〔A〕，見：清史稿，卷 87〔M〕。
〔註125〕重定學堂章程〔M〕，奏定學堂章程〔M〕，湖北學務處本，第 3 頁。
〔註126〕清末籌備立憲檔案史料下冊〔M〕，中華書局，1979 年，第 981 頁。

四、將學額調整作爲政治整合的一種手段

學額表面上是府、縣官學在入學考試後錄取的生員數額，實際上是知識通往權力的調諧閥，它的多少直接關係到一個地方紳士群體的規模。晚清以前，各地學額相對穩定，自晚清始，各地學額變動較多。晚清學額的調整主要有兩種動因，一是爲獎諭地方捐輸，如太平天國時期，各地因踴躍報效軍需而頻頻獲准增加學額（詳見第三章論述）；一是爲平衡政治關係，集中體現在調整民族間關係、土著居民和客家人的關係以及不同業界間關係方面。如同治年間，爲防止廣東一些客家人較爲集中的地方土客居民的械鬥，朝廷採取另立客籍，客籍童生一體考試，准其二十取一，以示優勉，進而較爲順利地將客民遣散。〔註127〕類似另立學額或學額優待的做法也常見於處理少數民族與漢族的關係。如湖南和廣西的一些地方，土司考生取中的比例遠高於一般考生。晚清政府通過增加學額的手段來提高國家提取社會財富的能力、整合民心以及化解利益衝突，既是知識權力化社會背景的一種必然選擇，也是知識權力化的具體體現。

雖然，晚清以科舉制爲核心的官僚政治已沒有了此前那樣穩固的社會基礎和吸引力，儒學也在各個層面受到挑戰，知識與權力的組合日現疲乏和裂痕（對此，本文將在最後一章詳加論述）。但在上述一系列的制度安排下，小農經濟——儒學意識形態——官僚政治這「三駕馬車」還是在晚清的大部分時段裏（至少在甲午戰爭前）發揮了主要的整合作用。即便甲午以後，「中學爲體，西學爲用」也成爲一種「流行語」，「張之洞最樂道之，而舉國以爲至言」。〔註128〕在鄉里民間社會，崇儒、應試、做官的風氣依然濃重。戴鈞衡在述晚清風氣時，便曾說，「自科舉之法行，人期速效，十五而不應試，父兄以爲不才；二十而不與於膠庠，鄉里得而賤之。」〔註129〕

〔註127〕事例卷 379〔M〕，第 4 頁，一般童生取中機會僅爲 1～2%，參見張仲禮，中
　　　　國紳士——關於其在十九世紀中國社會中作用的研究〔M〕，上海社會科學出
　　　　版社，1991 年，第 86～87 頁。
〔註128〕梁啓超，清代學術概論〔M〕，中華書局，1954 年，第 71 頁。
〔註129〕戴鈞衡，桐鄉書院四議，課經學條〔A〕，見：康盛編經世文續編卷五六，禮
　　　　政五：學校下〔M〕。

第二章　救荒中的政治整合：晚清紳士的善舉與知識權力化的鞏固

　　「我國災荒之多，世罕其匹」。〔註 1〕晚清處國運衰敗之末端，集社會矛盾累積之總匯，人、社會與自然之間可以容忍的不和諧性瀕臨崩弦，各種災害更是接二連三。頻繁的災害給晚清社會的衝擊是多方面的，其中，對傳統政治秩序的衝擊主要可以概括爲兩個方面：一是對官僚體系的管理效能構成挑戰，它要求官僚體系盡快組織救治、賑濟災民、疏導流民和恢復生產；二是挑戰傳統知識對災疫的解釋能力，它要求統治集團合理地向民眾解釋災害，安撫社會的恐慌心理。因爲，傳統政治的合法性主要是解釋性的，而傳統的「天譴」說又把災害解讀爲上天對人間統治者過失的「警示」，頻繁的災害就意味著政治正當性的流失。儒學道統和官僚體系是傳統的知識與權力組合結構的基石，所以，紳士在晚清救災、防疫的政治整合中也主要是以協助提高官僚管理體系的效能和進行儒學教化爲主旨。

第一節　晚清的災疫及其引發的儒學知識與道統問題

一、晚清的災疫

　　災疫包括主要由自然因素引發的水、旱（蝗）、風、雪、冰、雹、震災和由自然及人禍共同引發的流行性疾疫。當然，通常情況下，災疫是相伴而生

〔註 1〕鄧雲特，中國救荒史〔M〕，商務印書館，1993 年，第 1 頁。

的。這些災害在清季晚期不但無一不沾，而且有頻率高、災區廣、危害重、持續時間長等特點。晚清時期到底遭遇過多少次區域性災荒，死於災荒的人口究竟有多少，很難予以確切的統計。鄧雲特曾羅列出發生在晚清幾次大的災荒及死亡人數：道光二十六年（1846 年），江蘇、山東、江西均有水災，陝西大旱，浙江地震，死亡約 28 萬人；道光二十九年（1849 年），直隸地震、發大水，浙江、湖北發大水，浙江發生大疫，甘肅大旱，死亡約 1500 萬人；咸豐七年（1857 年），河北十餘州縣及陝西十餘州縣大蝗災，湖北發大水，另有七州縣的旱、大蝗災，黃河決口，山東大饑荒，總計死亡約 800 萬人；光緒二年至四年（1876～1878 年），江蘇、浙江、山東、直隸、山西、陝西、江西、湖北等省發大水，安徽、陝西、山東大旱，死亡約 1000 萬人；光緒十四年（1888 年），河北、山東地震黃河決口，河南鄭州、河北發大水，死亡約 350 萬人。在上述幾年的大災中死亡的人數總計為 3378 萬人。〔註 2〕另據史料統計，1840 年～1911 年，僅黃河較大的決口就 22 次，也就是說幾乎 3 年就有 1 次。〔註 3〕特別是山東，自 1855 年黃河決口改道之後至 1912 年，竟有 52 年有黃河決口的記錄，發生不同程度的決口 263 次。〔註 4〕同期長江發生 30 多次漫決，並發生了 1849 年、1860 年、1870 年和 1882 年四次特大洪水。〔註 5〕晚清，年年都有乾旱的記載，而 1846～1847 年的秦豫大旱，1876～1879 年的「丁戊奇荒」，1899～1901 年北方的持續乾旱，都算得上是特大乾旱。〔註 6〕晚清由於連年災荒、戰爭和其它社會原因引發的流行性疾疫也頗為頻繁。以江南寧波府為例，自道光二十一年（1841 年）霍亂流行至光緒三十三年（1907 年），共記載發生各類流行性疾疫達 19 次之多。江南十府一州自咸豐元年（1851 年）至 1911 年的 60 年間發生的瘟疫占清季 267 年（1644～1911 年）江南瘟疫總數的 36%。〔註 7〕由於本文並不專門研究災荒史，下面僅以晚清江南霍亂流行和華北「丁戊奇荒」為例對晚清災疫及其危害作一簡要概述。

〔註 2〕鄧雲特，中國救荒史〔M〕，商務印書館，1993 年，第 102～103 頁。
〔註 3〕李文海等，近代中國災荒紀年〔M〕，湖南教育出版社，1990 年。
〔註 4〕山東史志資料〔M〕，1982 年 2 月，第 170 頁。
〔註 5〕陳雪英等，長江流域重大自然災害及防治對策〔M〕，湖北人民出版社，1999 年，第 125 頁。
〔註 6〕康沛竹，災荒與晚清政治〔M〕，北京大學出版社，2002 年，第 10 頁。
〔註 7〕余新忠，清代江南的瘟疫與社會〔M〕，中國人民大學出版社，2003 年，第 77 頁。

1、江南霍亂流行

　　有關研究表明，眞性霍亂自 1817 年在印度大流行之後，世界醫史學界一般認爲發生了 6～7 次世界性霍亂大流行，其大致年份爲：1817～1823 年，1826～1837 年，1846～1862 年，1864～1875 年，1883～1887 年，1892～1895 年，1910～1925 年。〔註 8〕晚清正值霍亂世界性流行最集中的時段，自嘉道之交（1820～1821 年）江南發生瘟疫大流行以後，就長期受到瘟疫的困擾，尤以同光年間爲著。概而述之，江南出現全區域性瘟疫流行的年份主要集中在咸同之交、光緒朝中期和末期等三個時期。如果加上稍小範圍的疫情，那麼發生疫情的年份也占晚清時段的三分之一。關於江南疾疫流行的情況，當時的史志資料多有記載，余新忠博士據此專門製作了一份《清代江南分府疫情年表》。下面摘錄幾條晚清時期的疫情史料，便足以說明晚清江南疫情的嚴重性。如「同治元年夏，石門大疫。嘉善正月大寒，人多凍死，夏大疫，秋米騰貴，斗米千錢。四月間，嘉興有吐瀉等病，不及一晝夜即死。婁縣、上海、川沙、南匯夏五月大疫。金山夏秋之間，大疫。金山張堰夏五月大疫。青浦蒸裏兵亂，田多不治，夏大疫。上海有數百人死於霍亂。秋八月既望，昆新道饉相望，癉疫大行，有全家病歿者，瑣尾流離，至斯爲極。夏秋之交，吳縣大瘟疫。夏秋以來，常熟時疫流行，名子午痧，朝發夕死。無家不病，病必數人，數人中必有一二莫救者。吳江時疫流行，日死數十人」。「光緒七年十二月初三日，上海溫如仲春，是歲疫且饑。有 251 位中國人及 25 位外國人死於霍亂」。「光緒十三年，吳門霍亂流行。夏秋之交，紹興霍亂盛行。鄞縣秋大疫，死者無算。慈谿秋七月大疫。奉化剡源七月大疫，至九月止，死者甚眾，沙陡、公塘、康嶺更甚。三村約死四百人，闔鄉不下一千人。親戚不通音問，此症名霍亂不吐不瀉者名乾霍亂。奉化忠義鄉六月大疫，死者相枕，至九月止」。「光緒二十一年，常熟昭文夏疫，蘇州霍亂流行。青浦秋大疫。夏，上海霍亂流行，在租界，有 20 名外國人和 930 名中國人死亡。奉化夏秋大水，有大疫。其症與十三年無異」。「光緒二十八年秋，崑山新陽大疫，市槽爲空，始喉症，繼時痧。常熟昭文夏疫。長洲相城大疫。吳江震澤自春徂夏大疫，初起足麻不能伸，名爲腳麻痧又名弔腳痧，患此者或吐或瀉，驟如霍亂，甚至頃刻殞命者。六七月間，諸暨縣發生瘄螺痧，患者多不治。楓涇

〔註 8〕〔英〕程愷禮，霍亂在中國（1820～1930）傳染病國際化的一面〔M〕，劉翠溶、尹懋可，積漸所至：中國環境史論文集〔M〕，第 750 頁。

大疫。平湖天降瘟災，一家或傳染數口。海鹽澉浦癘疫大行，傳染遍四鄉，觸之立斃。自五月至九月始消除。八月青浦大疫，棺槨爲空。川沙大瘟疫。金山張堰夏秋大疫，鄉村白晝閉門，午後路人絕迹」。「光緒三十三年，上海霍亂流行，有 655 人死亡。春夏多雨，江寧時癘盛行，有稱爲瘰螺痧者，朝感夕殂」。〔註9〕

需要特別提及的是，江南瘟疫流行之時又恰逢戰事頻仍，戰爭和瘟疫膠合一起，給江南的破壞至爲慘烈。如咸豐十一年至同治三年（1861～1864 年），是江南戰事最吃緊，也是江南瘟疫最流行的年份。雙方士兵因「瘡痍及瘟疫大發，死無算」。據記載，從江西彭澤到安徽東流一帶，由於連年戰爭，屍骸腐朽蒸鬱積爲瘟氣，腫頭爛足而死者十有八九，多道斃。徽州、安慶也都「瘟疫大作，死者十有八九」。以致「行路者而帶病容，十居八九。城內外五六里，臭腐不可堪思，沿路尚有屍骸，有旋埋而掩埋之旋斃者。城河三里許，漂屍蛆蟲，或附船唇而上，城中之井及近城河水，臭濁至不可食，食之者輒病。」〔註10〕到 1864 年，瘟疫和戰爭結束之時，左宗棠感慨地說：「人民死於兵燹，死於飢餓，死於疫疾，蓋幾靡有孑遺。」〔註11〕特別在皖南地區，「民死於兵疫飢餓者十有八九，存者無幾」。〔註12〕有學者指出：「在太平天國戰爭期間，蘇、浙、皖三省在戰爭中的死亡人口只占人口死亡總數的 30%，死於霍亂占70%。」〔註13〕如此高的死亡率，給社會造成的影響是恐慌性的。

2、華北「丁戊奇荒」

「丁戊奇荒」是指發生在 1876～1879 年間，被及華北諸省，乃至遼寧、陝甘和蘇皖大地的特大乾旱。由於這次災荒以 1877、1878 年爲主，這兩年的陰曆干支紀年屬丁丑、戊寅，所以時人稱之爲「丁戊奇荒」。「丁戊奇荒」在被災區域之廣、持續時間之長和社會危害之深等幾個方面都堪稱曠世劫難。〔註

〔註 9〕 附錄：清代江南分府疫情年表〔A〕，余新忠，清代江南的瘟疫與社會〔M〕，中國人民大學出版社，2003 年，第 355～392 頁。郭靄春，中國醫史年表〔M〕，黑龍江人民出版社，1984 年。

〔註10〕 太平天國史料叢編簡輯（六）〔M〕，中華書局，1962 年，第 220 頁。

〔註11〕 左宗棠書牘家書，卷上〔M〕。

〔註12〕 嚴中平，中國近代經濟史〔M〕，人民出版社，1989 年，第 646 頁。

〔註13〕 曹樹基，鼠疫流行與華北社會的變遷〔J〕，歷史研究，1997 年，第 1 頁。

〔註14〕 魏丕信指出：「丁戊奇荒」是「中國北方前現代史上最嚴重的旱災」。〔法〕魏丕信，18 世紀中國的官僚制度與荒政〔M〕，江蘇人民出版社，2002 年，第 23 頁。

14〕據不完全統計，山東 1876 年 76 個州縣受旱災，第二年增至 79 個；山西 1876 年有 8 個州縣報災，1877 年猛增至 82 個州縣受災；直隸 1876 年有 63 個州縣，第二年爲 69 個，河南頭年是 75 個州縣，1877 年增至 86 個。從 1876 至 1878 年，僅山東、山西、直隸、河南、陝西等省捲入旱災的州縣共計有 955 個，〔註 15〕可以說是罕有幸免。山西賑災欽差閻敬銘曾這樣報告過山西的災清和慘狀：「晉省成災州縣已有八十餘邑之多，待賑饑民逾五六百萬之眾。……臣敬銘奉命周歷災區，往來二三千里，目之所接，皆係鵠面鳩形；耳之所聞，無非男啼女哭。……甚至枯骸塞途，繞車而過，殘喘呼救，望地而僵。」〔註 16〕這次旱荒造成了千萬人死亡，創下晚清一次災荒死亡人數的記錄。一些重災區的死亡率在半數以上，比如，河南新安縣，災前有 15 萬人，1878 年 6 萬，死亡率達 60%；山西太原府災前人口爲 100 萬，災荒期間死去 95 萬，生者僅爲 5 萬，死亡率高達 95%。洪洞縣災前有 25 萬人，災荒中死去 15 萬，死亡率爲 60%，平陸縣 14.5 萬人中死去 11 萬，死亡率近 76%。〔註 17〕當時的山西巡撫曾國荃奏報 1877 年當地災情時說：「民間因饑就斃情形，不忍殫述。樹皮草根之可食者，莫不飯茹殆盡。且多掘觀音白泥以充饑者，苟延一息之殘喘，不數日間，泥性發脹，腹破腸摧，同歸於盡。隰州（今隰縣）及附近各縣約計，每村莊三百人中，餓死者近六七十人。村村如此，數目大略相同。」〔註 18〕甚至在一些地區「有盡村無遺者」，很多家庭全家都餓死了。如《申報》曾報導說：「靈石縣三家村九十三家，（餓死）三百人，全家餓死七十二家；圪老村七十家，全家餓死者六十多家；鄭家莊五十家全絕了；孔家莊六家，全家餓死者五十多家。」〔註 19〕這次旱災還造成了大面積的土地荒蕪和農業生產力的殺傷。據山西地方勘查，由於人口大量死亡，全省 5647 萬餘畝耕地中，有 2200 萬成爲「新荒地」，即有地無主者，還有大量的有主但無力耕作的「暫荒地」。〔註 20〕在災荒中，「樹葉盡充民食，槁死而不復萌芽者大率十九」，生態植被難以恢復，同時由於旱荒中農民「無力蓄牛，俱各變賣」，這樣在人口銳減、生態破壞嚴重和生產資料極度匱乏的條件下，給災後重建和

〔註 15〕李文海等，中國近代十大災荒〔M〕，上海人民出版社，1994 年，第 97 頁。
〔註 16〕陝西通志稿〔M〕，民國二十三年，卷 202。
〔註 17〕李文海等，中國近代十大災荒〔M〕，上海人民出版社，1994 年，第 84 頁。
〔註 18〕曾忠襄公全集〔M〕影印本，「曾忠襄公奏議」卷五，第 548 頁。
〔註 19〕申報，1878 年 4（11）。
〔註 20〕康沛竹，災荒與晚清政治〔M〕，北京大學出版社，2002 年，第 21 頁。

生產恢復帶來極大的困難。諸如，旱荒後，「無牛可耕，以致播種之地僅十分之三」，〔註21〕「耗戶口累百萬而無從稽，曠田疇及十年而未盡闢」〔註22〕的記載在當時的史料中比比皆是。

二、晚清的災疫觀：儒學知識與道統危機的一個側面

　　頻仍的災疫對晚清社會的影響，一方面是直接造成人口死亡、流民爆發和生產力下降等顯現的危機，另一方面更深刻的影響則在於災疫對社會造成的極度心理恐慌。因爲，它突破的是人們信賴舊秩序的心理防線。這種心理恐慌源自時人對災疫的認識不清和解釋乏力，〔註 23〕並從認知領域向行爲領域和道德領域轉化，由神秘化的認知發展爲恐慌的心理和不道德的行爲。比如，人們對疾疫的反應開始多由於不知而表現出「閉門」、「閉市」之舉，繼而隨著疾疫的厲行而產生「親戚不通音問」、〔註24〕「父子相此離」的現象。〔註25〕人們在持續的災荒面前，也會根據已有的認知和經驗作出抵抗，如「祈雨」、攔洪等，倘若無果，便多半選擇遷徙，走「千里就食，糊口四方」之路，在逃荒路上演義遺棄兒童、殺嬰、出賣兒女爲奴僕妻妾，甚至人各相食的慘劇。〔註 26〕在人們對災疫的神秘化認知中，將幽靈般的鬼神視爲主宰力量，而儒學體系中雖然也大有神秘化的成分，但儒學體系中的主宰力量是天、三皇五帝和孔聖人，如果說他們是神的話，那也是正義高尚之神。一個將掌控權交給兇神惡煞，一個信奉好德的天庭，這是晚清災疫觀與儒學道統的第一層衝突。另一方面的衝突表現爲人們在災疫中的非道德之舉與儒學禮教格格不入。儒學是傳統秩序之基，是知識和道德的統一體。人們在災疫面前普遍的茫然和恐慌，尤其是不盡人臣責任、不守孝道的行爲彙成了對儒學權威的

〔註21〕李文海等，中國近代農業史資料（一）〔M〕，三聯書店，1957 年，第 747 頁。
〔註22〕荒政記〔A〕，見：山西通志，卷八十二〔M〕。
〔註23〕晚清對災疫的認識較前人無疑有不小的進步，以瘟疫而論，提出了疫氣說、環境衛生理論、引入了西方的細菌說等。但持這些接近近代醫學觀的人並非普遍的，而是稀疏的。余新忠，清代江南的瘟疫與社會〔M〕，中國人民大學出版社，2003 年。對災荒的認識也出現了氣候調節、興修水利、植樹造林等新觀點。康沛竹，災荒與晚清政治〔M〕，北京大學出版社，2002 年。但這些新觀點都不是傳統儒學的知識點，因此，它們越傳播擴散對儒學的衝擊就越大。
〔註24〕大事記祥異〔A〕，見：剡源鄉志·民國，卷二四〔M〕，第 24 本，第 513 頁。
〔註25〕藝文〔A〕，見：象山縣志·民國，卷三一〔M〕，第 10 冊，第 3204 頁。
〔註26〕清詩鐸，卷 14〔M〕。

一種挑戰，這無疑增添了紳士在救災中行儒學教化的緊迫感。

1、對災疫認識的神秘化

晚清，人們對災疫的認識雖然較前人有不小的進步，但將災疫與鬼神、上天等話題聯繫起來仍是時人理解災疫的一種主流方式。人們對疾疫的解釋和應對尤其如此。

（1）鬼神司疫。瘟神司疫的觀念由來已久，並非晚清獨有。古代傳說中就有瘟神即五瘟使者主管瘟疫疾病之說。五瘟神，「形如力士，身披五色袍，一人執杓子和罐子，一人執皮袋與劍，一人執扇，一人執錘，一人執火壺。這五人分別是春瘟張元伯，夏瘟劉元達，秋瘟趙公明夕冬瘟鍾仕貴，總管中瘟史文業。」〔註 27〕《管子》中也有堯時五厲鬼之說。由於疾疫是人、社會與自然環境共同作用的結果，不但病原複雜，且類型變異無窮，時人往往把未認識的疾疫或控制不住的時疫解釋為鬼神使然。所謂「大疫流行，必有鬼神司之」。在當時的史志文獻中相關的傳說不少。如「遇瘟疫時行，有人見眾瘟鬼執旗一束，相語曰：除沈家放生行善外，餘俱插旗。未幾，一村盡瘟死，獨沈闔家獲免。」〔註 28〕這裏，不但瘟疫為瘟鬼所司，而且誰染疫，誰豁免均由疫鬼決定。光緒十六年夏江蘇吳江「疫癘大作，死者枕藉」，當地父老皆云係「瘟部神放水燈」所致，水主陰，「陰燈主疫」。〔註 29〕不但一般民眾中，多相信鬼神司疫，官宦詩禮之家，持這種觀念的也不在少數。如道光元年，陝西發生疫情時，時任按察使的陳廷曾託疫鬼之言，安撫當地民眾。他說：「我昨夢岳方伯來告曰：『口現為瘟神，當驅疫鬼赴四川，此處已免，可曉諭大眾，勿懼也！』」〔註 30〕

（2）水神司雨，主水旱災。傳統中國是一個典型的農業社會，也是一個典型的治水社會。在長期與水打交道的過程中，積累了豐富的治水經驗。其中，不乏科學的認識，也有許多困於大自然的威力而形成的神靈崇拜。傳統中國將水旱災荒的主導權交予水神的認識同樣由來已久。上古、三代之時，人們就普遍信奉河伯是黃河的水神。河伯主宰著黃河的泛濫與否，人們為討

〔註 27〕施宣圓等，中國文化辭典〔M〕，上海社會科學院出版社，1988 年，第 1063 頁。

〔註 28〕劉奎，松蜂說疫，卷一〔M〕，人民衛生出版社，1987 年，第 37 頁。

〔註 29〕雜錄〔A〕，見：光緒‧黎里續志，卷一二〔M〕，第 12 本，第 478 頁。

〔註 30〕孫兆溎，花箋錄，卷十七〔M〕，第 37b 頁。

好河伯，控制黃河水患，便為河伯娶妻獻妾。結果適得其反，河伯娶妻害民，水患更加頻繁，人皆惡之。六朝唐五代時，人們轉而信奉龍王，將其視為最大的水神。宋代道教盛行，各地紛紛建立龍祠，向龍王求雨。道教傳說中，有諸天龍王、四海龍王、五方龍王等，遵元始天尊、太上老君旨意，領降雨之事。在民間，這種認識一直到清末民初都占主要地位。〔註31〕晚清官方，乃至開放的知識人士，也不乏信奉水神司雨的言語。如洋務派官僚薛福成，在政治、經濟、外交和新學等方面都發表過真知灼見，然而在治水抗旱問題上卻對龍的神力情有獨鍾。他在《庸盦筆記》中，集中地表達了這樣的觀念。他說：「鬼神為造化之迹，而迹之最者莫如水神」，「凡有泉水之地，其下皆有伏龍」，治水「蓋人力無所施，不得不借於神力也」，若「殺黑犬滴其血入泉中，龍大怒，挾風雷而出，驟降大雨。」〔註32〕他甚至形象地描繪出龍的形狀及其顯靈的情景，龍「夭矯騰拏，變化不測。四爪畢現，全身盡露，鱗甲萬點尤覺分明……龍尾亦隨波而上」，「黃河工次，每至水長之時，大王、將軍（龍的化身）往往紛集河干，吏率居皆能識之，曰某大王、某將軍」。〔註33〕曾任過永定河道的周馥所著《河防雜著》中有一篇「水府諸神禮典記」，裏面竟然列出了80多位水神，注有名稱、祭祀地點及其身世來歷。〔註34〕可見，從普通民眾到官僚知識分子乃至河臣，受水旱災荒現象神秘化觀念的影響是相似的。棄儒學而另起爐竈的太平天國也沒有走出神靈司雨的陰霾，只不過將神靈換成了「天父」而已。《原道覺世訓》中說：「仰觀夫天，一切日月星辰雷雨風雲莫非皇上帝之靈妙；俯察夫地，一切山原川澤飛潛動植莫非皇上帝之功能。」天父「降旱則旱，降雨則雨」。〔註35〕「神授謂將有大災，惟拜上帝可免。」〔註36〕

2、對災疫反應的神秘化

基於對疾疫認識的神秘化，「先巫後醫」便成為傳統社會民眾對抗疾疫的一種典型方式，晚清亦不例外，只不過出現了巫醫並舉，互不排斥的新趨勢。

〔註31〕在清末刊印的潮州府志及各縣縣志中，均有關於龍王廟的記載。龍王廟是人們供奉龍王，祈望風調雨順的地方。
〔註32〕庸盦筆記〔M〕，第131、104、105頁。
〔註33〕庸盦筆記〔M〕，第132、104頁。
〔註34〕康沛竹，災荒與晚清政治〔M〕，北京大學出版社，2002年，第142頁。
〔註35〕太平天國（一）〔J〕，第94、363頁。
〔註36〕太平天國時期廣西農民起義資料〔M〕，中華書局，1985年，第134頁。

晚清社會在防疫治病方面流行的神秘化方式主要有特定節日習俗、貼念符咒、服用驅鬼神的「藥物」、採取特殊的招魂方式等等。有的地方把「三月寒食節」、「一月望七月朔日」定為「祭鬼節」，屆時設祭，以驅厲鬼，使其不敢為害於民。河北宣化地區盛行著「拜願」的習俗，人們「於五月十三日，為父母妻子或己身疾病，具香紙牲醴於城隍廟拜禱。自其家門且行且拜，至廟乃止，謂之拜願」。〔註37〕在端午節，大多數地方都有喝雄黃酒、吃大蒜的習俗，其主要目的就是驅鬼避災。戲劇《白蛇傳》中對雄黃酒有辟邪的功能作過專門的刻畫。下面這則流傳於浙江的鬼神故事既表達了鬼神司疫的觀念，又向人們傳播了燒酒、大蒜可以避疫的知識。故事寫道：「桐鄉醫生趙某，偶赴病家，請歸以暝，又將雨，中途見矮屋，有燈明滅，時已下雨，遂叩門求宿。內有婦人應曰：男子不在，不便相留。醫懇棲簷下，許之。將更餘，婦開門延入，醫謝不敢，婦引之甚力，且求合，醫視其燈青黯，且手冷如冰，知遇鬼，亟欲奔避，婦雙手挽其頸，以口就醫之口，既而大噦曰：『此人食燒酒生蒜，臭穢何可近也。』遂入。醫復冒雨而走，底家十餘日後，經矮屋，則一孤冢也。」〔註38〕孔飛力在《叫魂》一書中，描繪了「叫魂」這一令民間恐怖的被鬼神偷去魂魄的法術。〔註39〕這種法術在全國廣大地區得到信奉，不過大都是以反偷魂的方式流傳的，也就是通過「叫魂」的儀式可以將被鬼神偷走的魂魄要回來。如廣東潮汕地區就流傳有小孩生病時家長「喊魂」的習俗。在潮汕，「民間常見有小孩患了急症，其家長以為孩子的魂魄被鬼魅攝去，便備豬肉、白飯、紙鏹、香燭，並紮製一個稻草人，在天亮前到十字路口去祭拜，並連呼『我的奴呀回來呵』三聲，然後將祭品、稻草人丟在路口。據說，稻草人是作為小孩的代身，讓稻草人的靈魂給鬼魅攝去，換回小孩的靈魂。」〔註40〕

　　晚清社會對災荒的反應也有類似神秘化的做法。歸納起來主要有兩大類，一種是虔誠祭拜，如各地建有龍王廟、城隍廟之類的固定場所，供人們日常祭祀。當遇有嚴重災荒時，官府和民間都可能另設祭壇，舉行大型的祈雨活動。還有的做出一些特殊的禁忌，如禁屠，以感化水神降雨。另一類是

〔註37〕徐珂，清稗類鈔〔M〕，第 10 冊，中華書局，1986 年，第 4669 頁。

〔註38〕劉奎，松峰說疫，卷一〔M〕，人民衛生出版社，1987 年，第 25～26 頁。

〔註39〕〔美〕孔飛力，叫魂——1768 年中國妖術大恐慌〔M〕，上海三聯書店，2002 年，第 1 頁。

〔註40〕方烈文，潮汕民俗大觀〔M〕，汕頭大學出版社，1996 年，第 177 頁。

逆反的方式，即用威脅、玷污和懲罰的方式，激怒神靈，以減輕災荒。如用狗血滴入水中，或潑灑在紙龍身上（狗血在傳統習俗中多被視爲污穢之物，傳說可以令鬼神現原形）。許多地方還流傳有「打龍潭」求雨的儀式。如潮汕地區遇天旱時，「由鄉紳帶領一批先齋戒沐浴之後，來到龍潭邊，先焚香宣讀祭文，然後將燒得通紅的犁丟進湛藍色的潭水裏。據說這樣祭告了天地，又能驚動龍王，使其速興雲布雨，普降甘霖。」〔註41〕

在此之所以特別突出人們對災疫認識和反應的神秘化問題，是因爲它不是一個簡單的災荒史的問題，而是一個集知識、意識形態和統治秩序於一體的政治學問題。它最終會影響到既存政治秩序的合法性。在人們神秘化地應對災疫的過程中，所折射的邏輯是：茫然不解——恐慌心理——妖術化應對。倘若這種妖術被一些敵視現政權的人所利用，那它所引發的恐慌就會超出災疫的範圍，而進入政治領域。正是在這個視閾上，孔飛力的力作《叫魂》引起了歷史學和政治學的廣泛關注。他講述了1768年，「一個幽靈———種名爲『叫魂』的妖術」廣爲流行，引起了朝野的恐慌的歷史。據稱，「術士們通過做法於受害者的名字、毛髮或衣物，便可使他發病，甚至死去，並偷取他的靈魂精氣，使之爲己服務」。結果人們爲了避疫，紛紛剪去辮子。蓄辮是滿族人的習俗，剪去辮子自然也就被認爲是對滿族人統治的反抗，至少是象徵性的反抗。〔註42〕這樣的妖術大恐慌在1810年、1876年都發生過。事實上，民變也確與類似的妖術信仰有很大關係。如太平天國時期，正值瘟疫、水荒肆虐之秋，不少人就是信奉了拜上帝教宣揚的「肯拜上帝者，無災無難，不拜上帝者，蛇虎傷人」而入教的。史料中就有洪秀全「僞撰妖書，詭云：神授謂將有大災，惟拜上帝可免。……廣西土寇蜂起，人心搖惑，附從者益多」的記載。〔註43〕

需要進一步闡明的是，在一個以解釋的合法性爲統治基礎的政治秩序裏，對解釋權的爭奪和控制是至關重要的。就災疫而言，在當時的知識及技術背景下，無論是民間流行的鬼神論，還是儒學體系提出的「天譴」論，都不能眞實揭示災疫的原因，更不能減輕民眾受災疫蹂躪的痛苦。這樣正統的解釋相對於民間的妖術來說就沒有解釋上的優勢，容易引發解釋權的爭端和

〔註41〕方烈文，潮汕民俗大觀〔M〕，汕頭大學出版社，1996年，第272頁。

〔註42〕〔美〕孔飛力，叫魂——1768年中國妖術大恐慌〔M〕，上海三聯書店，2002年，第1、77頁。

〔註43〕太平天國時期廣西農民起義資料〔M〕，中華書局，1985年，第134頁。

人們對正統知識體系的信任危機。相關的記載，在史書中也不難找到。如道光時，常熟有個姓王的人，「多鬼話，故共呼之為老鬼。其言殊動聽，士庶咸樂聞之。一日，邑侯集紳士蒞鄉約所講論古今事理，以訓鄉人，適老鬼在近設攤生理，抵掌而談」，其中云，「疫鬼奉天使行瘟疫」，「鄉人赴之者眾，鄉約所反寥寥」。〔註44〕這說明那裏的人們對鬼神的興趣超過了接受正統社會教化的動力，儒學教化權遇到了來自鬼神信奉習俗的挑戰。再如清末直隸易州發生乾旱時，鄉民「祈雨進城，由學堂門前經過，該堂學生在外聚觀，私議愚民迷信。祈雨人聞之，即與辯論。斯時人多勢重（眾），遂擁入學堂，將門窗器具均有砸毀」，〔註45〕信奉神靈的習俗衝擊到學校秩序。更值得擔憂的是，不僅民眾被鬼神妖術所縛，朝中大小官吏也有不少多為左道所惑。如道光年間，妖人薛執中，「挾道術遊京師，能驅遣風雷，役使鬼神，先期言休咎，多奇中。王公貴人爭拜座下，朝官趨之若鶩」。〔註46〕這裏提出的問題是，在洶洶的災疫面前，紳士和官僚體系應如何去整合社會的災疫觀？

3、避疫逃荒中的不仁道行為

在心理恐慌和災疫造成的生存威脅面前，人們在避疫逃荒中表現出的非道德舉止也越來越常見。早在宋代時，就有為避疫而不問親情父子的歪風興起。據記載，「江南病疫之家，往往至親者皆絕迹，不敢問疾，恐相染也。藥餌食飲，無人主張，往往不得活。此何理也，死生命也。何畏焉？使可避而免，則世無死者矣。然此事其來已久。」〔註47〕晚清時風日下，這樣的不仁之舉，更為普遍。正如《避疫論》中所揭批的，「甚矣，習俗之偷非一端也，而其尤者莫過於避疫一事⋯⋯近時閭巷之間，偶染時疫，鄰里挈家以逃，甚且父子相怵離，兄弟妻子弗顧，或至死亡，往往又子不能見其父，弟不能見其兄，妻不能見其夫；此其殘忍刻薄之行，雖禽獸不忍而為，而謂人其忍乎哉！」〔註48〕更為堪憂的是，這種「一為不慈，一為不孝」之舉已有由「鄉愚」及於「詩禮之家」之勢。如果說，在災疫的威脅已經及身之時，出現上述有悖常理的行為還有情可原的話，〔註49〕那麼，將溺殺嬰兒作為一種提高

〔註44〕鄭光祖，一斑錄雜述五〔M〕，中國書店，1990 年，第 46a、49a 頁。

〔註45〕辛亥革命前十年間民變檔案史料〔M〕，中華書局，1985 年，第 64 頁。

〔註46〕清朝野史大觀，卷 7〔M〕，第 16 頁。

〔註47〕范行準，中國預防醫學思想史〔M〕，華東醫務生活社，1953 年，第 100 頁。

〔註48〕民國象山縣志，卷三一〔M〕，藝文，第 10 冊，第 3204 頁。

〔註49〕「丁戊奇荒」時，陝西情況最慘，人相食不時發生。省府官員命令地方官對

防災能力的惡習就不可思議了。北宋至二十世紀初，許多省份均有溺殺嬰兒的惡俗。這種陋習並非只是重男輕女偏見的表現，因為，一些地方已從溺女，發展到溺男。〔註 50〕其真正原由，貧家是以此為維持最低生活水平的合法手段，富室是懼於陪嫁之累。正如同治年間山西的一份布告中說：「茲聞晉省溺女之風，各屬均所不免，而平定、榆次及南路為尤甚。初生一女，勉強存留；連產數胎，即行淹斃。甚至見女即溺，不留一胎。……皆由貧者衣食維艱，憚於撫育；富者吝於陪嫁，相率效尤。」〔註 51〕在儒學道統體系中，所謂天地、君臣之大義是建基於父子人倫、市井世風之上的。也就是「修」、「齊」、「治」、「平」的邏輯。沒有孝子，何來忠臣？民風、士風和仕風一脈相傳，相互作用。民風是基礎，仕風為主導。然而，咸同以降，民風「之弊不可枚舉」，「士大夫罕以氣節為重」。〔註 52〕對於這種「澆漓」之民風、仕氣給儒學禮教秩序帶來的衝擊，清醒的時人是深感憂慮的，認為「人心風俗之患不可不察」。〔註 53〕曾國藩在《討粵匪檄》中，更是疾呼：「舉中國數千年禮義人倫、詩書典則，一旦掃地蕩盡。……我孔子孟子所痛哭於九泉！凡讀書識字者，又烏可袖手安坐，不思一為之所也！」〔註 54〕雖然，這裏所指責的人倫頹廢，並非局限於災疫的範圍，但其中提出的問題很清楚，即儒學道統的民風、士風基礎已經鬆動，士人應該在重振禮教秩序中承擔更多的責任。

第二節　晚清災疫對官僚管理體系的考驗

官僚管理體系是一個以小農經濟為財政基礎、以儒生為階級基礎和以官僚行政組織為制度基礎的政治結構，是傳統政治秩序的現實支撐。晚清災疫之浩繁對官僚管理體系的這三個基礎都構成了衝擊，它既加劇了晚清財政的拮据和儒生的貧困化，又削弱了官僚行政組織治理災害的能力。在這樣的窘

　　違反禁止出賣子女法令的現象予以默許，以便讓父母能買到幾天的糧食。民國二十三年陝西通志稿〔M〕，卷 31：1。何炳棣，1368～1953 中國人口研究〔M〕，上海古籍出版社，1989 年，第 228 頁。

〔註 50〕同治十一年安陸縣志，卷 2〔M〕：51 下。

〔註 51〕盛康，皇朝經世文續編，卷 74〔M〕，第 46～47 頁。

〔註 52〕牛應之，雨窗消意錄·卷三〔A〕，見：筆記小說大觀，第 25 冊〔M〕，廣陵古籍刻印社，1983 年，第 286 頁。

〔註 53〕潘德輿，任東澗先生集序〔A〕，見：養一齋集，卷 18〔M〕，同治十一年刊本：第 6、7 頁。

〔註 54〕增國藩全集（詩文）〔M〕，嶽麓出版社，1986 年，第 232 頁。

境中，民間社會和官府都急需紳富施援，紳士不但要從財力上助賑，爲官府的災害管理提供知識和技術支持，還要防止儒生的進一步貧困化，以鞏固傳統知識權力化社會的階級基礎。

一、災疫與晚清的財政危機

前文已經分析過，建基於小農經濟的財政所能提取的剩餘十分有限，而且其中的相當一部分要回補小農生產體系，以維持其簡單再生產，在正常年景也只能巧以維繼。晚清是多事之秋，災疫、民變和外患齊發，其中所需的賑款、軍餉和賠款遠遠超出了小農財政基礎的應付能力。清廷爲此做出的財政安排是先軍餉、賠款，後賑濟的策略。如 1855 年黃河在銅瓦廂決口，正值太平軍迅猛擴張之時，清廷在軍務和河工的取捨中，斷然捨棄河工。正如清廷在上諭中說：「現值軍務未平，餉糈不繼，一時斷難興築。」〔註55〕只能任黃水橫流改道，以至在此後的幾十年中，山東等省飽受黃河水患，民生長期凋敝。救災疫就是救民生，就是救軍需，就是救政治合法性。正是在這個意義上，歷朝統治者都十分重視災賑。但是，晚清已逐步喪失實施這一政策的環境。結果，救災力弱及滯後，使災疫的危害愈迫，形成了災疫橫行——財政拮据——救災乏力——政治合法性耗損之間的惡性循環。

1、災疫對晚清財政資源的衝擊

在晚清的財政收入結構中，19 世紀 80 年代以前，地丁雜稅（主要爲田賦）所佔的比重大都在 70% 以上，80 年代以後，也占 50% 左右，這就是以小農經濟爲基礎的財政格局的基本特點。這種「靠天吃飯」的財政抵禦災疫的能力與工業社會的情景是無法比擬的。災疫所引發的生產力破壞、流民、拋荒，無不直接衝擊著晚清財政結構中的基幹部分——地丁雜稅。且不說像 1849 年長江大水、咸同之交江南大疫和華北「丁戊奇荒」這些特大災疫對晚清財政造成的影響，即便是一些小災疫導致的減收也不容小視。當時的地方史志資料，有關這類災疫所致「歉收」、「絕收」的記載不勝枚舉。如光緒十一年，「夏秋交，嘉善大疫，日晡後，人不敢外行，田禾歉收。」〔註56〕道光二十九年，「上海秋冬大疫，民大饑，餓殍載道。」〔註57〕1877 年，湖北「去冬雪末沾

〔註55〕清實錄，文宗朝，卷一七三〔M〕。
〔註56〕祥異〔A〕，見：光緒重修嘉善縣志，卷三四〔M〕，第 2 冊，第 682 頁。
〔註57〕雜記，祥異〔A〕，見：同治上海縣志，卷三十〔M〕，第 8 冊，第 2627 頁。

足，二麥鮮獲有秋。入夏以來，赤地千里。黃陂、孝感兩縣，得雨尤稀，黃陂更甚。田中早禾，一望而為黃草漫天矣。刻已將屆收穫之期，幾乎顆粒無存。」〔註58〕1851年，浙江省塘圩圯，「海水漂人內地百里，膏腴變為斥鹵，田禾粒米不登兩載矣。」〔註59〕對災疫給晚清財政收支造成的影響，曾國藩在一份奏摺中作過清楚的表達：「財用不足，內外臣工，人人憂慮。自庚子（1840年）以至甲辰（1844年）五年之間，一耗於夷務，再耗於庫案，三耗於河決，固已不勝其浩繁矣。乙巳（1845年）以後，秦豫兩年之旱、東南六省之水，計每年歉收恒在千萬以外，又發帑銀數百萬以賑濟之，天下財產，安得不絀。」〔註60〕這可以從晚清前期田賦減收與災荒關係表中得到印證（表2－1）。

表2－1：1841～1849 晚清部分年份地丁雜稅與災害關係表（單位：兩）

	1841年	1842年	1845年	1849年
地丁雜稅實徵數	30431744	29593435	30213900	19469325
實徵與額徵虧額比重%	8.75	11.27	9.40	41.62
災害備註	1841年8月，黃河在河南祥符決口，1842年4月合攏；1842年8月，黃河又在江蘇桃源決口。		1843～1845年，豫皖蘇黃河決口水患。	長江中下游發生「百年不遇」洪水。

資料說明：額徵地丁雜稅為33349218兩，王慶云：《石渠餘紀》，魏源：《聖武記》卷110；梁方仲：《中國歷代戶口、田地、田賦統計》第415頁；湯象龍：《咸豐朝的貨幣》，《中國近代經濟史研究集刊》第1卷第1期。

至於50～70年代，在兵魔、大疫和旱荒共同的影響下，田賦徵收更是只相當於平時的十之四五，再加上各省忙於就地籌餉、協撥，沒有多少款項起運京師，國庫收入隨之大減。1853年，實收銀為48萬兩，大約僅相當於兩個縣的田賦收入。〔註61〕這種情況一直持續到清末，正如光緒十年（1884年）一份奏摺中說，各地「自咸豐以來，所收成七八分，或五六分，或三四分」。

〔註58〕李文海等，中國近代農業史資料（一）〔M〕，三聯書店，1957年，第730頁。
〔註59〕太平天國史料叢編簡輯（二）〔M〕，中華書局，1962年，第269頁。
〔註60〕曾國藩，議汰兵疏〔A〕，見：曾國藩全集·奏稿一〔M〕，嶽麓書社，1987年，第19頁。
〔註61〕彭澤益，十九世紀後半期的中國財政與經濟〔M〕，人民出版社，1983年，第141頁。

〔註62〕光緒二十三年（1897 年）主要納賦省份實徵地丁情況表（表 2－2），也可印證。

表 2－2：光緒二十三年主要納賦省份實徵地丁情況表　（單位：兩）

省 份	安 徽	江 寧	江 西	江 蘇	浙 江
額徵數	1247463	794842	1757348	1358213	2410047
免徵數	242594	228770	237886	393237	472648
應徵數	1008966	566072	1519454	964976	1937392
實徵比	67%	86%	65%	75%	64%

資料來源：周育民：《晚清財政與社會變遷》，上海人民出版社，2000 年，第 322 頁。

2、災疫造成蠲免範圍增加

災疫發生後，蠲免被災地區錢糧是一種賑濟手段，但也意味著財政提取的區域縮小，這無疑令晚清拮据的財政雪上加霜。依清制，順治朝規定：「將全部額賦分作十分，按田畝受災數酌減，被災八分至十分者免十分之二，被災四分者免十分之一。」雍正朝，重定災蠲則例，變化較大，被災十分者，免正賦的十分之七，被災七分者，免十分之二，被災六分者，免十分之一。乾隆朝，又作補充規定，受災五分者亦准報災，蠲免錢糧十分之一。此後諸朝均以此為則例，未作變更。如果上面的奏摺中所披露的咸豐以來的收成情況屬實的話，那麼，晚清蠲免錢糧的範圍肯定是普遍的。這種因災疫而蠲免，到底給晚清財政帶來了多大的衝擊，很難完整地評估。但我們只要從分時段的統計數據中，還是可以窺見一斑。1840～1849 年，因各種自然災害清政府緩徵、蠲緩、減免田賦和給口糧、貸口糧籽種等賑濟的廳州、縣（不包括鹽場、衛）數目共達 6378 縣次。根據這些數字被災縣份高達 1100 多個，占清代州縣總數的四分之三，而被災縣次則是清代州縣總數的四倍以上。〔註63〕1851～1864 年間，兵魔和災疫交加，蠲免錢糧縣次更是達到 8221 次之多，蠲免總量相當於當時 5 年以上的田賦。〔註64〕另據《清實錄》提供的有關資料，從光緒二十一年到光緒二十六年全國因水旱雹冰等災害而得到清政府允准緩

〔註62〕李文海等，中國近代農業史資料（一）〔M〕，三聯書店，1957 年，第 753 頁。
〔註63〕周育民，晚清財政與社會變遷〔M〕，上海人民出版社，2000 年，第 87 頁。
〔註64〕賈熟村，太平天國時期的地主階級〔M〕，廣西人民出版社，1991 年，第 88～89 頁。

徵、蠲緩、蠲免和撫恤的地區共達 3962 個縣次。

在災疫的肆虐下，一方面減少了財政的實際收成，另一方面政府又不得不蠲免被災地區的部分賦稅，這一縮一放之間，同軍需和賠款一起將晚清財政推向連年虧空的深淵，清廷能用來治災賑災的財力更是削弱到了極至。如光緒九年，戶部議定的備荒專項經費僅 12 萬兩。〔註65〕面對這樣的財政困境，晚清當局除了一再削減賑濟力度，就是進一步向紳富伸手，獎諭他們組織地方救災。有關荒政研究資料顯示，晚清時出現了清代少有的災況與災賑嚴重「頂背離」的現象，即一方面災況出現峰值，另一方面災賑卻處於谷底水平。〔註66〕晚清在財力上減少災賑的力度，主要表現為，河工撥款日欠，以及由放賑、蠲免並重的賑濟措施向重蠲免、輕放賑轉變。這種做法的必然後果是削弱了有組織的災害治理，延緩了災區生產和生活恢復的步伐。如永定河，應需工費每年額定歲修銀是 34000 兩，搶修銀 27000 兩，添加備銀 25200 兩，共計 86200 兩。1854 年（咸豐四年），庫款支出，部議改為減半，歸藩庫旗租項下按銀鈔各半撥給。1857 年，又減稽料銀 1050 兩，綜計歲修實銀不及原額四分之一。當時的直隸總督李鴻章坦承：「道咸以來，軍需繁鉅，更兼顧不逭。即例定歲修之費，亦層迭折減。於是河務廢弛日甚。」〔註67〕正因如此，發生於晚清的決口水患大都延至一兩年後才合堵。

這裏提出的問題是，在小農經濟社會裏，治水和荒政是傳統政治的重要內容，也是傳統政治合法性的基本來源之一。恰如乾隆一再強調的，「賑恤一事，乃地方大吏第一要務。」〔註68〕在通常情況下，朝廷對災害治理和災賑的主導權是不會輕言下放或委託於人的。但是由於財力不濟，晚清治災救災的主導權由中央、官府集中控制向地方化、民間化和分散化的方向發展。根據魏丕信對 18 世紀中國荒政的研究，地方鄉紳在當時的災賑中所起的作用只是輔助性的，但 19 世紀 40～50 年代開始，「國家干預占壓倒優勢的情況幾乎終止了」，「自那時以後，多數抗災活動都是由『賑局』舉辦的，『賑局』完全是由地方鄉紳管理的。即使州縣和省的地方官並不總是持消極態度，一般來說，他們的作用也僅限於召集地方精英們開會，在會上要求他們成立一個賑

〔註65〕周育民，晚清財政與社會變遷〔M〕，上海人民出版社，2000 年，第 244 頁。
〔註66〕李向軍，清代荒政研究〔M〕，中國農業出版社，1995 年，第 17、66 頁。
〔註67〕黃彭年等，畿輔通志，卷八十四〔M〕，商務印書館影印，1934 年。
〔註68〕乾隆三年十月二十七日許容奏朱批。

濟組織」。〔註69〕也就是說，在頻仍的災疫和浩繁的戰事衝擊下，晚清當局再也無力主宰災賑之類的政治合法性資源了。擺在他們面前的緊迫任務是作出相應的制度安排，尋找可靠的力量，既能動員社會及時進行災害治理，又不讓這種整合社會的資源流入體制外的渠道。顯然，合適的制度就是知識權力化，合適的力量就是紳士。因為，紳士可以整合民間的災賑資源，而知識權力化的制度安排又可以將紳士掌控在朝廷手中。

二、災疫與晚清官僚行政組織的救災效率

如上所述，晚清災疫所造成的生產破壞和饑民潮是空前的，已經直接威脅到晚清政治的經濟基礎和社會秩序。尤其是饑民潮所形成的是一種流動性危機，或者說是一種遷延性危機，極具擴張性。在小農經濟社會裏，正常收成的地區也沒有多少剩餘，民眾的糧食儲備十分有限，經不起大規模饑民潮的襲擾。有資料顯示，清代農民人均擁有糧食量呈直線下降的趨勢，大約從清初時人均 6～8 石銳減至晚清時的 3 石左右（日食米 0.66 市斤），這已經是維持生命的最低限度。〔註70〕如果不能及時賑災、安置流民，未災地區的居民也有被災民拖入饑民潮的危險。如 1876 年的豫、晉、陝旱荒中，「江北旱饑民四出就食千萬人」，〔註71〕結果使災情迅速擴散到整個華北及東北和蘇皖地區。有關研究表明，太平天國運動的興起與 1849 年前後長江流域發生百年大水所引發的饑民潮密切相關，而義和團運動也與山東、河南等地持續的黃河水患和旱荒有著不解之緣。如《綜論義和團》中所說：「北方久罹河患，今年又久旱，不能播種，農夫仰屋興嗟，束手無策，以致附從團匪者，實繁有徒。」〔註72〕朝廷也深刻認識到農民起義與賑災不力的因果關係，認為：「大率因年荒穀貴，饑民掠食，糾集既多，遂致焚劫村聚，抗拒官兵。……而原起釁由，總因地方官不恤民艱，以致小民迫於飢寒，不能稍沾賑恤，及至釀成事端。」〔註73〕因此，能否有效地治理災害、安置流民和恢復生產向來都是官僚行政組織面臨的最大壓力。然而，晚清當局不僅從財力上講，缺乏承

〔註69〕魏丕信，18 世紀中國的官僚制度與荒政〔M〕，江蘇人民出版社，2003 年，第 111、261 頁。
〔註70〕李向軍，清代荒政研究〔M〕，中國農業出版社，1995 年，第 99～100 頁。
〔註71〕沈益民、童乘珠，中國人口遷移〔M〕，中國統計出版社，1992 年，第 124 頁。
〔註72〕義和團檔案史料上冊〔M〕，中華書局，1979 年，第 172 頁。
〔註73〕清仁宗實錄，卷 282〔M〕。

擔如此巨大救災壓力的能力，傳統官僚行政在管理制度、結構等方面的固有積弊也嚴重制約了這種可能性的存在。李伯重曾將明清官僚管理的結構性弱點概括為：低水平的財政徵收、不注重官員的行政才幹、人數極少的品官和向不能有效控制的吏役委託過多的行政事務。〔註 74〕如果再加上一味的異地為官的制度安排，那麼，大規模的災害治理和賑濟所需的財政、組織和人員供給條件實際上都是欠缺的。財政危機給晚清救災能力的殺傷，上文已作過分析。下面結合晚清官僚行政和賑濟制度的特點，重點分析官府與吏役組合的救災結構的弊端，以及紳士介入救災，並取代吏役成為官府的主要合作者的意義，從而進一步闡述知識權力化的制度背景。

1、晚清賑濟制度與官僚行政結構之間的張力

清代是我國前現代政治中荒政制度化、程序化最成熟的時期。根據史志資料和後人的研究，清代對救荒程序和救荒措施都有嚴格的規定。清代救荒程序大概包括報災、勘災、審戶、上諭、蠲免和賑濟等六大環節。〔註 75〕《大清會典》中列舉的救荒措施則多達十二個方面：「凡荒政十有二：一曰備祲；二曰除蟊；三曰救荒；四曰發賑；五曰減糶；六曰出貸；七曰蠲賦；八曰緩徵；九曰通商；十曰勸輸；十有一曰興工築；十有二曰集流亡。」〔註 76〕乾隆年間《賑記》一書所列的荒政要目包括上諭、核賑、散賑、展賑、安撫流移、借糶蠲緩、蠲恤諭禁和雜記（統計和派往災區的官員）等八大方面。其中每個環節的展開、每個措施的實施又有詳細的制度安排和考覈標準，以督促各級官僚組織在救荒中的勤勉和效率。以報災、勘災和審戶的制度規定為例，足見其要求極為苛嚴。順治十年戶部始定夏災限六月終，秋災限九月終。先將被災情形馳奏，再於一月之內，查核輕重分數，題請蠲免。其逾限一個月內者，巡撫及道、府、州縣官名，罰俸；超過一個月者各降一級。如遲緩已甚者，革職。〔註 77〕至順治十七年，進一步明確了夏災限六月底，秋災限九月底的報災期限。州縣官逾期一個月內者罰俸六個月，一個月外者降一級，二個月外者降二級，三個月外者革職。撫、司、道官以州縣報到日起限，逾期亦例州縣官例處罰。〔註 78〕雍正朝規定，

〔註74〕〔法〕魏丕信，18 世紀中國的官僚制度與荒政（中文版序）〔M〕，江蘇人民出版社，2003 年，第 6 頁。

〔註75〕李向軍，清代荒政研究〔M〕，中國農業出版社，1995 年，第 23 頁。

〔註76〕嘉慶大清會典，卷 12〔M〕。

〔註77〕清世祖實錄，卷 79〔M〕。

〔註78〕清朝文獻通考，卷 46〔M〕。

報災統以四十五天爲限。從此報災遂成定制。勘災是成災報備後，地方府、州、縣勘定成災地域、程度、田畝數量的程序。清制規定勘災需州縣官佐實地、逐個核查，同時也有嚴格的時限要求。具體操作程序大致如下：被災州縣印發「災單」，由災戶填寫受災情況，形成「勘災底冊」；組成查災委員會由州縣官（嚴重災害往往由欽差、督撫）統率赴災區，深入到田間，逐村、莊、區、圖，進行實地核查，拿著「勘災底冊」進行逐一核對，並根據收成有無分十等在冊上注明「被災分數」。勘災時，要求災情確定精確到村莊、戶口，不得以通縣爲計災單位。這主要是爲了防止，「有一縣俱不成災而某村某莊不妨十分者，有一縣俱成災而某村某莊全不成災者」的情況，易生弊案。〔註79〕至於勘災時限，清制規定「州縣勘報續被災傷分數，除旱災以漸而成，仍照四十日正限勘報外，其原報被水、被霜、被風災地，續災較重，距原報情形之日在十五日以外者，准於正限外展限二十日；勘報距原報情形之日未過十五日者，統於正限內勘報請題，不准展限。」〔註80〕審戶是在勘災基礎上核實災民身份、人數，劃分極貧、次貧等級，以備賑濟的程序。審戶面臨的主要困難是，災戶口數的確定以及極貧與次貧等級的釐定。當時民居傳統有數世混住，也有三口分家。因此，申請賑濟時，災戶往往將早已分住的親戚統統填入災戶口數內，多沾賑恤。而要精確劃定災戶的極貧與次貧等級，不引發民怨，則更爲困難。因爲，朝廷確定的標準未必都能適應災區的具體情況。這都需要查賑官員深入細緻的工作。

　　儘管上述規定大都爲清初或清中葉所定，但晚清的災賑多援爲成例。〔註81〕從這些成例中，可以看出，當局爲了在救災這一深涉民生的領域鞏固其合法性，形成了一系列要求「高效、及時、細緻、精確」的災害管理制度。然而，這樣的制度安排終究要由官僚行政組織去落實。那麼，晚清的官僚行政組織能否切實地履行災害管理制度所規定的義務呢？

　　答案當然是否定的。前文已經分析過，按清代官制，往往一二名州縣官佐要管轄十萬乃至數十萬人口，這樣的管理幅度明顯偏寬，加之「迴避制度」和考覈任期制的緣由，〔註82〕使他們難以充分地掌握有效行政管理所必要的

〔註79〕李向軍，清代荒政研究〔M〕，中國農業出版社，1995 年，第 25 頁。

〔註80〕汪志伊，荒政輯要，卷四〔M〕，道光刻版。

〔註81〕〔法〕魏丕信，18 世紀中國的官僚制度與荒政〔M〕，江蘇人民出版社，2003 年，第 89 頁。

〔註82〕根據張仲禮先生的研究，晚清知縣的平均任期在 0.9 年～1.5 年之間波動。這麼短的任期不要說在傳統管理條件下，即便是在現代技術背景下，要深入瞭

信息。在正常情況下，州縣官雇傭五六個親密屬員只能勉強維持刑名、錢糧等最基本的地方事務。一旦災荒來臨，會湧現出大量、細緻、緊急的報災、勘災和放賑等工作，在當時的管理技術和信息溝通條件下，遠非這樣的「微型」官府所能承擔的。如果將地方官缺乏災害治理的經驗和才幹的因素考慮進來，治災的壓力和官府的能力之間的張力就更加明顯。如光緒十三年八月十三日（1887 年 9 月 29 日），黃河在鄭州決口，此前兩日，「工次已極大險」，但河道總督成孚藉詞避忌，拒不到工，次日始慢行宿於鄭州以南的東張。等他到決口時，又不作任何舉措，唯有屏息俯首，聽人詈罵。﹝註 83﹞一方面是近乎苛刻的災害治理制度，另一方面是缺財力、缺人手、缺技術、缺信息的官僚行政組織。面臨兩者之間巨大的張力，官府急需在行政組織之外尋找可靠的合作者。否則，他們就只能聽令官僚組織在災害管理中失效。

2、官府與吏役合作治災架構的弊端

歷來可供官府選擇為救荒合作者的群體主要有兩個：一是紳士，一是吏役。晚清以前，朝廷在災害治理中掌握著主導權，州縣官需要的合作者主要是僕役式的。也就是說官府與吏役合作結構成為 19 世紀以前，清廷災害管理的主要制度安排，而紳士在地方上組織的自救工作是輔助性的。州縣官在地方臨時招募許多吏役（書辦、皂隸、胥役、捕快等等），同時依賴地保組織來承擔大量具體的行政工作。所以，顧炎武說，當時的清朝「柄國者吏胥而已」。﹝註 84﹞問題是，吏胥並不像官府想像的那樣好駕御。雖然這些人熟知地方的情況，但他們並不在官僚制度體系之內。他們握有事權，又不擔負管理責任，官府難以給予其制度約束。同時，他們又多無功名，不是真正意義上的讀書人，其行為也不怎麼受道德的約束。因此，吏役的幫助往往事與願違，以至出現「官為吏蒙，吏以稿進，官但唯唯畫諾而已」的局面。﹝註 85﹞有關吏役在災害治理中的狡詐舉動的記載可隨手拈來。道光時期，江蘇巡撫陶澍講到吏役破壞救荒的違法行為，很有代表性。他說「印委各官」在所調查的被災州縣往往「不知道路」，不諳土語，結果不得不憑藉隨行「書役」辦事，而這些隨行「書役」往往與鄉保串通

﹝註82﹞解一個縣的情況達到駕輕就熟地管理、決策的程度，也是不易做到的。張仲禮，中國紳士——關於其在十九世紀中國社會中作用的研究﹝M﹞，上海社會科學出版社，1991 年，第 56～57 頁。

﹝註 83﹞史革新，中國社會通史，晚清卷﹝M﹞，山西教育出版社，1996 年，第 488 頁。

﹝註 84﹞顧炎武，日知錄，卷 8﹝M﹞，第 187 頁。

﹝註 85﹞皇朝經世文續編，卷 28﹝M﹞。

勾結，蒙混官員；查賑時鄉保們故意帶領他們去那些偏遠處、難行之處，以此拖延時間，那些來不及去的地方則不得不憑藉鄉保們的查驗結果給賑。〔註86〕況且，這些吏役正常的工資收入極其微薄，在沒有制度保障和道德約束的前提下，要求他們不在其代理的職事中額外生財是難以做到的。特別是像河工、賑濟和漕運這樣可經手大筆錢糧的差事，吏役總是想方設法將事態弄得複雜和糟糕，以便上下其手漁利。甚至出現吏役期盼災荒水患降臨，「以有險工有另案為己幸」的境況。〔註87〕《見聞瑣錄》中一則雜記對官府與吏役合作治水變成合作毀堤的情形作過如下詼諧的描述：河堤「久不潰決，則河員與書吏及丁役，必從水急處私穿一小洞，不一月，必決矣，決則彼輩私歡，謂從此侵吞有路矣。」〔註88〕另有一奏摺詳細理出了書吏在報災、勘災中加重災民負擔的各個環節：「若遇荒年，由各鄉里運、管年入城具報，或邀圖董與偕，每圖約三四人不等，各有工食錢文，報稟歸官，代書繕寫，每稟給錢五六百文。經官勘災，由糧差傳知里運管年，領勘糧差，里運、管年各給飯食。勘後，由里運造呈荒冊，歸總書彙造總冊。因冊籍繁多，須雇清書幫繕，每圖向送總書名下核冊費錢五百文，津貼清書飯食。各冊書承造易知由單，每張工錢四五文。此外，每年尚有鄉運並里運管年交接酒及演戲酬神各費，均歸里運按畝攤派，由來已久，每業戶按畝出錢，習以為常。」〔註89〕在這些「署中多一差，鄉里多一虎」式的胥吏攪渾下，朝廷的賑災救荒措施萬難落到實處，救荒成效也不免大打折扣。正如，《清實錄》所講的那樣：遇有水旱之災，賑濟饑民，按冊而稽，可免浮冒，立法可謂詳密。奉行日久，竟同虛文。散賑時奸吏蠹胥，浮開戶口，較歲報丁冊往往增多，以此冒領賑銀。真正的災民反得不到賑濟。朝廷雖深知此弊，卻也無可奈何。〔註90〕應該說，從順康至乾嘉，朝廷對荒政的重視程度、對災賑的制度化水平以及支出的規模，都是此前各朝所望塵莫及的。也取得一定的成效，但這是用高昂的財政成本換來的。如乾隆朝分省一次賑濟用銀逾百萬兩者達 23 個，總計約 4900 萬兩。〔註91〕這個數字已超過道、咸時期正常年景一年

〔註86〕皇朝經世文編，卷 42〔M〕，第 8b～9a 頁。

〔註87〕魏源集（上）〔M〕，中華書局，1976 年，第 367 頁。

〔註88〕歐陽昱，見聞瑣錄〔M〕，嶽麓書社，1986 年，第 167 頁。

〔註89〕陳夔龍，訊明漕書斂費分別擬辦折〔A〕，見：陳夔龍，庸庵尚書奏議，卷 7〔M〕。

〔註90〕清仁宗實錄，卷 85〔M〕。

〔註91〕清宣宗實錄，卷 29〔M〕。

的財政收入。若非吏治有失和治理結構存在痼疾，救荒成效會更顯著。所以，時人論災荒，「天時之不能搶護者十之二三，人事之緩於補救者十恒六七。」

然而，到了晚清，不唯財力窘迫，吏治人事也更為腐敗。不僅吏役變本加厲地「吃災」，朝廷命官「吃災」妄為之舉也比比皆是。不少地方「年年報災，年年蠲緩。報災之分數略同，蠲緩之銀數亦略同，其蠲緩錢糧，州縣率皆私徵入己，上下朋分」。〔註92〕因此，朝廷不僅獨自擔負不起荒政的高昂成本，也鮮能組織起有效的救荒行動。包世臣曾抨擊當時的河工「無一歸實」。〔註93〕光緒年間御使鄭思贊說當時的「賑務所活災黎不過十之二三」。〔註94〕晚清對此間出現的幾次大水患、旱荒的治理和賑濟無不延期，有的甚至不了了之，任河道改轍，死亡人數動輒成百上千萬，都是晚清荒政失效的例證。正是在這樣的情形下，荒政的主導權出現了易勢。這時，朝廷需要的救荒合作者不再是僕役式的、行政式的，而是自主式的、慈善式的。特別是隨著朝廷綜合治理能力的衰弱，官府與吏役合作治災嚴重失控、失效，求助於紳士的合作，作為一種繞開衙門書辦和鄉地的救災方式很快受到重視。1849 年發生特大水災期間，紳士在各地的救荒行動中扮演了舉足輕重的角色。自此，由朝廷主導救荒的格局逐步向紳士主導救災的格局轉型，朝廷的作用雖仍不可替代，但已退居倡導、獎諭、資助等角色。這可以說是 19 世紀紳士之所以能大顯身手的官僚制度和災害治理制度背景。

三、災疫與儒生階層的貧困化

災疫破壞生產力，消耗社會財富，自然會加劇社會的貧困化。不僅一般平民受災疫的蹂躪會更加赤貧，作為四民之首的士人，特別是下層儒生也難逃貧困的境遇。這裏的「儒生」指的是已獲取低級功名的生員和正在為獲取功名而專事儒業的讀書人，他們是紳士階層的社會基礎。

余英時說：「明清開始的社會變遷，在社會結構方面主要表現為士商互動、棄儒從賈，儒學出現轉向。其中的主要原因就是科舉名額沒有隨人口增長而同比例地增加。士人獲取功名的機會越來越小、越來越難。」〔註95〕雖

〔註92〕馮柳堂，中國歷代民食政策史〔M〕，商務印書館，1993 年，第 285 頁。

〔註93〕黃河水利委員會黃河志總編輯室歷代治黃文選上冊〔M〕，第 379 頁。

〔註94〕光緒二十四年六月初四鄭思贊折〔A〕，見：錄副檔〔M〕。

〔註95〕余英時，士與中國文化〔M〕，上海人民出版社，2003 年，第 528 頁。

然，棄儒從賈的轉向在當時還僅僅是處於濫觴階段，而且，所謂的士商互動在晚清以前由商而士者居多，只是到了洋務運動興起以後，由士而商者才成為主流。〔註96〕但這種趨勢已經表明，知識官僚體制所能給予士人地位的保障，到明清時已沒有多少提高的空間了。早在1743～1744年的旱災中，就出現了三分之一的生員需要得到賑濟的記錄。這還是朝廷限制性的安排，因為，有更多的生員希望列入貧生的行列。〔註97〕在晚清頻仍的災疫和戰事衝擊下，下層讀書人的經濟生活水準更是急劇下降，其中不少已陷於貧困的邊緣。

　　十九世紀中葉，由於戰亂和災疫交加，有大批的「小戶」不堪一擊，而被迫出賣土地。「小戶之脂膏已竭，苟有些恒產，悉售於大戶」。「小戶之田，或契賣，或寄糧，猶水之就下，急不可遏者。」〔註98〕根據張仲禮先生對當時紳士收入的研究，紳士的收入來自於土地的部分逐漸減少，而來自經商的部分逐漸增多。這也意味著傳統的耕讀生活越來越不平靜。雖然，要準確估計晚清到底有多少儒生因貧而棄儒是困難的。但從當時的記載和後人的研究資料中，還是可以看出這種情況較為普遍。如張研等人對十九世紀中期安徽家庭經濟的研究中提到，「十之八九的文人家庭均經歷寒素苦讀的階段」，「皖中商人23人中有21人幼習舉業，因家道中落、家貧親老的原因，棄儒經商」。〔註99〕儒生的家業規模較典型的是擁薄田十餘畝，或設館為塾，很少有其他經濟來源。正如《申報》一篇文章描繪讀書人謀生之艱難時說：「為商則無本，為農則無力，為文則無藝，刑名錢穀則乏佐治之才，刀筆官司則守懷刑之戒，宇宙雖寬，直無一處可以作寒士之生涯者」。〔註100〕然而，僅有的薄田往往難耐饑荒，為塾也只可糊口而已。如太學生左知來「一歲凶荒，除夕不名一錢，所儲不過斗粟」。汪士鐸為廩生後，「始能具飲饌」。蕭穆之父，因「薄田皆淹沒於洪濤巨浪中」，「遂棄舉子業」。包世臣之父做塾師，「無可寄贍家者」。饑荒時，全家僅以雜米和蕨根粉供食。〔註101〕這些都是當時一般儒生生活境遇的真實寫照。

〔註96〕馬敏認為，甲午戰後，「棄士經商」蔚成時尚。馬敏，官商之間：社會巨變中的近代紳商〔M〕，華中師範大學出版社，2003年，第81頁。

〔註97〕賑紀，卷2〔M〕，第60、61頁。

〔註98〕柯悟遲，漏網喁魚集〔M〕，中華書局，1959年，第4～6頁。

〔註99〕張研、毛立平，19世紀中期中國家庭的社會經濟透視〔M〕，中國人民大學出版社，2003年，第296頁。

〔註100〕申報，1883年，10（18）。

〔註101〕張研、毛立平，19世紀中期中國家庭的社會經濟透視〔M〕，中國人民大學出版社，2003年，第296～299頁。

如果只是農、工、商、賤民等一般社會階層的貧困化，對傳統政治生活的影響恐怕也只是一般意義上的。然而，儒生階層的貧困化對傳統政治秩序的延續來說就非同小可了。因為，儒生階層是傳統官僚政治的階級基礎。如上所述，晚清國家無論從財力、知識技術和行政結構上都要求紳士在賑濟中承擔更突出的責任。可是災疫對紳士，特別是下層紳士和一般讀書人的財產的打擊也是巨大的。這無疑會影響到他們承擔義務的能力。恰如沈垚指出：「睦姻任恤之風往往難見於士大夫，而轉見於商賈」。〔註102〕更嚴重的是災疫中有越來越多的讀書人家庭破產，和平民一樣過著流離寄居的生活。他們不僅不能在鄉間履行道德責任，有的連自身也難求溫飽。這不僅傷害了讀書人的自尊心，更降低了讀書事儒在人們心目中的地位，客觀上助長了「棄儒從賈」之勢，成為鬆動傳統政治意識形態基礎的大問題。可以說，由災疫及其它因素共同導致的儒生階層的貧困化最直接地衝擊了知識權力化的根基。它動搖著「學而優則仕」的民間心理信仰；破壞了曾經廣為盛行的「耕讀」生活方式；蠶食著紳士的社會基礎；消解了讀書人的社會威望。用費正清的話說：「它降低了這個最初以文人階層的特權為基礎的社會等級制的合法性和作用，並且危及由文人同朝廷的結盟所支撐的政治秩序」。〔註103〕因此，儒生的貧困化為紳士在晚清圍繞救災而進行的政治整合提出了另一個主題：優先救助儒生，以鞏固讀書人的地位。

第三節　寓教化於救濟：紳士在政治整合中夯實知識權力化的根基

綜上可知，晚清的災疫在給小農經濟基礎以極大的破壞的同時，對知識權力化社會的其他方面也構成了嚴峻的挑戰。其一，社會的災害觀與儒學道統發生衝突；其二，巨大的救荒壓力與官僚行政組織的效能形成張力；其三，災疫導致的儒生貧困化，軟化了知識權力化社會的階級基礎。紳士在因應這些衝擊的過程中，與晚清當局共同圍繞社會教化的主旨，通過救民助官之舉，一定程度地整合了民心、民力，提升了紳士階層的威望，鞏固了知識權力化的傳統政治秩序。

〔註102〕沈垚，〈費席山先生七十雙壽序〉，落帆樓文集，卷 24〔M〕，文物出版社，1987 年，第 12 頁。

〔註103〕〔美〕費正清、劉廣京，劍橋中國晚清史下卷〔M〕，中國社會科學出版社，1985 年，第 619 頁。

一、整合民心：災疫觀的政治化與儒學化

1、災疫觀的政治化與道德化

　　儒學意識形態是知識權力化社會的靈魂。然而，社會的災疫觀及其對災疫的反應卻與儒學道統形成諸多的牴牾，如鬼神崇拜、妖術化和遺棄人倫責任的行為等等。如何將民眾對災疫的心理和行為反應納入體制內的思想、知識和道德體系，是朝廷和紳士在荒政中尋求政治整合的首要任務。為此，他們採取了一系列措施將災疫觀政治化和道德化。

　　（1）敕封神靈。在民間信仰中，水、旱、蝗、疫諸災均有相應的神靈左右。如前所述，這些神靈不僅在形式上與儒學天道觀中所預設的神秘力量不盡相同，而且在對災疫的解釋力和對民眾的吸引力上也不亞於正統學說。這樣就難免出現民眾在災疫面前對正統學說的信仰危機。為化解類似的衝突，朝廷和地方官紳採取了認可民間神靈的策略，同時，通過朝廷敕封的辦法，在正統的信仰序列中安排他們相應的位置，從而實現用儒學意識形態整合災疫觀的目的。以朝廷對民間水神崇拜的政治化為例：正統思想認為，水旱之患，乃「上天示警」。《尚書》中早就有「天毒降災荒」的說法，〔註104〕天庭掌控著雨水的淫缺。「天人感應」之說仍然是晚清正統的災荒觀，所謂「天變之興，皆由人事之應，未有政事不關於下而災眚屢見於上者」。〔註105〕而非正統的災疫觀把河伯、龍，甚至蛇、蠍、虎和蟾蜍等奉為水神。〔註106〕這些「神靈」在「天人感應」的儒學災疫思想中沒有相應的位置，也與「天庭」施雨沒有聯繫。將他們納入正統的意識形態，並使之從屬於「天庭」肇始於明清。明朝以前，龍王還只是其種類自身的王，不帶政治色彩。明成祖以後，統治者對龍大加恩寵，公開封龍為王。到清雍正二年，地方官紳合力奏請，正式冊封四海龍王：東海顯仁龍王、南海昭明龍王、北海崇慶龍王、西海正恒龍王。〔註107〕晚清水旱災害頻繁，民間神靈崇拜風氣更盛，朝廷也更重視對各種神靈的冊封，甚至出現冊封過濫之嫌。在永定河道周馥卸任後所著《河防雜著》中有一篇「水府諸神禮典記」，裏面列出了 80 多位水神，諸如金龍四

〔註104〕尚書·微子。
〔註105〕朱壽朋，光緒朝東華錄（二）〔M〕，中華書局，1984 年，第 1401 頁。
〔註106〕薛福成，庸盦筆記〔M〕，江蘇人民出版社，1983 年，第 105 頁。
〔註107〕施宣圓等，中國文化辭典〔M〕，上海社會科學院出版社，1988 年，第 1070 頁。

大王、黨將軍、黃大王、朱大王、粟大王等等。由於請封太多，朝廷大有應接不暇之感。1889年（光緒十五年）發佈一道上諭，上面說：「神靈禦災捍患有功德於民，理應崇報。」但各省奏請甚多，未免煩瀆，要求以後「分季彙題請旨，毋庸專折具奏」。〔註108〕通過冊封這樣的政治安排，民間「水神施雨」便與儒學「天庭施雨」連接起來了，那就是天庭降旨龍王等諸位水神施雨。恰如《西遊記》中描繪的，何時風起？何時雨興？雨注幾點？雨落何方？幾時收雨？龍王均不得違抗天庭的旨意。水神只不過是天意的承傳者而已。如此這般，儒學正統的災疫觀也就整合了民間雜亂的水神崇拜，有利於控制災荒之年的妖術盛行。

（2）官紳對民間神靈崇拜的主導。在災疫觀的政治化方面，除了冊封民間所尊崇的神靈外，就是對神靈崇拜的官方化，將民間祈神降雨、驅病等活動控制在官紳的主導之下。清代祭祀分大祀、中祀和群祀三等。其中群祀，由皇帝指定官員代祭，主祭先醫、北極祐聖真君、東嶽、都城隍、火神（黑龍潭）、龍神（昆明湖、白龍潭等）、惠濟祠、河神廟、炮神、后土、司工、窯神、倉神、門神、賢良祠、昭忠祠、雙忠祠、旌勇祠、獎忠祠、褒忠祠等。可見對民間信奉的主宰災害（水、火、病）之神的祭祀大都包括在官祭之中。有關官紳主持地方祈神活動的記載，在當時的志書中比比皆是，其形式也大致雷同。例如山西《榆社縣志》記載，久旱不雨，官府則「設壇於城隍廟。先期，具公服諸廟，行二跪六叩禮畢，復跪拈鬮，請某處龍神取水。傳示鄉人灑掃街道，禁止屠活命，各鋪戶、家戶門首供設龍神牌位、香案。命在城五約各報鄉者十名，至日隨同禮房、僧眾，架鼓吹手，出城取水，迎龍神。知縣率僚屬素服步行出城外，迎接入城，供奉雨壇，行二跪六叩道禮。每日辰、申二時，行香兩次，鄉老、僧眾輪流跪香，誦經，典史監壇，禮房照料香燭。」〔註109〕前文講述過的潮汕地區「打龍潭」祈雨活動則是由鄉紳統率的。官紳不僅主導民間的祈神活動，有不少祈神形式還是由官紳開創的。如清朝潮汕民俗中，認為火災是得罪火神爺所致，惠來縣前後三任縣官倡導一種「打火醮」的形式來供奉火神，以減少火災。〔註110〕祈神的官方化體現了

〔註108〕周馥秋浦周尚書全集〔M〕，「河防雜著四種」，轉引自康沛竹·災荒與晚清政治〔M〕，北京大學出版社，2002年，第142頁。

〔註109〕榆社縣志〔M〕，光緒七年刻本。

〔註110〕方烈文，潮汕民俗大觀〔M〕，汕頭大學出版社，1996年，第177～178頁。

官紳在沒有解釋災疫的知識優勢的背景下，對各種災疫觀採取的包容式整合策略，它不僅令民間的信仰在正統的序列裏得到認可，滿足了民眾祈神消災的心理預期，從而避免了災疫解釋權的對抗，而且有利於民間祈神活動的有序化，盡可能地規避了類似活動的反體制風險。

　　（3）災疫觀與避災行為的道德化。儒學道統不僅是傳統社會意識形態的核心，也是傳統政治行為和社會行為的規範。因此，能否成功地將人們對災疫的認識及其應對災疫的行為納入道德禮教的框架內，是災荒中實現政治整合的基本前提。為此，開明的官紳努力將災疫的發生解釋為人間道德的缺失，提出朝廷行仁政、民眾修德性是規避災疫的基本方法。比如，劉光第在《甲午條陳》中指出：「國家十年來，吏治不修，軍政大壞。樞府而下，嗜利成風，喪廉恥者超昇，守公方者屏退，諂諛日進，欺蔽日深。國用太奢，民生方蹙。……牽涉天災。」〔註111〕當時一位御史也向光緒直言：「比年以來，吏治廢弛，各直省如出一轍……災異之見，未必不由於此。」〔註112〕張之洞在《星變修省勿過憂慮片》中更進一步指出：「星辰變異，正由上天仁愛人君，目事垂象，俾得早為之備」，如「不加儆惕豫防，則為禍，若因此而增修政事，益臻治安則轉可為福」。〔註113〕至於疾疫與道德的關係，在當時的醫書和文人的雜記中也多有提及，有的還成為廣泛流傳的故事。其中，既有人因好德而免疫，也有人因缺德而被疫。如：「道光十四年春，挑白茆河，起大工，動大眾，至四月十五日工竣後，疾疫忽興，在工一切人等，苟經手餘錢者，無不致病，死者不少，即或當時不病，災禍亦必隨至。可知此工所集錢文，皆眾戶努力捐輸，以救哀黎，從中染指，必致天罰也。」〔註114〕而一些相反的故事則告知人們多行善事可免罹難：「太湖居人皆事屠罟，獨沈文寶舉家好善，且買物放生。遇瘟疫時行，有人見眾瘟鬼執旗一束，相語曰：除沈家放生行善外，餘俱插旗。未幾，一村盡瘟死，獨沈闔家獲免」。又如「昔，城中大疫，有白髮老人，教一富室合藥施城中，病者皆愈，而富室舉家卒免於疫。後有人見二疫鬼過富室之門而相謂曰：此人陰德無量，吉神擁護，我輩何敢入哉。」〔註115〕另外，一些地方名士對有人為避瘟疫而不事人倫責任之舉提出了嚴厲的指責。如，象山的潘健山將人們在逃疫中

〔註111〕劉光第集〔M〕，中華書局，1986 年，第 2 頁。
〔註112〕朱壽朋，光緒朝東華錄（二）〔M〕，中華書局，1984 年，第 1445 頁。
〔註113〕張文襄公全集，卷 3〔M〕，中國書店，1990 年，第 31 頁。
〔註114〕鄭光祖，一斑錄，雜述三〔M〕，中國書店，1990 年，第 9b 頁。
〔註115〕劉奎，松峰說疫，卷一〔M〕，人民衛生出版社，1987 年，第 37、35 頁。

出現的「父子相仳離，兄弟妻子弗顧」的行爲斥之爲「殘忍刻薄之行，雖禽獸不忍而爲，而謂人其忍乎哉！」〔註116〕施仁政、敦操守是儒學道統爲官民雙方設定的最基本規範。將災疫問題道德化，既有利於強化民眾尊崇禮教的意識，也可在一定意義上約束統治者的暴行，雖然，從本體上講未必科學，卻是一種集儒道教化和消除人們對災疫恐慌心理的可行辦法。經過歷代士人「至於道」的努力，「君王仁德，天下太平，庶民仁義，禍不及身」的正統災疫觀得以傳承。據張仲禮先生的研究，晚清紳士通過各種方式積極參與維護儒學道統的現象比較普遍，其比例在紳士所參與的各種社會活動中居第三位。〔註117〕其中就包括晚清紳士利用救荒的善舉將災疫現象道德化的努力。

2、優先救助儒生：教化重於濟困

如果說，災疫觀的政治化與道德化多少還是動用了政治資源來達到教化目的的話，那麼，優先救助儒生可以說是一種純粹的寓教化於救濟的手段。它通過調整救助對象和標準來突出儒學價值取向，對強化民眾尊崇儒學的教化作用更加直接。

前文已作交代，儒生貧困化的現象在晚清已成爲鬆動傳統政治秩序之根基的大問題。儒生貧困化對知識權力化社會的破壞性影響是基於如下邏輯展開的：儒生貧困化──儒生承擔地方責任的能力下降──儒生地位賤化──知識權力社會的階級基礎鬆動。但這樣的邏輯在明清以前是不起作用的，因爲，貧與賤在那時的社會環境下是兩個不同的問題，那時的儒生可能也不富有，然而其社會地位是崇高的。儒生的社會地位是由其讀書人的身份和道德聲威而確定的，儒生承擔的地方社會責任也主要是道義、組織上的，而非經濟意義上的。它完全是知識和道德權力化的反映，與其經濟能力沒有直接聯繫。正統的儒學教化一直是將貧與賤分開的，貧不僅不意味著道德地位的喪失，而且在一定意義上還是道德清高的形式。如孔子就十分讚賞「貧者，士之常」〔註118〕這句話，並常用它勉勵弟子。荀子也強調「君子貧窮而志廣，隆仁也」。〔註119〕將貧與賤區分開來，不僅爲知識的權力化掃清了道德障礙，

〔註116〕民國象山縣志，卷三一〔M〕，藝文，第 10 冊，第 3204 頁。

〔註117〕張仲禮，中國紳士──關於其在十九世紀中國社會中作用的研究〔M〕，上海社會科學出版社，1991 年，第 241 頁。

〔註118〕孔子家語‧六本。

〔註119〕荀子‧修身篇。

而且給廣大儒生安心事儒創造了寬鬆的社會環境，使知識權力化有廣泛深厚的階級基礎。可是，明清以後，經濟的、功利的因素與權力聯姻的大門漸漸開啓，特別到了晚清，不僅貧與賤有了重合的趨勢，而且，「金錢開始代替功名成爲衡量社會成就和社會地位的標誌。人們逐漸用經濟成就的大小而不是文章道德的高低來評判一個人的社會價值」。〔註120〕這就決定了晚清紳士在救荒中最緊迫的任務是重塑以道德來評價社會地位的價值體系，也就是「救濟搭臺，教化唱戲」。晚清紳士在救荒中優先救助儒生是一種既挽救知識權力化的意識形態，又挽救其社會基礎的多贏選擇。晚清紳士繼承和發展了多種多樣的慈善組織來踐行其寓教化於救濟的整合策略，如：賑局、社倉、義倉、育嬰堂、清節堂（恤嫠會）、普濟堂、善會善堂、施棺所、施藥局和棲流所等。下面僅以清節堂（恤嫠會）爲例，對這類慈善組織的教化功能略作分析。

　　清節堂（恤嫠會）是一種由地方紳衿或官員以民間身份捐助設立的救濟青年寡婦，尤其是儒生寡婦，以勉勵其嚴守貞節的慈善組織（有的直接取名爲儒嫠會）。它最早於 18 世紀後期出現在江南地區，比其他慈善組織建立的時間晚得多。清節堂的遲生性有其特殊的社會背景，那就是：嚴守傳統道德的社會環境已開始惡化，特別是由於作爲儒道主要傳承者的儒生不斷貧困化，使這些弱勢群體無力承擔維持傳統道德的高昂成本。根據梁其姿的研究，這類組織集中活躍在 1850～1911 年這個時期，〔註121〕既說明了晚清社會維護傳統道德的嚴峻壓力，又說明了晚清紳士捍衛儒道的熱心。

　　清節堂設立伊始就確立了明確的救濟原則，並對受助對象的資格作了嚴格的規定。這些規定無不折射出紳士主持此類慈善活動是以道德訴求爲首要動機的。如最早成立的蘇州長洲縣恤嫠會和丹徒恤嫠會的規條就清楚地將受濟者的優先秩序分爲四等：最優先的是未婚夫已歿而誓死不嫁的所謂「貞女」，其次是 30 歲以前喪夫的寡婦，再其次是 30 以上 40 以下喪夫的寡婦，最後是 40 以後喪夫的寡婦。這四等有資格受濟的婦女在受濟金額上也有差異，依次分別爲每月可得 1 兩、350 錢 280 錢和 200 錢的救濟金；同時只有貞女的養子，及 40 歲以前喪夫的寡婦的兒子才可以得到善會的資助入地方的義學讀書。這一規條成

〔註120〕馬敏，官商之間：社會巨變中的近代紳商〔M〕，華中師範大學出版社，2003
　　　　年，第85頁。

〔註121〕據梁其姿統計，恤嫠會在1850年前全國約有56所，1850～1911年間共有160
　　　　所。梁其姿，施善與教化：明清的慈善組織〔M〕，河北教育出版社，2001
　　　　年，第204頁。

爲後來其他善會的規範，而且，越是晚清的善堂，執行這類具有明顯教化特色的規範就越嚴格。一些恤嫠會還明文規定只收清白的之家的寡婦。〔註122〕這就是說，貧窮的寡婦未必有足夠的資格受濟，紳士眞正要救濟的人不是純經濟意義上的窮人，而是「道德上的貴人」和經濟上的窮人。

在有資格受濟的寡婦中，儒生之孤寡尤受優遇。丹徒恤嫠會開宗明義宣稱以救濟「清門士族」的寡婦爲主旨，其他「寒微之家」的寡婦只能列入「副冊」，且限額一百。〔註123〕據梁其姿的統計，明確以救助儒寡爲主的恤嫠會有47所之多，而單純以救濟貧窮寡婦的善會僅3所。〔註124〕優先救助儒寡，一方面因爲儒生是道統的承傳者，儒生死後，其家屬仍有維護傳統道德的社會責任，甚至還有維持與其道德身份相稱的生活方式的社會壓力，另一方面儒生之後往往又缺乏維持這些道德規範所需要的物質條件。如果，士紳不出援手，貧苦的儒生之家爲生活所迫棄舊道德約束於不顧的趨勢就難以控制，這對儒學道統的傳承和紳士階層自身的鞏固來說都是硬傷。對此，恤嫠會組織的開創者之一彭啓豐在闡明優先救助儒寡的原由時講得很清楚：「抑以寡婦言之，其最無可告者，尤莫先於士族。彼單門寒戶，不爲眾所指目，即情見勢屈，傭力他家，猶可自給。至如士族孀妻弱子，孤苦伶仃，力即不足於己，勢難轉乞於人，則有四顧無依，擅粥莫繼……亦有辛勤操作，黽勉營生，日用所需，廑而自給，顧此藐孤，冀其有造，而束俺之間誰將？詩禮之傳如發，馴至淪胥，以鋪流爲下賤，又重可傷矣」。〔註125〕

清節堂除了爲儒寡、節婦謹守傳統道德規範提供物資鼓勵，並爲其子女設立義學外，還極力爲她們爭取朝廷的旌表，給予精神上的勉慰。如蘇州清節堂到1903年止，共爲150名住堂寡婦爭取到貞節牌坊。各地恤嫠會救濟過的青年寡婦及孤兒有數十萬之眾，〔註126〕使數萬個儒生家庭得以維持其身份所要求的行爲方式，並通過他們薰陶更多的貧民家庭尊崇儒道。當然，無論是經濟上，還是名義上的支持，清節堂所能提供的幫助，相對全國的貧困儒

〔註122〕梁其姿，施善與教化：明清的慈善組織〔M〕，河北教育出版社，2001年，第208頁。

〔註123〕余治，得一錄，卷三〔M〕，光緒十三年四川臬署重刊本，第2b頁。

〔註124〕梁其姿，施善與教化：明清的慈善組織〔M〕，河北教育出版社，2001年，第231、209頁。

〔註125〕彭啓豐，恤嫠會緣起敘〔M〕，芝庭先生集，惠州官署覆刊本。

〔註126〕梁其姿，施善與教化：明清的慈善組織〔M〕，河北教育出版社，2001年，第226、236頁。

生家庭來說，還遠遠不夠。清節堂的努力只是營造一種維持傳統道德的氛圍，為那些必須守道而又無力守道的階層提供救助，也為那些希望得到救濟的人作出了信仰和行為上的指引，即崇道服化。

　　紳士救助儒生的另一個目標就是防止儒生在災疫的衝擊下大面積地輟學棄儒，荒廢舉業，以避免紳士後備隊伍的過快萎縮。所以，上層紳士在救荒時對家鄉儒生的就學環境予以了較大的關注。他們大都組織起來捐建學宮、資助考生應考。如陝西一位著名的舉人在主持兩個縣的賑政的同時，還建立一個組織，專門資助各縣考生赴京會考。〔註127〕在廣東豐順縣，局紳置產以生息銀獎勵生童，對學業優異者又額外獎勵，「正課每月每名均給錢八百文，副課每月每名均給錢五百文……每課第一名賞錢一千文，第二名八百文，第三名六百文，第四名四百文，第五名二百文」。〔註128〕

二、官紳民整合：紳士救民助官的善舉

　　但是，話又要說回來，紳士在救荒中行「寓教化於救濟」的整合策略，並不意味著紳士在經濟意義上的救濟行為是空乏的。事實上，隨著晚清政府在財力、管理能力、民眾聲威等方面的衰弱，國家對荒政、慈善事業的介入力度也大為遜色，社會救濟的主導權加速向地方和民間位移。紳士在荒政、慈善事業方面的努力恰好彌補了國家的不足，成為將社會聚集在傳統政治秩序之下的中堅力量。

1、官紳整合：紳士在濟困中為政府分憂

　　（1）晚清政府和紳士在介入荒政、救疫及慈善事業的動機方面存在互補性，政府對各類救濟事業的態度本身就為官紳合作，發揮紳士的作用預留了空間。清政府對於荒政向來是高度重視的，並有嚴格的制度安排，因為災荒往往是引發民變的導火線，而救荒是鞏固政治合法性最為立竿見影的舉措之一。不過晚清政府困於能力萎縮的因素開始轉而督迫社會力量承擔更大的救荒責任。這從1849年的大水災時，江忠源督促地方紳富出力賑濟的例子中，可以清楚地看到官府對紳富參與救濟的熱切期待。而政府對防治疾疫則自始至終都未投入

〔註127〕柏景偉，灃西草堂集，卷6〔M〕，第21頁。轉引自張仲禮，中國紳士——關於其在十九世紀中國社會中作用的研究〔M〕，上海社會科學出版社，1991年，第54～55頁。
〔註128〕豐順縣志〔M〕，光緒十年補刊本，成文出版社印行，卷二，第272頁。

如救荒那麼多的關注，「基本上缺乏相關的制度建設」。因為「瘟疫發生後，人們或忙於祈神驅疫，或延醫診治，或舉辦喪事。而且，為了避免纏染，人們還往往會盡可能減少外出」，瘟疫在一定意義上是限制發生社會運動的因素，歷史上難覓因疫而起的暴動。〔註129〕清初的慈善事業是地方社會與中央對立的象徵，對地方慈善事業的發展，清政府既未正式承認，更未積極參與。到了雍正年間才開始鼓勵各類善堂的設立，但僅以「婦人之仁」看待。〔註130〕清中後期起，政府積極鼓勵和參與慈善事業，不過也未將它攬為官方責任，制定相應的福利政策，而多是從監督其運作的公正性和名義上給予支持。總體上講，晚清政府對荒政、救疫及慈善事業的介入程度是根據他們對政權的影響程度區別對待的，表現出明顯的「重救荒、輕救疫、促慈善」的趨向。而紳士介入這些領域除了一些個人的特殊欲望（如樹立其在地方上的名望）外，主要是從道義上、人文關懷和鄉里情結等方面作出的反應，因此，他們對荒政、救疫及慈善事業顯示出同等的責任和熱心。在政府提供不了的救助或認為不屬於政府救助責任範圍的領域，紳士往往從不同的角度滿足了社會的要求。特別是由於官紳介入荒政、救疫及慈善事業的不同動機，他們取得的實質成效也有很大的差別。官府的作為往往與某任官員的仁愛清廉品質攸關，其持續性經常受到考驗。而荒政、慈善事業恰恰是需要持續性、經常性的事業。紳士介入荒政、救疫及慈善事業依賴的是群體的力量，又是造福於桑梓的千秋之事，他們作出的努力是持續、經常的，從而避免在該領域所取得的進展不致因官員的輪換而廢棄。

（2）晚清紳士為官府分擔濟困責任的主要方式大致有官紳合辦、官倡紳辦、紳辦官助和紳士獨辦救濟等。

官紳合辦的救濟活動一般發生在傳統的官方責任領域，如水、旱、蟲、震、風等自然災害引發的賑濟，後來由於官方力量有限，不足以應對危機，紳士逐漸加大介入的力度，使官、紳在該領域的作用呈現「官消紳漲」的態勢。特別在戰事吃緊之時，清政府幾乎拿不出錢來治災和賑濟，但為了維持政府從荒政中攫取穩定的合法性資源，官府在意識形態上依然保持了對救荒的高度關注，於是官倡紳辦便成為當時荒政展開的主要方式。總體上可以認為，就荒政而言，大災荒多採取官紳合辦的方式治理，小災荒的賑濟多通過

〔註129〕余新忠，清代江南的瘟疫與社會〔M〕，中國人民大學出版社，2003年，第337頁。

〔註130〕馮爾康，雍正傳〔M〕，北京人民出版社，1992年，第374頁。

官倡紳辦的方式進行；戰亂之際的荒政多由官倡紳辦的方式辦理，和平年代的賑濟則多體現官紳合辦的特色。下面我們回過頭來詳談 1849 年江忠源推行的「官倡紳辦」式救荒的例子。據《清碑類鈔》記載，1849 年，浙江秀水縣發生大水災，又有亂民滋事，地方政府不願也無力獨立對付災荒和賑濟，江忠源新任縣令，採取一種神秘又合乎儒道的方式，督促紳富勇於捐賑，取得了很大的成功。書中說：「道光己酉，江忠烈公忠源令秀水。維時米價騰貴，饑民搶掠。江甫履任，即有控搶二十餘案，弋犯不下百餘名。訪有某甲者，平日最為地方害，以站籠暴烈日中，斃之。餘悉置之囹圄，不問。旋至賑局，邀眾紳，謁城隍廟。袖中出示神文，問諸君肯自署名否，眾唯唯。因爇香，鳴鐘鼓，同跪神前，朗聲誦誓文一遍。製兩匾書捐數，即齎花紅鼓吹，以樂善好施四字褒之。否則大書為富不仁某某額於門首，責令地保巡視，毋使藏匿，惟不許敲詐虐待，違則反坐。一時歡聲雷動。於多捐者，給予禁搶告示一紙。犯者，照某甲一律處死。數日之間，捐銀十餘萬兩。」〔註131〕

官府在災賑中最希望從紳士那裏得到的協助自然是捐銀，紳士在大多數情況下，都能給官府以滿意的支持。《清實錄》中就記載過廣東潮州紳民為助「丁戊奇荒」，參與捐銀人次多得連官府準備的部照〔註132〕都不夠用的情形。「丁日昌督飭道員張銑等勸捐賑銀，紳民人等，急公好義，踴躍樂輸。潮州一府，已捐者業有二十餘萬之多。……所有潮州及香港處捐生，業由丁日昌查照新章，先行給予實收，以示招來。其勸捐出力紳董，及各埠管事頭目，並准予事竣後，由丁日昌知照李鴻章，核明請旨獎敘。前發部照不敷，著李鴻章於天津局所存部照內隨時撥給，以資便捷。」〔註133〕

紳士在賑濟中除了提供主要的財力支持外，更承擔了大部分具體細緻的荒政實務。包括提供災荒信息、協助勘災、審戶、發放賑災錢糧以及監督舉報官吏在災賑中的不良行為等等。如光緒三十二年八月間，廣東香港一帶，及潮高雷廉欽等府州屬，發生數十年所未有的風災。朝廷加恩著賞給帑銀十萬兩，由廣東藩庫給發。該督即遴派委員，會同各該地方員紳，核實散放，加意賑撫。〔註134〕粵屬鄉紳在此次風災中不僅踴躍捐賑，而且組織了主要的

〔註131〕徐珂編清稗類鈔，第 26 冊〔M〕，中華書局，1986 年，第 46 頁。

〔註132〕戶部頒發的捐資證明文書。

〔註133〕光緒四年四月初六丁日昌奏摺〔A〕，見：清德宗實錄，卷 71〔M〕。

〔註134〕光緒三十二年九月二十一日岑春煊奏摺〔A〕，見：清德宗實錄，卷 564〔M〕。

賑務。晚清官府在荒政中對紳士的依賴可以說是到了賑不離紳的程度，紳士提供的這些合作有利於維持晚清荒政最基本的效率。就拿救荒中控制流民的效果來說，鄉紳在各自的鄉里分散開設的粥廠就是就地穩定饑民的最佳辦法。因爲，即使官府有能力提供賑濟，由於煩瑣的程序，災民往往等不到賑濟錢糧發放到他們手中就已經饑民化了，救饑甚於救急。如果只依賴官府在縣城和郊區設立的粥廠的話，散佈在鄉村的災民是不可能爲一碗稀粥而奔走30里或者更遠的路，施粥的效果難以達到。如果鄉紳不在各自的鄉里分設粥廠，災民就只得選擇聚集在府、州、縣城，這樣極易滋事，顯然不是官府希望見到的景象。所以，開設粥廠，分流饑民之事，「必須依靠鄉紳，不管所發放的錢糧來自何方」。〔註135〕

在賑濟方面，除了官紳合辦、官倡紳辦的形式外，晚清紳士獨立舉辦賑務的趨勢也越來越明顯。如陝西一候選同知，富而好施，「光緒三年大饑，出鉅款助賑。所居八女井，村人數百家，嗷嗷待哺，又與堂侄安吉出粟自賑，不煩公家接濟。」〔註136〕

紳辦官助的形式突出表現在純粹的慈善事業領域。清代的慈善事業是在官府沒有加以關注的背景下，完全由紳士和地方官以私人的名義開辦起來的。不過，朝廷認識到這是個對政權的正當性有幫助的領域，所以，清中後期起，官方以公正的監督人身份介入其中，有時也列資提攜，多數情況是每年給予每個善堂數百上千兩不等的小額補助，但主要任務是防止一些善堂私挪紳士捐款，以保證其公正廉明地運轉。因爲，18世紀的地方官府仍有一定的公信力，紳士興辦的善堂可以在官府的幫助下解決民間機構無法解決的問題。比如，加大勸捐力度、解決善堂用地用房方面的難題、化解善堂財務糾紛，防止地痞流氓到善堂（特別是恤嫠會）滋事等。但到了晚清，官府對慈善事業的實際資助極爲有限，所能提供的多是精神鼓勵和秩序上的幫助。在小農社會裏，民眾生產和生活的保險係數低，慈善事業無疑有著廣大的社會需求。將這樣的領域拒於政府責任之外，顯然說不過去。朝廷對此並非不清楚，官府是另有意圖。正如梁其姿指出：「就這類地方善政而言，清中央的如意算盤是這樣的：對地方精英已舉辦了數十年的善堂，中央政府並不需接管，只要作象徵性的肯定與呼吁，地

〔註135〕魏丕信，18世紀中國的官僚制度與荒政〔M〕，江蘇人民出版社，2003年，第114頁。
〔註136〕陝西通志稿，卷88〔M〕，第12頁。

方勢力自會響應，進一步推動善政，而沾光的仍主要爲中央政府。」〔註137〕可見，紳士在慈善事業方面是實心、實力地替政府分憂了。特別是在晚清，紳士獨辦的民間慈善事業占全部慈善事業份額的 70% 以上（表2−3）。

表 2−3：1850 年後官民設立各類慈善事業的份額對比表

		育嬰堂	普濟堂	棲留所	清節堂	施棺局	綜合善堂
官立	數量	109	4	45	53	28	21
	比例	27.7%	10.8%	48.9%	33.1%	12%	9.5%
民辦	數量	285	33	47	107	206	201
	比例	72.3%	89.2%	51.1%	66.9%	88%	90.5%

資料說明：根據梁其姿「明清慈善活動研究計劃報告的有關數據整理」。梁其姿：《施善與教化：明清的慈善組織》，河北教育出版社，2001 年，第 329～330 頁。

　　紳士獨立開展的救災濟困形式除了在善堂類慈善事業中大量存在外，更集中地體現在防治疾疫的領域。基於上面提到的原因，請代國家對疾疫救療的制度性安排基本闕如。一些地方官介入救疫領域，多出於儒道信念，純屬個人行爲。大量的疾疫防治行動是由地方鄉紳主持的，一個地方對疾疫防治的成效主要取決於鄉紳的努力，而官府的行動倒無關大體。紳士獨立經辦的救疫事業主要包括建立施藥局、探索或引入救療技術、宣傳正確的避疫方法等。特別是日常的施藥救療、和鄉間避疫的組織，多爲鄉紳善人包攬。如同治十三年（1874 年），青鎮沈寶樾「於本鎮創設施醫局，就醫者三千六百餘人；乙亥（1875 年）於家中創施外科醫藥，就醫者達一萬七千餘人」。〔註138〕這在當時來說，算得上是大規模地救治病人，也爲防止時疫的流行起到了重要作用。光緒時，奉化多疫，「邑內育嬰、捨材頗有善舉，而獨至施藥一項偏有缺如之憾」，於是，「生員徐惠贊、貢生蕭湘等集友百十餘人，歲捐每人錢三百六十文，建以爲施藥之地」，「製備時症丸散、損傷膏丹各藥施之」。〔註139〕「牛痘的最初引入和推廣，基本是邱熺、鄭崇謙等民間人士的功勞」。〔註140〕即便是在一些地方官介入的

〔註137〕梁其姿，施善與教化：明清的慈善組織〔M〕，河北教育出版社，2001 年，第 133 頁。

〔註138〕光緒桐鄉縣志〔M〕，卷一五，人物・藝術，第 579 頁。

〔註139〕光緒奉化縣志〔M〕，卷三，建置下，第 200 頁。

〔註140〕余新忠，清代江南的瘟疫與社會〔M〕，中國人民大學出版社，2003 年，第

救疫領域，紳士的作爲也往往是使之落實的基本力量。如一些地方流行的停棺惡俗，既有悖儒家教義，又易傳播疾疫，官府屢有禁令，但實際的說服教化、施棺掩埋工作都是由善堂辦理的。到清末新政時，政府雖然在地方社會壓力和西方政府管理理念的潛移默化作用下，開始將衛生醫療事業納入政府職責體系，如 1905 年設立的巡警部（後爲民政部）中專設衛生司，「掌核辦理防疫衛生、檢查醫藥、設置病院各事」，〔註 141〕但此時的清政府已沒有多少活動能力，主要的救疫設施和舉措仍多又各地社會力量自理。如，光緒三十年建立的中國防疫醫院，係由上海商務會總理嚴信厚聯合滬上紳商捐資創建。〔註 142〕光緒三十一年，常州城區街道清潔業由常州商會創辦。〔註 143〕

不過，無論是在荒政、救疫，還是慈善事業，也不管他們是採取官紳合辦、官倡紳辦、紳辦官助，還是紳士獨辦的方式展開，官紳之間都不存在對立性，而只是合作的深度不同。因爲在這些領域，官紳的利益是相同的。官府對荒政、救疫和慈善事業作出的不同反應，除了能力有限之外，也透露出朝廷對社會管理責任的區分意圖和如何動員社會力量的思考。特別是晚清地方社會力量坐大的背景下，督促和鼓勵地方力量更多地承擔救疫和慈善事業的責任，不失爲一種平衡國家與社會關係、中央與地方關係的現實策略。而紳士在荒政、救疫及慈善事業方面的努力從未刻意挑戰官府權威的念頭，主要是爲儒家道義、鄉誼及自身利益之維護所驅動。〔註 144〕

2、紳民整合：紳士造福桑梓

紳士雖然說是「亦官亦民」的階層，但其本質上是屬於「鄉里社會」的。〔註 145〕他們在荒政、救疫及慈善事業方面爲官府分憂，其實也是造福於民之舉。只不過討論的角度不同而已。當官方的作爲越來越體現不出多少「皇恩」之時，紳士通過呈請地方蠲免、抗拒吏疫勒索、興辦慈善事業、完善地方公益設施等舉措成爲推及「皇恩」的有力中繼。從而使朝廷整合紳士，紳士整

241 頁。

〔註 141〕劉錦藻，職官五〔A〕，見：劉錦藻.清朝續文獻通考，卷一一九〔M〕，浙江古籍出版社，1988 年，第 8791 頁。

〔註 142〕民國寶山縣志〔M〕，卷一〇，衛生，第 2 冊，第 611 頁。

〔註 143〕常州衛生志〔M〕，常州衛生局，1989 年，第 283 頁。

〔註 144〕這與太平軍興時期，紳士在辦團練過程中時隱時現的挑戰政府的情況不同，也有別於清末地方紳士依據各種善會作爲地方自治的基地的想法。

〔註 145〕趙秀玲，中國鄉里制度〔M〕，社會科學文獻出版社，2002 年，第 239 頁。

合民眾的鏈條得以連接起來，形成官紳民整合的格局。紳士在救荒中對民眾的整合除了體現在社會教化方面外，爲地方社會及鄉民辦實事、辦好事是更爲直接的方面。

（1）呈請地方蠲免。在地方被災時，紳士往往是最早向官府報告災情、最積極收集災疫信息的人群。他們通常也是組織起最初救濟的人。當他們認爲需要朝廷減免錢糧才能緩解民眾應對災疫的壓力時，會毫不猶豫地向當地的父母官提出，同時也可能通過在中央的關係網直接向朝廷呈請。因爲，這一方面是紳士表現爲民請命情懷的絕佳機會，另一方面確實也能給鄉里帶來實惠。一般情況下，只要所呈災情屬實，符合朝制規定的蠲免範圍，獲蠲免的機會較高。特別是晚清政府越來越無力另外列資賑濟，以蠲免代替賑濟作爲官府應對小範圍災疫的做法較爲普遍。有學者根據《清實錄》有關蠲免的上諭統計，發現晚清每年因災獲蠲的州縣占全國州縣總數的比例高達八分之一至六分之一。〔註 146〕這正是晚清災賑方式轉向和地方紳士極力督請的結果。紳士常常作爲本地的代言人，去說服政府接受他們關於蠲免賑濟的看法。如蘇州紳士馮桂芬係卸任官員，仰仗其他上層紳士的支持，他通過文章著書，通過與巡撫的交往，成功地爲本省一大片區域贏得減免賦稅的權利。〔註 147〕又如咸豐年間，江南六省的減賦運動就是在湘潭舉人周煥南的建議下，率先在湖南展開的。此次減賦不僅「將錢糧宿弊，大加釐剔」，使朝廷賦稅數年積欠得以清完，湖南民眾也得到減賦總額約 50 萬兩的實惠，民眾因而「踴躍輸將」，〔註 148〕成爲官紳民在共贏基礎上達到整合的範例。

（2）抗拒吏役勒索。如前所述，吏役之害是傳統社會的一大「人禍」。晚清洋務名臣丁日昌曾痛斥吏役惟利是圖連慈善業也不放過。「每見孤貧、育嬰恤嫠諸善舉……由書差經管者，則帳房分十之二三，雜務門上分十之二三，書差又復侵漁十之三四，窮民所佔實惠，不過一二而已」。〔註 149〕面對吏役的欺壓，分散的民眾多忍氣吞聲，唯「士爲四民之首，鄉民之望」，能夠引導和組織民眾抗拒吏役盤剝、官府不合理攤派。鄉紳敢於組織抗拒吏役勒索，上倚其特權身份，下倚其對鄉民的網絡。雖然類似的舉動不排除爲自己謀利，但鄉民

〔註 146〕康沛竹，災荒與晚清政治〔M〕，北京大學出版社，2002 年，第 62 頁。
〔註 147〕張仲禮，中國紳士──關於其在十九世紀中國社會中作用的研究〔M〕，上海社會科學出版社，1991 年，第 58 頁。
〔註 148〕周育民，晚清財政與社會變遷〔M〕，上海人民出版社，2000 年，第 213 頁。
〔註 149〕丁日昌，撫吳公牘，卷 18〔M〕年，第 2、3 頁。

的負擔也為之減輕。有時，紳士甚至不惜採取與官府對抗的方式來維護鄉地的利益。所以，當時有「民之信官，不若信士」之說。晚清時節，鄉紳率民抗捐抗稅抗拒官府不合理要求的例子不勝枚舉。如道光十三年，佛山同知與吏役勾結企圖令米戶壓低穀價從中牟利，七市米行各行長、紳耆張貼公啟，申令耽擱米戶「自後報價勿以藩府高低為拘」，「照時分上中下三等穀價真實呈報，如衙書吏有甚別議，即通知大魁堂司事傳闔鎮紳士與他理論」。〔註150〕咸豐八年，山東樂安數千民眾在紳士李金鼇、劉家說的率領下抗稅。〔註151〕同治二年廣東潮、廉、瓊三府及南海等縣在紳商組織下抗拒地方官吏利用釐捐斂財，引起朝廷重視。當時的上諭說：「抽釐助餉，原係一時權宜，萬不得已之舉，固不可任意苟斂，致怨言之繁興，然刁商聚眾阻撓藉端要挾，此風亦斷不可長。」〔註152〕還有的鄉紳為幫助里人免除徭役，將里人的田地寄於他們的名下。這種做法雖有悖於王法，其效果也只能起轉嫁的作用，但在差役浩繁的晚清，此舉無疑有利於拉近紳士與本地鄉親的距離，增長紳民之間的親和力。

（3）倡建地方公共設施。面臨災疫，紳士除了上面談到的通過舉辦慈善事業來緩解災疫對地方的危害外，就是大力倡建地方公共設施，以增強地方抵禦災害的能力。一些責任感強的紳士甚至直接以地方公共設施建設為己任，如河南紳士呂遊極力主張修復家鄉「故閘」，謂「前賢創之，後人不能守之者，邑紳士之過也。」〔註153〕直隸舉人王錫三也有類似的看法，對地方興修水利抗災救災之事十分熱心，「光緒三年，畿輔旱，大饑。錫三作《救荒論》，約鄉人興水利，壅澱水，溉田數千頃。工費皆己出」。〔註154〕廣東海陽紳士郭廷集自同治三年至光緒十三年四次主持修復家鄉被毀堤壩，他的後人郭兆熊繼承其志。《海陽縣志》記載：「同治三年，東鳳堤潰八十餘丈……知縣施紹文諭紳士郭廷集修，十年，龍湖堤潰一百四十餘丈……知縣錢誦清諭紳士郭廷集等率民籌修，光緒六年，龍湖市頭堤潰七十五丈，知縣樊希元再諭紳士

〔註150〕勸七市米戶照實報穀價啟〔A〕，見：佛鎮義倉總錄，卷2〔M〕。
〔註151〕山東軍興紀略，卷22〔M〕，第3頁。
〔註152〕清穆宗實錄，卷74〔M〕。
〔註153〕臨漳縣志，卷16〔M〕，第26頁。轉引自張仲禮，中國紳士——關於其在十九世紀中國社會中作用的研究〔M〕，上海社會科學出版社，1991年，第62頁。
〔註154〕清苑縣志〔M〕，卷4，第67頁。轉引自張仲禮·中國紳士——關於其在十九世紀中國社會中作用的研究〔M〕，上海社會科學出版社，1991年，第62頁。

郭廷集董修……十二年紳士郭廷集、吳祥光等稟請……派捐鉅款將通堤八千四百五十一丈一律大修……十三年築成。」〔註155〕這裏，所謂的官府諭請無非是為了使紳士的義舉正式化，方便紳士出力。有的紳士甚至為災賑、興修水利之事而殉。如廣東嘉應州，光緒二十一年五月，大雨，「房屋田地淹沒甚多，紳士溫揚奎奉憲諭酷暑親往勘驗，修復水利，賑其貧乏。事畢，病暑而歿。」〔註156〕咸同以降，海陽縣水利工程基本上是紳士捐修、紳民派修，純粹由官府出資修建者幾乎沒有。〔註157〕

（4）組織災民生產自救。災疫發生後，賑濟只是救災這一系統工程的初期安排，而且有效的賑濟也只能緩解災害的威脅，真正能幫助災民盡快擺脫災疫影響的工作是組織災民恢復生產。然而災荒破壞的也正是生產資料、生產工具、勞動力這些生產力的基本要素，災民困於飢餓往往把糧種也吃光了；把值錢的農具典當出去換取糧食、醫藥；把耕牛宰殺了等等。比如，「丁戊奇荒」後，山西「民間牛馬，或因無力餵養，宰殺充饑；或因轉運過勞，瘦羸倒斃；牲畜幾無遺類。……現在各屬得雨……惟以牛隻短少，荒地多未耕犁。」〔註158〕1882 年皖南大水時，災民流離，貧難糊口，「每將耕牛售賣與人，為刀刃烹調之用，所得價值每頭僅四五千文。比播種需牛，又乏鉅資購買，因而膏腴土壤任其荒蕪，半由於此。」〔註159〕在這樣的情景下，災民依靠自身能力恢復生產顯然是不可能的。紳士助民恢復生產的努力主要體現在：出借糧種、低息貸予農資、主動減租或免租等等。如海陽人許日欽，於同治乙丑大饑之時，平糶積穀以濟農時，後又減價賣米以資貧戶。〔註160〕類似的義舉在其他地方也頗為多見。如江西東鄉生員劉郁典，「每青黃不接，以穀貸人至秋。收則加圍木於斗底，名雖納息，實未有贏利也。」〔註161〕江西吉水人李

〔註155〕光緒海陽縣志〔M〕，卷 21，潮州市檔案館編印，2001 年，第 195 頁。
〔註156〕光緒嘉應州志〔M〕，卷 30，成文出版社印行，第 569 頁。
〔註157〕該縣縣志中提到三處涉及官員的出資：光緒六年，郡人巡撫丁日昌助金五百，屬個人資助家鄉之善舉；光緒八年總兵、知府、知縣會同撥款，最後按田畝攤派；光緒二十六年，由於潰堤過大，紳民搶修不得，省、府發銀三千，紳民自籌一萬四千餘兩修復。光緒海陽縣志，卷 21，潮州市檔案館編印，2001 年，第 192～199 頁。
〔註158〕曾忠襄公全集〔A〕，見：「曾忠襄公奏議」卷十〔M〕，第 933 頁。
〔註159〕李文海等，中國近代農業史資料（一）〔M〕，三聯書店，1957 年，第 747 頁。
〔註160〕光緒海陽縣志，卷 42〔M〕，潮州市檔案館編印，2001 年，第 404 頁。
〔註161〕義士〔A〕，見：光緒撫州府志（二），卷六十八〔M〕。

積成，「同治四年饑，捐金買穀散借貧戶，擬次年收本，爲長遠計。五年又饑，顆粒無收，事遂。」〔註162〕災後重建、恢復社會生產是荒政的主要內容，本屬朝廷的重要職能。據魏丕信的研究，晚清以前，官府在這方面做了應有的努力。但自晚清開始，相關職能轉由官府與民間社會共擔，採取的方式是官倡紳辦、紳士獨辦和紳民合辦。可見，紳士是其中的中堅力量。

三、知識權力化：官紳民整合的歸宿

　　頻仍的災疫所引發的社會危機是加劇晚清政治危機的重要因素，特別是一些大災荒的流行還直接導致了民變。爲救民生，更爲制民變，晚清政府通過動員紳士主導的民間力量展開了治理社會危機的諸多努力。在救災防疫過程中，官紳之間有合作，紳民之間有患難，一定程度上，實現了官紳民整合。這一整合的結果，強化了儒道教化、加深了官府對紳士的依賴、鞏固了儒生階層、提高了紳士在民間的聲威，使知識權力化的根基得到了夯實。

　　之所以說，在救災防疫中，晚清官紳民整合鞏固了知識權力化，除了前文分析過的災疫觀儒學化和儒生階層得到保護等因素之外，還因爲，一方面，在以救災防疫爲主旨的政治整合中，無論是官府勸諭紳士的方式，還是紳士聚合民力的方式，都體現了知識權力化的意識形態和制度安排。朝廷諭請並鼓勵地方鄉紳在廣泛的救災防疫領域發揮作用所採取的舉措，一是從強化儒道教義和紳士的責任來勸諭，一是將紳士舉辦善業與進身爲官聯繫起來。如道光時，一位巡撫在一份勉勵紳士的告示中說：「士爲齊民之首，鄉民之望。汝等知曉，汝爲民之紳衿、耆老，從今往後，盡心竭力，抖擻精神，以領吾民，補吾之不足。」〔註163〕這份官府的告示既明確了紳士在地方事務中的責任，又強調了紳士在民眾中的地位，是一份肯定由獲取功名的紳士來發揮齊民作用的文件。對於在地方事務中做出突出貢獻的紳士，官府給予的獎勵也具有濃厚的儒學教化色彩。如乾隆時期，浙江省對私人捐賑的獎賞規定，捐穀 10～29 石，賞花紅；30～49 石，知縣題寫牌匾；80～99 石，知府題寫牌匾；150～399 石，巡撫題寫牌匾。〔註164〕晚清乃至清末，以這樣的方式鼓勵捐賑更爲常見，類似的情形在史志中

〔註162〕義士〔A〕，見：光緒吉水縣志，卷四十〔M〕。

〔註163〕澳門月報，1833 年 3 月。轉引自張仲禮，中國紳士——關於其在十九世紀中國社會中作用的研究〔M〕，上海社會科學出版社，1991 年，第 33 頁。

〔註164〕荒政瑣言〔M〕，第 24 頁。

多有記載。如光緒二十五年，「以潮州僑民捐助東賑，頒新加坡天后廟扁額，日：曙海祥雲。」〔註165〕光緒二十八年，「以捐助善舉，予廣東海陽在籍主事蔡學淵，爲其母建坊。」〔註166〕同年，「以捐資贍族，數逾鉅萬，予前廣東潮州知府李市彬，爲其母建坊。」〔註167〕另一份推廣善會的勸文認爲紳士需要行善積德，才能眞正成爲大夫：「至於今日之士，未必非它日之大夫，尤宜力行善事，以作保赤之基」。〔註168〕同時，在晚清出現的頻繁增廣府、州、縣學學額的現象，也與朝廷獎勵捐賑有關。〔註169〕雖然，直接因捐賑而獲增學額的數量有限，但此類做法無疑有利於勸導地方紳富通過踐行儒道來擴大儒生階層的力量，從而使地方上的讀書人增加獲取功名的機會。總之，在救災防疫中，晚清官紳民整合的路徑是災疫——施善救濟——強化儒道——擴大儒生階層。而儒道和儒生正是知識權力化的兩個根基。

　　另一方面，在救災防疫中，越來越突出了紳士在朝廷與社會關係中的橋梁作用，強化了官府與紳士合作的治理結構，形成了官府更依賴紳士來整合民眾，民眾更期待紳士來主持地方的官紳民關係格局。還是在清朝中後期，朝廷有相當的能力主持、干預或資助救災防疫職能之時，一些有識的官員就充分認識到紳士在整合國家、傳道教化、治理社會及舉辦地方公益等領域有著其他階層不可替代的地位。明確提出了以官紳結構取代官吏（役）結構作爲地方公權力運作的支撐的觀點。乾嘉時期的名臣汪輝祖講過一段令此後清明的地方官謹記的話：「官與民疏，士與民近，民之信官，不若信士，朝廷之法紀不能盡諭於民，而士易解釋，諭之於士，使轉諭於民，則道易明，而教易行。境有良士，所以輔官宣化也，且各鄉數藝異宜，旱潦異勢，淳漓異習。

〔註165〕清德宗實錄，卷 442〔M〕。

〔註166〕清德宗實錄，卷 497〔M〕。

〔註167〕清德宗實錄，卷 498〔M〕。

〔註168〕余治，得一錄〔M〕，勸廣行同善會文。

〔註169〕一般認爲，增廣學額是晚清政府獎勵地方捐餉的手段，在下一章我們將重點分析它作爲知識權力化膨脹的表現。但因捐賑而使地方獲增廣學額的情況也不是沒有。因爲有些地方學額的增廣明顯出現在鎮壓太平天國數年之後。如同治八年，湖南湘陰一知縣因捐輸，而令其家鄉江蘇婁縣獲永廣學額一個。張仲禮，中國紳士——關於其在十九世紀中國社會中作用的研究〔M〕，上海社會科學院出版社，1991 年，第 96 頁。另外，即便是戰時的捐輸、捐借款並非都用於軍需，而戰後大都援籌餉例處理，由紳民請給獎，或照章加廣本省學額。彭澤益，十九世紀後半期中國的財政與經濟〔M〕，人民出版社，1983年，第 151 頁。

某鄉有無它匪，某鄉有無盜賊，吏役之言，不足爲據，博採周咨，唯士信賴，故禮士爲行政要務。」〔註170〕嘉道時期的姚瑩更直接地表白：「紳士信官，民信紳士，如此則上下通而政令可行也。」〔註171〕至於官府在地方賑濟及公益事業方面對紳富的依賴，時人有更多的概括。如「富民者，地方之元氣也，邑有富民則貧民資以爲生，富民多便，省卻官長恤貧一半心力，故保富所以恤貧也。」〔註172〕又如「惟培養富戶於平時，而後臨事得借其力，平時輕繇薄賦，加意護持，臨時如平糶、施粥、助賑、貸種諸務皆取給焉。」〔註173〕再如，「邑有興建，非公正紳士不能籌辦，如修治城垣、學宮及各祠廟、建育嬰堂、修治街道，懼賴紳士倡勸始終經理。」〔註174〕到了晚清，朝廷已沒有多少能力去主持、干預或資助救災防疫職能，朝廷在這些領域對紳士的依賴自然是甚於此前。正如《劍橋中國晚清史》在開篇之章中所說，晚清官府如果缺乏地方紳士的幫助幾乎一事難成。至於紳士與民眾的關係，日本學者根岸佶用了「親民紳」一詞來概括。〔註175〕雖說這樣的提法未免失之於偏，但鄉民對紳士擔負起地方權益「守護神」的角色有著較大的心理預期是事實。紳士是知識權力化社會的主體結構，晚清社會在救災防疫中普遍地依賴紳士，官府也將大部分相關的權力和責任授予紳士，自然使讀書——功名——紳士——權力這一知識權力化的邏輯鏈更爲固著。

小結

　　災荒和流行性疾疫是社會危機的基本形式，歷朝歷代概莫能免。不論從發生原因，還是危害性質講，災疫都屬於傳統性危機。不過晚清國運衰敗，民變起伏、外患深重，極大地削弱了當局救災防疫的能力，也使得災疫給晚清政治和社會造成的危害特別突出。它一方面與民變、外患一起構成惡性循環的危機系統，共同挑戰晚清統治的合法性；另一方面，它作爲一種獨立的

〔註170〕汪輝祖，禮士〔阿A〕，見：汪輝祖，學治臆說，卷上〔M〕。
〔註171〕戴肇辰，學仕錄〔M〕，卷15，第25頁。
〔註172〕徐棟編，牧書令〔M〕，卷15，第13頁。
〔註173〕戴肇辰，學仕錄〔M〕，卷13，第23頁。
〔註174〕戴肇辰，學仕錄〔M〕，卷8，第24頁。
〔註175〕〔日〕根岸佶，中國社會指導層——耆老紳士的研究〔M〕，東京：平和書店，1947年。轉引自〔日〕重田德鄉紳支配的成立與結構，載日本學者研究中國史論著選譯〔M〕，卷2，中華書局，1993年。

危機形式，給晚清政治造成危害的方式和結構又具有特殊性。其一，頻繁的災疫與儒學道德體系對政治正當性的解釋之間構成了直接的挑戰。因爲災疫與政治失當的對應性是儒學道德體系的內在安排。其二，頻繁的災疫考驗著官府的行政能力，或者說官僚體系推廣「皇恩」的能力。如果官府能成功及時地救災防疫，讓民眾感受到「皇恩」浩蕩，就有利於化解災疫對晚清政治正當性的衝擊。其三，災疫也對紳士權威的社會基礎構成衝擊。因爲紳士權威的社會基礎在基層社會，而災疫的破壞性恰恰集中地體現在那些抗擊力弱的基層社會。同時，儒學道統也爲紳士在救災防疫方面規定了崇高的道德責任，在一定意義上，紳士只有恰當地承擔了這一責任，基層社會才會承認其權威。

　　質言之，災疫的發生對朝廷、紳士和一般民眾的利益都構成威脅，因此，以救災防疫爲主旨的政治整合的動力是來自朝野各個方面的，這也正是在這類危機中，官紳民可以協調行動的基礎。歷史上除了昏君暴政，朝廷都把救災防疫作爲推廣「皇恩」、擴大合法性來源的第一要務，同時，根據儒學道統的解釋，朝廷救災防疫實際上是糾正自身過失之舉，受到朝野的矚目。紳士積極投身其中既是履行道義責任，又可鞏固其在基層社會的權威基礎，還可從管理、技術和資源方面助朝廷一臂之力。民眾加入官府的整合戰略是出於自救。但是，限於晚清空虛的財政基礎和當局所面臨的更爲嚴峻的民變危機、外患危機，朝廷已無力像以往那樣來主導救災防疫爲主旨的政治整合。這一主導角色責無旁貸地落到了紳士的肩上，這不僅因爲紳士有這樣的道義責任，還因爲他們有主持慈善及其他社會公益的經驗和能力。晚清當局爲鼓勵紳士擔負起這一職責，提供了道義支持和制度、秩序保障。朝廷獎敍、紳士籌劃和出資、民眾出工是晚清官紳民在救災防疫中形成整合格局的典型模式。

　　不過，紳士在晚清以救災防疫爲主旨的政治整合中所做的突出貢獻，並非是救災防疫的實際成效，而是他們在其中所進行的安撫民心和傳播儒道的社會教化工作。因爲，治災工程的浩繁遠遠超出了地方性紳士所具有的組織力和財力，而疾疫的流行更不全在紳士的經驗和認知能力範圍之內。這就決定了朝廷和紳士在其中的合作不可能把成效作爲拓展合法性資源的主要基礎，而只能把合理地解釋災疫和安撫民心作爲重心。所以，晚清紳士在救災防疫中採取的基本整合策略是寓教化於救濟之中。這樣，晚清應對災疫危機

的政治整合過程就表現為張揚儒學價值觀念的過程，朝廷在其中的主要整合措施就是放權讓利鼓勵紳士承擔更多的職責，而整合的結果則是紳士的威望得到維護，並籍此鞏固朝廷的根基。這正是知識權力化的政治整合模式演繹的邏輯。

第三章 安內中的政治整合：朝廷對紳士的依賴與知識權力化的膨脹

　　雖然知識權力化是維繫傳統政治整合的一個基本制度安排，但知識權力化對傳統政治來說其實是一把雙刃劍。一方面，知識權力化不足，讀書人分享不到權力，就會在朝廷之外聚集起大量不安分的士人，危及體制的安全。另一方面，知識權力化過頭了，士人容易成長為地方實力派，導致朝廷式微。從太平天國與晚清當局的博弈中，可以清楚地看到因知識權力化不足而助長了民變的興起，又因知識權力化得到強化而平定民變，最後由於過分依賴紳士，使知識權力化膨脹，完全改寫朝廷與地方關係的軌迹。

第一節　太平天國運動中的知識權力化問題

　　晚清的民變此起彼伏，其中波及範圍最廣、對傳統政治造成深刻危機的當屬太平天國運動。對歷史上的民變進行經濟層面的解釋一直是主流的研究範式，但這並不意味著可以忽略從上層建築本身進行分析的價值。拿太平天國運動來說，其生成就與知識在通往權力過程中出現梗阻這一特定因素有著密切的關係。而當太平天國興起以後，一定意義上也由於沒有建立起成熟的知識與權力的通約機制，不能吸引足夠的社會名流加入，使源於農村的太平天國始終游離於農村之外，以至於功敗垂成。

一、知識與權力關係梗阻：落榜文人走上反體制之路

自隋唐將科舉取仕制度化以後，知識權力化便成為中國傳統政治體系吸納人才、籠絡士人、推動社會流動和身份陞遷的主導模式。但這一模式生成伊始就是作為皇權調控紳權的一張王牌，其開放程度總是難以滿足社會發展的需要，從而極大地限制了其功能的發揮。到 19 世紀中葉，知識通往權力之路面臨如下三大瓶頸：

1、科考童生與中式人數的比例嚴重失調〔註 1〕。中國的人口在明清經濟的繁榮支撐下得到了快速的增長。據何炳棣的研究，從十七世紀末起到十八世紀末白蓮教叛亂時為止這一長時期的國內和平階段中，中國人口翻了一番多，從一億五千萬增加到了三億多。僅在 1779 至 1850 年時期人口就增長了百分之五十六，所以在十九世紀中葉大叛亂爆發的前夕人口已達四億三千萬左右。〔註2〕隨著人口的增長，全國參加科考的讀書人多達 2000 萬人以上。然而，「不論是政府公職的法定數額，也不論是科舉的名額，都沒有按照人口的增長速度而增長。雖然在某些地區進士的分配名額有所增加，但比起整個十八世紀增長的人口數來說，進士及其以下功名的總數實際上是顯著下降了。乾隆時代的進士名額在絕對數字上已有所減少，生員名額則是穩定的。甚至從前不受數量限制的童生，在十八世紀末也受到了限制。」〔註3〕考生中式的比例，一般情況下，童生中秀才為 1～2%，秀才中舉人為 1／50～1／80，舉人中進士為 1／30～1／40。其結果是將絕大多數讀書人擋在功名的大門之外。

2、有功名的士人進身為官的機會有限。雖然，讀書人獲取功名並非易事，但即便按照正常的學額安排，1850 年以前，每年新增文生員 25089 人，武生員 21233 人，常年紳士規模達 110 萬人。〔註4〕而晚清全部在編文武官員僅 2.7 萬人左右，不論因為何種原因所能騰出的職位空缺都會是十分有限的。這意味著有任官資格的人太多，而可供選任的職位又極少，出現嚴重的「畫餅充饑」

〔註 1〕 詳見本文第一章第三節的有關論述。

〔註 2〕 何炳棣，1368～1953 中國人口研究〔M〕，上海古籍出版社，1989 年，第 282 頁。

〔註 3〕 〔美〕費正清，劍橋中國晚清史（上冊）〔M〕，中國社會科學出版社，1985 年，第 117 頁。

〔註 4〕 參見張仲禮，中國紳士──關於其在十九世紀中國社會中作用的研究〔M〕，上海社會科學出版社，1991 年，第 150～157 頁。

式的知識權力化現象。在江浙文風鼎盛、經濟富饒之區，便有候補官塞途之說。如江蘇有位即用知縣，二十年未得差遣，典當懼盡，上弔身亡。〔註5〕

　　3、社會實際所能承載的紳士規模有限。雖然，明清之際的社會經濟有了一定的發展，但畢竟沒有跳出小農經濟為主導的經濟增長方式。而且明清之際的小農經濟已陷入「內卷」式發展的泥潭，從中提取社會剩餘的空間越來越小。儘管紳士進入官場的規模受到了限制，財政不會因紳士規模的變化而增加負擔，但制度給予紳士的各項特權並未削減，仍需由小農社會來承擔，這對小農經濟來說自然是個巨大的壓力。特別是傳統中國的教育制度、科舉制度與選官制度高度重疊，整個教育體系只是培養讀書人的科考知識和技術，而沒有真正幫助人們從事一般職業、適應實際需要的國民教育。這樣容易造成讀書人一旦科考失利就無其他職業專長，難以為生，更何況傳統的價值體系也禁阻文化人從事其他職業。因此，在社會經濟承載力、教育制度和價值體系的共同約束下，讀書人「過剩」的現象成為政治整合必須面對的一大難題。

　　正是上述三大瓶頸直接導致了知識與權力關係的梗阻。知識權力化社會是傳統體系動員社會支持的主要機制，一般的政治整合原理認為，政治整合是政治滿足與政治動員的函數。〔註6〕但晚清讀書人普遍難以獲取功名、紳士難以得到官職以及社會難以承載大規模的文化人的背景說明政治滿足機制存在很大缺口。其直接後果就是讀書人對傳統體制的忠誠度受到侵蝕，特別是失落的讀書人開始出現分化。其中的一部分雖然仍留在體制內，但已道德墮落，走上了投機鑽營的道路（如捐納進身、充當衙門書役、包辦地方稅務等）。而另一部分人，既無社會背景，又無資可捐，在歷盡磨難後難免走到體制的反面。兩者都會對舊體製造成致命的傷害。恰如費正清所言：「促成清政府倒臺的一個因素是在 19 世紀初期，它沒有配合人口和商業的增長適當擴充政府的機構和人員。例如政府沒有增加省的科舉考試及格人選名額。……仕途上進的門路一被堵塞，不計其數要找事做的年輕讀書人，只得在衙門口垂頭喪氣，徒喚奈何。因為職位已滿，競相鑽營，自然造成各種賄賂貪污行徑。個人之間親近疏遠，開始攪亂行政程序，並否定了儒家忠於原則的理想。個人

〔註5〕即用知縣有的是進士出身由庶吉士散館後所授的職位，像這樣身份的人都得不到實職，足可說明當時知識與權力關係梗阻的情形較為嚴重。參見任恒俊晚清官場規則研究〔M〕，海南出版社，2003 年，第 41 頁。

〔註6〕〔美〕塞繆爾・亨廷頓，變化社會中的政治秩序〔M〕，三聯書店，1989 年，第 49～52 頁。

黨同伐異和恩怨的網絡開始推翻了考試、租稅和司法等秉公辦事的制度，以致搜括成風。……他們橫征暴斂，造成了民間的無限痛苦，終於引起造反。」〔註6〕

洪秀全從崇儒到反儒的轉向就是知識與權力關係梗阻結局的一個縮影。洪秀全出生於南方典型的小農家庭，家境貧窮。5 歲啓蒙時已顯示讀書的天資，族人和先生都寄予後望，並共同供他讀書。14 歲初應縣試、府試便以優異成績過關。但在接下來的關鍵性院試中，他遭遇到生計困難和考場失意的煎熬。他在經歷了兩次院試失利後，雖然已經接觸到異教書籍，但不爲所動，並發誓若干年後必奪院試。可是當他第三次落第，又傳聞科場舞弊時，身心都受到極大的打擊。他不僅重病了四十天，而且心裏也開始對傳統價值和制度安排產生了懷疑。不過他還沒有深陷其中，而是繼續遵循舊制準備再試。直至 1843 年，第四次院試落敗，他再也難以面對 24 年的苦讀連最低級的功名也沒沾上的現實，心中埋藏已久的對傳統價值和制度的懷疑迅速上升爲不滿、憎恨，並以歸依基督的洗禮徹底否定了他過去曾經執著的儒教崇拜，完成了一個儒生向體制外知識分子的轉變。

當然，在知識通往權力的道路上，遠比洪氏的經歷坎坷得多的讀書人，不計其數，多數人選擇了留在體制內，只有少數人像洪秀全那樣走上了反體制的道路。然而，歷史並不因人數的多少而改變其必然性。讀書人在經過充分動員之後，卻難酬擁有「黃金物」、「顏如玉」的美夢，他們中的一些人站到體制的對面是必然的。正如庫恩在對太平天國運動的起因所作的頗有影響力的解釋中說：「有清一代這一最大的叛亂，雖然久已孕育於時代的社會危機之中，卻是由它的創始人早期經歷中的一些離奇而偶然的事件發動起來的。」〔註7〕晚清的民變從根源上講無疑是社會矛盾積聚使然，但從政治整合上講政治動員與政治滿足之間的嚴重失衡，極大地限制了傳統秩序的吸納力，而不斷地將一些低級的知識分之推向體制之外，也值得深究。來自「平亂」一線的胡林翼曾專門對太平天國「禍亂」的力量源進行過分析，他認爲，可以將其區分爲三個層次：其一是大量窮苦的農民，他們是叛亂的基本力量但卻是被動介入的；其二是本地的異端領袖，他們時刻等待著興風作浪；其三是當

〔註6〕〔美〕費正清，偉大的中國革命〔M〕，世界知識出版社，2000 年，第 77 頁。
〔註7〕〔美〕菲力普‧A‧庫恩，太平軍叛亂〔A〕，見：〔美〕費正清，劍橋中國晚清史，上冊〔M〕，中國社會科學出版社，1985 年，第 295 頁。

地文人，是其中的樞紐力量，包括有功名和科舉落第之人，他們「望頂戴官職如登天」。他還特別引用前賢的話，指出落第書生與異端領袖、農民結合對既有體制的危險：「兇險之徒讀書應試無路，心常怏怏，因此逐生權謀，密相結煽。」〔註8〕太平天國前後7位核心領導者中就有5位這樣的讀書人，陳旭麓先生認爲，這是太平天國有別於同期其它的民變而能成氣候的一大關鍵。因爲，他們能有針對性地提出鼓舞人心的政治目標，並對新的政權作出新的合法性解釋。〔註9〕

二、太平天國的知識權力化努力

正因爲洪秀全是被知識與權力的阻隔而推向歷史潮頭的，無論從自身經歷和運動的需要都清楚知識人士的重要。所以，太平軍起事後，立即開科取士，四處搜覓讀書人，並給爭取到的士人以優待。在一定意義上，與清朝展開了爭奪士人的較量。希望以此既改變太平軍知識素質普遍較低的結構，又實現基本有效的地方行政管理，從而鞏固新生的政權。如一份太平軍到處張貼的招賢榜文中說：「體國經野，致治必在於興賢；幼學壯行，懷才必期於見用，況值天命維新之際，正屬人文蔚起之時。天朝任官惟賢，需才孔亟，凡屬武緯文通之彥，久列於朝，專家典藝之流，不遺於野。但恐採訪難周，搜羅未徧，抱璞者恥於自獻，徒韞櫝而深藏，懷珠者慮其暗投，亦韜光而不市。當知天朝見賢郎用，望治維殷，勿以自薦爲可羞，郎宜乘時而利見。倘有一技之長，仰郎報名投效，自貢所長，或由管長具稟保薦入朝裏才錄用，家口厚給資糧，不致失所，俾免內顧之憂，以慰從公之志」。〔註10〕太平天國所進行的知識權力化努力主要有以下舉動：

1、開科取士

太平天國於辛開元年（1851年、咸豐元年）在廣西永安州時，已經開科取士。1853年（癸好3年、咸豐3年）定都天京後，建立了正式的考試制度，

〔註8〕　胡林翼，胡文忠公遺集，卷55：8。卷53：3〔A〕，見：〔美〕孔飛力，中華帝國晚期的叛亂及其敵人〔M〕，中國社會科學出版社，2002年，第123～124頁。

〔註9〕　參見陳旭麓，中國近代社會的新陳代謝〔M〕，上海人民出版社，1992年，第68～72頁。

〔註10〕　張德堅，賊情彙纂，卷3〔A〕，見：僞官制僞科目〔M〕。

分為縣試、省試、京試三級；縣試略類清制生員試，省試相當於清鄉試，京試相當於清會試、殿試，改稱天試。〔註11〕天朝的科舉制度較之傳統制度，具有更平等開放的特徵。羅爾綱先生說：「太平天國有自己的科舉路線和取士標準，考試不論門第出身，試題不本四書、五經，而取自頒行詔書，以闡述太平真主救世的道理。至策論、賦詩，亦多即近事為題，重在務實，不取空談。」〔註12〕對此，清朝官員也不諱言，謂天朝取士，「無慮布衣、紳士、倡優、隸卒，取中即狀元，翰林諸科。」〔註13〕天朝為羅致士人，極為重視和鼓勵士人應試，甚至將各地應試士子的人數作為考覈地方官的一個指標。相關制度規定：「凡軍帥名下無人應考，職須黜革。」〔註14〕所以，在考試前，「鄉官聞村鎮有讀書人，必須設法往勸，代為報名，至期引入城中。」〔註15〕雖然由於史料殘缺，難以統計天朝究竟錄取過多少進士、舉人和秀才。〔註16〕但從已有的記載，可以看出，天朝取士名額較寬。如 1853 年，武科鄉試、會試連考，天王遣佐天侯陳承瑢為掌考官，應試者 3 百餘人，錄取谷光輝等 147 人為武舉人。後由北王韋昌輝再試，北王以佐天侯所取名數過隘，復出誡諭命不中者亦一體會試。試完，取劉元合等 230 餘人為武進士。〔註17〕1854 年湖北省試，應試者不到千人，共取 8 百多名。安徽省試應試者 27 縣，取中舉人 785 名，潛山一縣得 30 名。1857 年安徽省試，僅潛山一縣，即中文舉人 84 名，武舉人 73 名。1861 年常、昭縣試，應試者 104 人，常昭兩縣各取 25 人。蘇福省試，常熟中式者 33 人。1862 年桐鄉縣試，應試者廿餘人，取進 19 人。〔註18〕這些都說明太平天國爭取知識分子之切到了如饑似渴的程度。

〔註11〕酈純，太平天國制度初探，第二次修訂本〔M〕，中華書局，1991 年，第 617 頁。

〔註12〕羅爾綱，太平天國史第二冊〔M〕，中華書局，1991 年，第 1285 頁。

〔註13〕張德堅，賊情彙纂，卷 3〔A〕，見：偽官制偽科目〔M〕。

〔註14〕中國近代史資料叢刊，太平天國第 6 冊〔M〕，第 641 頁。

〔註15〕柯悟遲，漏網喁魚集〔M〕，中華書局，1959 年，第 126 頁。

〔註16〕天朝後期對中式名稱有改動，自 1859 年（己未 9 年、咸豐 9 年）洪仁玕任文衡正總裁，主持考試事務，改文科秀才為秀士，舉人為博士，進士為達士，翰林為國士。又改補廩為俊士，拔貢為傑士。武科秀才改稱英士，舉人改稱猛士，進士改稱壯士，翰林改稱威士。1860 年（庚申 10 年、咸豐 10 年）冬末，天王又詔改博士為約士。欽定士階條例〔M〕。

〔註17〕張德堅，賊情彙纂，卷 3〔A〕，見：偽官制偽科目〔M〕。

〔註18〕酈純，太平天國制度初探，第二次修訂本〔M〕，中華書局，1991 年，第 629 頁。

2、招賢制度

除了上面談到的，太平軍凡克復郡縣及行軍經過，都在官衙或行轅前出招賢榜，進行招賢宣傳外，還在一些重鎮設有專門的招賢館，開展經常性招賢工作。如李秀成曾在杭州設招賢館，在蘇州設「立書館，招集多人，頗加優待」，〔註19〕並將招來的各方人才彙集於天京的詔書衙，然後量才錄用。同時，太平天國還應時需，開展對專門人才的招攬。如楊秀清、韋昌輝等曾專為招延醫術人才發出過多次誡諭。其中韋昌輝的一份誡諭說：「照得前蒙東王仰體天父好生之德，屢經誥諭招訪良醫。查此處地當孔道，為良醫聚集之所，類如大小方脈、內外專科、眼科、婦科以及專理小兒急慢驚風等症，可以立奏奇效者，必不乏人。乃迄今並未見有醫士應召而來，為此不惜重賞，再行誡渝。凡有精通，醫理能治各項病者，即宜應命前來。又眼科為天朝所尤重，抑或專精眼科者均即到該鎮守將佐衙門報名，以便送至天京錄用。果能醫治見效，即賞給丞相；如不願為官，即賞銀一萬兩，並使其回家安享，以獎其藝。決不食言，斷不使之失所。爾等慎勿裹足不前，空負濟人之術也。」〔註20〕另外，為尋覓地方人才，在天朝的前期，設有育才官。如《彙纂》說：「賊選偽試進士充各偽王府教讀，間封育才官，使出踞地方，採訪賢才」〔註21〕可見，太平天國的招賢制度，在宣傳動員、政策落實和組織人員配備等方面都有安排，是比較完善的。

3、優待士人

太平天國建立之初為樹立新的意識形態，雖力主反孔反儒，但對讀書人並不一體排斥。相反，只要願意施展才幹，多「敬禮之有加」。太平天國對讀書人的優待，包括禮儀、生活、經濟資助和身份地位等多個方面。禮儀上，讀書人在太平軍中均被稱為先生，與一般隨從和兵士相區別，並准其著常服，不拘泥小節。史料關於這方面的記載較多，諸如軍中「最重書手，敬如賓客」，〔註22〕「聞賊中亦重讀書人，而各魁帥於讀書人尤為敬禮，凡被擄即收入賊巢司筆墨。或尊為上賓，參預帷幄。」〔註23〕禮拜或聚餐時往往「賊目及充

〔註19〕中國近代史資料叢刊，太平天國第 5 冊〔M〕，第 280 頁。
〔註20〕羅爾綱，太平天國史第二冊〔M〕，中華書局，1991 年，第 1315 頁。
〔註21〕張德堅，賊情彙纂，卷 3〔A〕，見：偽官表後補遺考〔M〕。
〔註22〕叢編簡輯第 2 冊〔M〕，中華書局，1962 年，第 49 頁。
〔註23〕中國近代史資料叢刊，太平天國第 4 冊〔M〕，第 472 頁。

先生者即坐於正中所設數座上，群賊兩旁雜座。」〔註24〕「各館擇能書者為書手，高於聽使與聖兵」〔註25〕等等。生活上，讀書人在太平天國受到的優待也很體貼。據有關曾在太平天國營中視事的士人的回憶文獻說：「賊營中缺讀書人，有從之者，即派七、八人服侍云。」〔註26〕「蓋賊中對於文人大有禮賢下士之風，每得一人，輒解衣推食，延納惟恐不周。即拂逆其意，亦柔氣假借，不加呵斥也」。〔註27〕「能書算者，入寫字局，衣服飲食優加精美。」〔註28〕在經濟上，太平天國規定了由政府資助士人應試，並予以獎勵的制度。如湖州「就試者給旅費銀幣四，備舟膳。童生至縣就公寓」。〔註29〕常、昭縣試，應試者「每人給盤費二兩，聞再有總費五番餘，花紅在外」。〔註30〕士子應試期間，公家還「派人侍茶湯，給油燭、茶點及湯飯皆豐厚」。〔註31〕這些經濟扶助措施，在很大程度上避免了讀書人因窮困而放棄科考，是太平天國實施平等開放的開科取士計劃的具體體現。由於太平軍中能讀書識字的人不多，因而士人在軍中的職掌地位較高。「先生」的官階在天國前期有高至職同總制、職同監軍的，有的僅低於主官一級。〔註32〕「先生」的職權雖然主要由主官授予，但主官多能敬重「先生」，使讀書人基本上也能操其權柄。這在清廷所編的情報資料中多處提及，如「賊多市井無賴，識字不多，厭見文字，悉任掌書裁處。……於是則多設簿書、掌書諸偽官，而被脅充先生者，似可漸操其柄也。」〔註33〕

通過推行上述促使知識權力化的舉措，天朝吸引了一些落魄士人加盟，也得到了一部分降清官員的合作，甚至模糊了一些傳統鄉紳的價值追求。相關的記載，如：「識字人賊擄為先生……有欲逞才華，忘義干進，為之設策獻謀。」〔註34〕太平軍在杭州設官時，「庠序之士亦爭出恐後，絳績黃袍，意氣傲睨自得。」

〔註24〕中國近代史資料叢刊，太平天國第3冊〔M〕，第262頁。
〔註25〕中國近代史資料叢刊，太平天國第4冊〔M〕，第696頁。
〔註26〕叢編簡輯第2冊〔M〕，中華書局，1962年，第79頁。
〔註27〕中國近代史資料叢刊，太平天國第4冊〔M〕，第484頁。
〔註28〕叢編簡輯第6冊〔M〕，中華書局，1962年，第380頁。
〔註29〕民國湖州，雙林鎮志卷32〔M〕。
〔註30〕叢編簡輯第4冊〔M〕，中華書局，1962年，第393頁。
〔註31〕中國近代史資料叢刊，太平天國第4冊〔M〕，第721頁。
〔註32〕酈純，太平天國制度初探，第二次修訂本〔M〕，中華書局，1991年，第603頁。
〔註33〕張德堅，賊情彙纂，卷6〔A〕，見：偽朝儀〔M〕。
〔註34〕張德堅，賊情彙纂，卷11〔A〕，見：新賊〔M〕。

〔註35〕「山陰、會稽、蕭山都集紹興考試，應試的有一半是清朝諸生。」〔註36〕這些人或在太平軍中做「先生」，或在天朝的行政系統中做技術官僚，前面已提及。還有的將其創辦的團練整體入夥，或游離於兩邊而保持中立。其中，安徽鳳臺邑紳苗沛霖創辦的團練聲勢浩大，他「把持官府，時降時叛」，「令蒙練（蒙城團練）蓄髮」的例子常爲史家引用。咸豐八年（1858 年），苗沛霖據蒙城降太平天國。九年（1859 年），受清軍勝保招撫，再降清廷，「助官軍攻淝水南諸叛圩」，以功擢道員加布政使銜。然而，苗沛霖不爲所約。十年（1860 年），又反攻清軍據守的壽州，接受太平天國奏王封號。〔註37〕由於有這些士人的溶入，在一定程度上提高了天朝整合社會資源的能力，也確保了天朝的行政管理得以正常運轉，對維持太平軍與清軍的對峙局面起到了一定的作用。

三、「無知識的政權」：太平天國游離於農村之外

　　然而，太平天國爭取士人的努力總體上還是不成功的。其主要表現有二：其一，所吸引的讀書人數量有限，總體質量也不理想，缺乏眞正有影響的名流加盟，這自然給太平天國希望通過吸引讀書人進而整合社會的計劃大打折扣。太平天國所舉行的各級科考，應試人並不踴躍。雖然，太平天國對應試人的資格幾乎不加什麼限制，但每逢開考，鄉官都要做鼓動招攬應試人的工作。而即便如此，應試人也寥然。如 1861 年，無錫舉行縣試時，「勒令各鄉官招能文者，取齊監軍局，得數十人，監軍送城應試」。〔註38〕太平天國的監軍職同清朝的知縣，這意味著，當時的縣試僅有數十人參考，與清朝科考平均每縣考生一兩千人相比差距甚遠。另一些記載更能說明問題。如「捉士人與試，不至者以賂招之」。〔註39〕前引太平天國取士名額（錄取比例有高達八成之上者）的情況，誠然可說明天國求才心切，但亦反映科考所吸引的士人不多。難怪當時有人用「除不完卷者皆取進」、「無不入彀」、「一榜盡取無遺」等語詆毀天國之取士。〔註 40〕其二，所吸引的讀書人魚目混雜，雖然實心任

〔註35〕孟峴，石達開安慶易制眞相〔J〕，文史哲，1962 年（3）。

〔註36〕羅爾綱，太平天國史第二冊〔M〕，中華書局，1991 年，第 1310 頁。

〔註37〕張研、牛貫傑，19 世紀中期中國雙重統治格局的演變〔M〕，中國人民大學出版社，2002 年，第 359～360 頁。

〔註38〕叢編簡輯第 1 冊〔M〕，中華書局，1962 年，第 277 頁。

〔註39〕中國近代史資料叢刊，太平天國第 6 冊〔M〕，第 585 頁。

〔註40〕參見酈純，太平天國制度初探，第二次修訂本〔M〕，中華書局，1991 年，第

事者有之，但亦不乏觀風使舵、保全身家之人。眞正從意識形態、制度等層面認同太平天國的讀書人畢竟不多。也就是說，太平天國並未從心神上籠絡住多少讀書人。這可以從有關地方鄉紳不少是避勒充職的史料記載中得到印證：如在江西撫州，「逼迫紳士充當僞職」，〔註41〕吉安，「以兵脅其鄉之士人，污以僞職。」〔註42〕前引文中也多有讀書人被「捉」、「擄」和「賂」爲「先生」者。這雖然有記事人的意識形態偏見，但讀書人多與太平天國神貌不合也決非虛構。如名流王韜、容閎都曾被引見於天朝，均因意見相左而復去。

知識權力化是一項系統工程，是意識形態、官僚制度和經濟方式磨合的結果。而太平天國重視知識人士，主要是依賴一些淺層的政策和穩定性不強的個人行爲來推進。多屬急於功利的之舉，缺乏系統安排。在建設適合知識權力化的意識形態、教育制度、任職制度以及形成重視讀書人的社會氛圍等方面存在不和諧因素。

1、迎耶排孔，東拼西湊出的新意識形態，難合讀書人的心神。陳旭麓先生說，太平天國是「非常之事，所以要借助非常的權威」。〔註43〕可是，在中國傳統的思想庫裏要尋找一個取代孔孟儒學的思想權威，是不可能的。因此，洪秀全選擇西方的上帝來取代東方的孔聖人是偶然中的必然。爲創建這一新權威，洪秀全首先假借上帝之威剝奪孔子的聖名。他虛擬了一個天父痛責孔子的故事，說：「孔丘所遺傳之書，……甚多差謬」，「孔丘始則強辯，終則默想無辭」，「便私逃下天下，欲與妖魔頭偕走」。天父差洪秀全及天使將孔丘追回，「捆綁解見」。命天使鞭撻，孔丘跪在地上，「再三討饒」，「哀求不已」，最後經「罰種菜園」的改造後，才在天父天兄身邊得到一個座位。〔註44〕其次，他用自己揣摩到的基督教義對儒學的核心價值體系進行攻擊。其中，他最樂言的，也最能吸引人們加入到造反行列中來的，就是打倒「禮」教。洪秀全假託「上帝面前人人平等」的原道提出了與之截然相反的平等理想。他說：「皇上帝天下凡間大共之父也，……天下多男人，盡是兄弟之輩，天下多

629 頁。

〔註41〕光緒，武備志・武事〔A〕，見：撫州縣志，卷34〔M〕。

〔註42〕孫鼎成，送姚熊二生序〔A〕，見：蒼莨文初集，〔A〕，見：王天獎・太平天國鄉官的階級成份，〔A〕，見：歷史研究〔J〕，1958 年（3）。

〔註43〕陳旭麓，中國近代社會的新陳代謝〔M〕，上海人民出版社，1992 年，第 72 頁。

〔註44〕參見中國近代史資料叢刊，太平天國第 2 冊〔M〕，第 635～636 頁。陳旭麓，中國近代社會的新陳代謝〔M〕，上海人民出版社，1992 年，第 78 頁。

女子，盡是姊妹之群」；「普天之下兄弟，……上帝視之皆赤子」。再次，破壞儒學的組織體系及知識體系。主要表現為毀孔廟、拆學宮、刪改經典、禁讀詩書。當時的樂府詩描繪說：「搜得藏書論擔挑，行過廁溷隨手拋，拋之不及以火燒，燒之不及以水澆。讀者斬，收者斬，買者賣者一同斬，書苟滿家法必犯，昔用撐腸今破膽。」〔註45〕然而，這些以東方人的思維改編的西方宗教教義不倫不類，特別是，上帝下凡、耶穌顯靈一說，純粹是內部權力鬥爭的安排。西方人評判，「天王之基督教不是什麼東西，只是一個狂人對神聖之最大的褻瀆而已」，「天主教教皇如有權治他，早就把他燒死了。」〔註46〕中國傳統的讀書人對洪秀全蕩滌儒學價值的思想及其禁書政策所導致的無書可讀的社會局面，更是心存恐懼，難以接受。因為，傳統士人的權威就在於對儒學經典知識的佔有。捨此而新學上帝教教義，他們就只有識字的優勢，而無解釋的權威可言。正如曾國藩在《討粵匪檄》中所說：「士不能誦孔子之經，而別有所謂耶穌之說，《新約》之書，舉中國數千年禮義人倫詩書典則一旦掃地蕩盡，此豈獨我大清之變，乃開闢以來名教之奇變，我孔子、孟子所以痛哭於九原，凡讀書識字者又烏可袖手安坐不思一為之所也」。等到太平天國後期對有關儒學、儒書及儒生的政策進行調整時，大勢也越來越明朗，讀書人誠心歸附天國的可能性更加渺茫。所以，太平天國的意識形態同它的知識權力化政策存在一定的背離性，不利於從深層的觀念上穩固地吸引讀書人。新政權的合法性在外國人眼中和中國地方精英中都未得到肯定。

2、缺乏切實可行的教育制度，沒有培育出屬於太平天國自己的知識分子群體。應該說，太平天國的綱領性文獻《天朝田畝制度》中對實施普遍教育的理想是作了規劃的，如規定「其二十五家中童子俱日至禮拜堂，兩司馬教讀《舊遺詔聖書》、《新遺詔聖書》及《眞命詔旨書》」。「凡禮拜日二伍長各率男婦至禮拜堂，分別男行女行，聽講道理，頌讚祭奠天父上主皇上帝焉」。「凡內外諸官及民，每禮拜日聽講聖書，虔誠祭奠，禮拜頌讚天父上主皇上帝焉。每七七四十九禮拜日，師帥、旅帥、卒長更番至其所統屬兩司馬禮拜堂講聖書教化民」等。〔註47〕但細細推敲，如此硬性的安排並無實施的可能。且不說戰時環境及經濟條件的制約，單就技術性因素講，根據太平天

〔註45〕中國近代史資料叢刊，太平天國第 4 冊〔M〕，第 735 頁。
〔註46〕中國近代史資料叢刊，太平天國第 6 冊〔M〕，第 950 頁。
〔註47〕中國近代史資料叢刊，太平天國第 1 冊〔M〕，第 322、326 頁。

國的基層政權設置情況，要履行相應的教育責任，每縣至少需要配備 780 位知識人士〔註48〕，在當時的太平軍中找不出這麼多讀書人。爲此，太平天國必須大量培植知識分子，作爲鄉官的後備軍，或者教育改造現任鄉官，使他們適於擔任教育任務。但據酈純先生考證，「太平天國並沒有這樣做，既沒有教育改造現任鄉官的記載可查，也沒有培養人才以備選充鄉官的計劃可考」。〔註49〕這從太平天國專事教育的機構和官員無定制這一點也可得到驗證。如史料中說：「偽育才官無員數，亦不常設」。〔註50〕另外，太平天國的教育體系也不清晰，雖然前期在天京設有育才書院，但後期是否存續記載不詳。實際上，那時的太平天國對於教育開始採取自流放任的態度，允許民間保留清制私塾式的蒙館和十年寒窗式的教育方式。但由於教育內容主要是《舊約》、《新約》、《眞約》以及刪改過的經典，入館讀書的學童並不多。據當時在無錫開塾館的張乃修回憶，1861 年，「館於楊藹堂家，生徒四人」。至次年，「館中生徒星散」。〔註51〕至於《資政新篇》中所提出的興辦教育的各項新主張更是停留在紙面上，未付諸實施。要在新意識形態的基礎上培育新的知識人士，並通過他們將新的意識形態在其民眾中傳播，以鞏固新政權，就離不開新的教育制度和教育體系的支持。顯然，太平天國在培育自己的知識人士方面是做的不夠的。

3、太平天國的任職制度和經濟分配製度也不能吸引讀書人。讀書人能否擔任實職，獨立發揮作用；能否在經濟上擁有特權，既是知識權力化的重要標誌，也是吸引讀書人效忠的關鍵舉措。太平天國雖然也任用過一些士人爲王府尙書之類的高官，如《金陵癸甲紀事略》記載：天試翰林楊在田任翼殿尙書，胡仁魁及天試會元傅少階均任殿前詔書；東試翰林賴漢光任殿前左史。後期如天試狀元劉闥忠曾任乾殿文正總提，封昱天安，位居乾王府六部之首。但從制度安排上，士人任職卻有些微妙。據《彙纂》載，太平天國天試一、二、三甲封職分別同指揮、將軍和總制。〔註52〕應該說，封階不低，不過職前一個「同」

〔註48〕 每縣以 5 軍計，需要卒長 625 人，旅帥 125 人，師帥 25 人，軍帥 5 人，合計 780 人。
〔註49〕 酈純，太平天國制度初探，第二次修訂本〔M〕，中華書局，1991 年，第 576 頁。
〔註50〕 中國近代史資料叢刊，太平天國第 3 冊〔M〕，第 105 頁。
〔註51〕 酈純，太平天國制度初探，第二次修訂本〔M〕，中華書局，1991 年，第 578 頁。
〔註52〕 張德堅，賊情彙纂，卷 3〔A〕，見：偽官制偽科目〔M〕。

字，往往使士人任職難以實化，更缺少獨擋一面的機會。這些士人雖然有一定的封職，但大都在更高級的官府中任隨從、掌書之職。恰如該書《僞同職官總表》記載，國宗掌書爲職同總制，侯、丞相、檢點、指揮六部掌書爲職同監軍，將軍、總制、監軍書理爲職同軍帥，軍帥書理職同師帥，師帥書理職同旅帥，旅帥書理職同卒長，卒長書理職同兩司馬。雖然，這些掌書、書理，多受主官的尊重，但其權力和能力的空間終由主官控制。這與清廷依賴紳士，放手讓他們掌軍、政、財（自行收取釐金）大權相比，差之甚遠，沒有吸引力。另外，士人在太平天國雖然受到生活優待和經濟資助，但卻不能從財產權的安排上，使他們受到的優裕積累下來。天朝實行的是聖庫制度，規定財物繳公，日用供給。這也令充斥「黃金屋」美夢的傳統士人難動芳心。

4、太平天國器重讀書人主要是著眼於讀書人在「識字」、「管帳」、「書寫」及其它技術性層面的優勢，而對他們在思想教化、政治整合、社會中介等深層次的價值往往認識不足，開發不夠。這正是太平天國的知識權力化努力難以深化的關鍵性因素所在。史料中記載太平天國重視讀書人的話，多爲如此之謂：「賊多市井無賴，識字不多，厭見文字，悉任掌書裁處」。〔註53〕「各魁帥於讀書人尤爲敬禮，凡被擄即收入賊巢司筆墨」。〔註54〕「文弱書生，但使寫算，……或作管賬，俱稱先生。」〔註55〕然而倚爲「心腹」、「股肱」之詞卻極爲鮮見。

質言之，太平天國運動既沒有成功吸引到傳統士人的大舉反戈，又沒有孵化出自己的知識人士，致使新生政權始終以狂熱的理想和無知的階層爲支撐，終於喪盡競爭力。對此，李秀成坦言了營中「無讀書人」，缺少知識分子的事實。〔註56〕曾經親身到過天京的容閎更是深有感觸地說：「其所招撫，皆無業游民，爲社會中最無知識之人。以此加入太平軍，非獨不能增加實力，且足爲太平軍之重累，而使其兵力轉弱。」〔註57〕

缺乏足夠士人的支持，不唯使太平天國在政權組織、管理方面越來越失去效力，更使之無法暢通地與國外勢力、國內農工商各界進行交流，無法借

〔註53〕張德堅，賊情彙纂，卷6〔A〕，見：僞朝儀〔M〕。

〔註54〕中國近代史資料叢刊，太平天國第4冊〔M〕，第472頁。

〔註55〕中國近代史資料叢刊，太平天國第4冊〔M〕，第700頁。

〔註56〕酈純，太平天國制度初探，第二次修訂本〔M〕，中華書局，1991年，第431頁。

〔註57〕容閎，西學東漸記〔A〕，走向世界叢書〔M〕，嶽麓書社，1985年，第98頁。

助士人使上帝教教義有效地傳播到社會民眾中去，眞正成爲整合民眾的意識形態，特別是令新政權不能在農村紮下根基。

中國傳統的治理結構是皇權（政權）整合紳權、紳權和族權共同整合民眾。在小農社會裏，農村整合是政治整合的關鍵，誰掌握了農村，誰就掌握了政權。所以，傳統政治依靠持續的知識權力化過程，建構起一支龐大的紳士隊伍，疏通了遙遠的朝廷與農村聯接的渠道，形成了傳統中國超穩態的社會。然而，太平天國雖然起於農村，卻由於傳統士人的普遍阻抗，最終只能困守於幾個城市據點。在農業社會裏的民變，成功之路理應是農村包圍城市。可是，在太平天國與清朝的較量中，不是起義者從農村包圍滿清政權，反而是後者用農村包圍城市之法撲滅了民變。這正是太平天國的悲劇所在，而之所以會造成這樣的悲劇，與 19 世紀中期的才識之士更多地站在傳統一邊有著密切的關係。因爲，他們猶如沙漠裏的「植被」，將農村固著在傳統秩序之內，使太平天國難以從農村得到持續的補給和支持。

前文已言及，紳士接受太平天國委任爲鄉官者，不少是催、勒而就的。即便如此，鄉紳充任太平天國鄉官的也不多。無奈之下，太平軍只能多以「地方無賴充鄉官」。〔註58〕當時一份調查常熟高級鄉官身份來源的資料可以作爲此類情況的印證。該資料說，受調查的 13 名鄉官中，有地保、拳師、吏胥、寒儒、富紳、屠戶、木工、賣席出身各一人，小康 2 人，地主富戶 3 人。〔註59〕可見，一方面太平天國鄉官的身份來源複雜，不成體系，他們中的絕大部分在鄉村並無威望可言，難以對基層政權的整合做出貢獻；另一方面眞正出身於讀書人的不足兩成，這對基層的管理效力肯定會有不利影響。由這樣一支鄉官隊伍管理的鄉村，要想與有相對一致信念的紳士控制的鄉村競爭是難以制勝的。正是在這個意義上，孔飛力認爲，「太平軍對農村地區的控制因運動本身缺乏幹練的幹部而進一步被削弱了。太平天國的官僚集團實際上與舊的清代制度一樣浮在上面」。〔註60〕但由於正統名流堅強地選擇了傳統制度，使清朝政權得以和農村整合起來。而太平軍卻「和它力圖加以控制的農村社

〔註58〕史料中相關的記述很多。參見《太平天國》第 6 冊，《漏網喁魚集》及太平天國治下有關縣的《縣志》。

〔註59〕酈純，太平天國制度初探，第二次修訂本〔M〕，中華書局，1991 年，第 435 頁。

〔註60〕〔美〕孔飛力，中華帝國晚期的叛亂及其敵人〔M〕，中國社會科學出版社，1990 年，第 197 頁。

會之間存在著文化上的鴻溝」，最終被正統名流控制的農村武裝分割成多個城市堡壘，「很少能越過行政城市的圍牆」。〔註61〕

　　所以，在一定意義上說，18世紀末以來，知識與權力關繫日益鈍化，誘發了日益尖銳的讀書人的出路問題，成爲太平天國等一系列晚清民變爆發的助推器。而太平天國興起後所作的知識權力化的初步努力又在一定程度上維持了運動的生命力。最終還是由於太平天國在知識權力化方面的努力不濟，沒有吸引到足夠的士人加入到這一事業，使之整合民眾、動員社會資源的能力衰竭至盡而亡。

第二節　依賴紳士：晚清政府的安內整合戰略

　　史家在總結傳統民變的成功模式時，較爲一致地把目光投向了軍隊、士人和農村這三個關鍵性因素。〔註62〕其中，士人的支持是關鍵中的關鍵。對民變的成功來說是如此，當局要取得安撫內亂的成功亦是如此。如果說，太平天國失之於缺乏士人的支持，那麼，晚清當局成功平亂則恰恰收功於其針鋒相對地採取了依賴紳士的戰略。近人李鼎芳在評價曾國藩平定太平天國之功時說：「要之其與太平天國之爭，乃爲文化而戰……國藩之成功與偉大，自非其一人所能爲力，當太平天國勢力日漲之時，各地組織所謂鄉團鄉勇，類皆士大夫導率之」。〔註63〕爲動員士人效力於朝廷，防堵讀書人流入太平天國，清廷針鋒相對地從意識形態和制度安排方面進一步深化了知識的權力化。

一、學術轉向：喚起紳士的道義與知識潛質

　　道咸以降，理學、經世學對乾嘉漢學的取代前文已作交代。這裏需要補充分析的是這種學術轉向的政治背景。道咸之際，內憂外患交迫，正式的國家系統，如經制軍、官府及其控制的保甲體系，雖疲於應付，仍難以扭轉社

〔註61〕〔美〕孔飛力，中華帝國晚期的叛亂及其敵人〔M〕，中國社會科學出版社，1990年，第200頁。

〔註62〕參見〔美〕芮瑪麗，同治中興——中國保守主義的最後抵抗〔M〕，中國社會科學出版社，2002年，第56頁。〔美〕孔飛力，中華帝國晚期的叛亂及其敵人〔M〕，中國社會科學出版社，1990年，第194頁。

〔註63〕李鼎芳，曾國藩及其幕府人物〔M〕，嶽麓出版社，1985年。

會游離於朝廷之勢。特別是「在 19 世紀中葉，國內叛亂和外國侵略破壞了儒家士大夫的性質，威脅了紳士們的既得利益，因此引起了民眾廣泛的懷疑，首先是對國家的信任發生動搖，其次是對傳統思想的正確性產生懷疑」。〔註64〕朝廷迫切希望通過強化意識形態，重新整合社會。紳士群體不僅是傳統意識形態的傳承者，更世受優待，與傳統秩序利益攸關，自然被寄予厚望。然而，長期在乾嘉漢學主導下的士人，不僅無救時雄心，亦無濟世知識。士人內部心志渙散，難勘大任。

乾嘉漢學從學術發展上講是爲糾正明末王學「空談義理」的學風而興起的，從政治層面上講是在太平盛世及文化專制政策造成不便枉議國事的環境的產物。但無論出於何種目的，漢學對宋、明學的糾失都有矯枉過正之嫌。雖然，漢學也不失「以小學見大道」之言，如戴震所說：「凡學始乎離詞，中乎辯言，終乎聞道。」〔註 65〕但它總體上，講究名物訓詁、金石、音韻、考據，將學術引向遠離實踐的軌道。〔註 66〕在這樣的學術導向下，讀書人人人談考據，在當時叫做「人人許鄭，家家賈馬」，〔註 67〕卻緘談「義理」，不聞時事，不研究制度改革和國家防務。以至於「儒林翰院，皆以尋章摘句涉獵經典爲能；而於格物致知均平齊治之要，漫不經心」，結果「問以天文，天文不答；問以地理，地理不知」。〔註 68〕所以，費正清認爲，晚清的衰弱亦由於官僚制度失去了道義和行政活力。〔註 69〕爲改變士風，恢復士人在經邦濟世中的中流砥柱作用，陶澍、賀長齡、林則徐、魏源等人率先跳出了漢學的巢穴，開劈了經世學新風。曾國藩等人繼承了這些先賢的思想，及時提出了學術轉向的問題。他說：「奸弊所在，蹈之而不怪，知之而不言，彼此塗飾，聊以自保，泄泄成風，阿同駭異。故每私發狂議，謂今日而言治術，則莫若綜覈名實；今日而言學術，則莫若取篤實踐。」〔註 70〕他還特別強調「不道德

〔註64〕〔美〕芮瑪麗，同治中興——中國保守主義的最後抵抗〔M〕，中國社會科學出版社，2002 年，第 156 頁。

〔註65〕戴震，戴震集〔M〕，上海古籍出版社，1980 年，第 210 頁。

〔註66〕袁行霈主編，中國文學史，卷四〔M〕，高等教育出版社，1999 年，第 235 頁。

〔註67〕許慎、鄭玄、賈逵、馬融四人都是漢代著名的古文經學家，也就是漢學家。

〔註68〕李楚才，帝國主義侵華教育史資料——教會教育〔M〕，教育科學出版社，1987 年，第 409 頁。

〔註69〕〔美〕費正清，劍橋中國晚清史上冊〔M〕，中國社會科學出版社，1985 年，第 113 頁。

〔註70〕史林、遲雲飛，曾國藩大傳〔M〕，中國經濟出版社，2001 年，第 108 頁。

的社會歸根到底一定要由有德之士來糾正；樹立正確的道德準則和態度必須成爲首要的目標。」〔註71〕

理學和經世學是「內聖外王」思想體系的兩翼。理學偏重「內聖」，講究道義、心性的修煉；經世學偏重「外王」，講究經世濟用。在陶澍等第一批新學人之後，倭仁成爲晚清理學的代表，李鴻章側重經世學，而曾國藩則兼收理學和經世學之功。他不僅對漢學以考據、詞章爲學問的思想不以爲然，也不滿足於姚鼐概括的義理、考據、詞章三合一的學術見解，而是進一步加入了經濟一學的內容。他說：「爲學之術有四：日義理、日考據、日辭章、日經濟。義理者，在孔門爲德行之科，今世目爲宋學者也；考據者在孔門爲文學之科，今世目爲漢學者也；辭章者，在孔門爲言語之科，從古藝文及今世制義詩賦皆是也；經濟者，在孔門爲政事之科，前代典禮、政書，及當世掌故皆是也。」他深信以這樣的學術、學風落到實處，「十年以後，人才必大有起色……康熙年間之往事，昭昭可觀也。」〔註72〕

學術朝理學和經世學合一的方向轉型，不僅令學風、文風爲之一新，更令讀書人的士氣爲之一振。它重申了正人心、崇聖道的儒學理念，從意識形態上支持朝廷不拘一格選才，鼓勵士人建功立業，並客觀上促進了有利於經邦濟世的西學器藝知識的導入。恢復理學還令士人看到了自身的責任，倡導經世學則爲士人另劈了出路。尤其是在太平天國大破傳統令士人困惑恐懼之時，朝廷扯起道義大旗，有效地聚攏了人心士氣。而經世學的開啓，使早先的開眼看世界、師夷制夷之風得以發揚光大，彙成一股洋務運動大潮，乃至後來的新學推廣也深受其益。一批批或「內聖」或「外王」的幹才，如倭仁、唐鑒、曾國藩、胡林翼、李鴻章、左宗棠、江忠源、郭嵩燾、馮桂芬、薛福成等，在這一學術轉向中成長起來，成爲同治中興時期各行各業的巨擘。整合士人和孕育新才是晚清學術轉向收到的「一石二鳥」功效，它大大夯實了讀書人勇於、善於承擔責任的底氣，也使朝廷賦予士人更多的權能有了可靠的支撐。正是在這樣的基礎上，知識與權力，紳士與朝廷的結合才得以進一步深化。士人也正是在復興儒學的旗幟下，運用朝廷賦予的權力建功於國家。

〔註71〕〔美〕費正清，劍橋中國晚清史上冊〔M〕，中國社會科學出版社，1985 年，第 541 頁。

〔註72〕史林、遲雲飛，曾國藩大傳〔M〕，中國經濟出版社，2001 年，第 101～114 頁。

正如芮瑪麗評價說，同治中興的全部思想基礎是曾國藩改造過的桐城新儒學。〔註73〕而孔飛力更斷言：「幾乎不容懷疑，全國性的名流能粉碎 19 世紀中期叛亂之事，在很大程度上應歸功於其中湖南人的知識的振興」〔註74〕

二、制度安排：國家壟斷性權力向紳士開放

恩格斯說：國家是「從社會中產生但又自居於社會之上並且日益同社會脫離的力量」。它作爲社會公權力的組織形式，雖然不能壟斷社會的所有權力，但對合法使用暴力和征稅權的壟斷，即便在古典自由主義國家觀裏也是得到認同的。作爲專制型國家的代表，傳統中國將暴力和征稅權壟斷於朝廷手中更是情理之中的。然而，晚清政府在面臨民變的嚴峻威脅關頭，爲了更有力地籠絡士人、整合社會，將本來由朝廷壟斷的暴力和征稅權以及傳統中國知識權力化社會中特有的學額分配權向紳士開放。此舉令朝廷在與太平天國爭奪士人的較量中增添了明顯的制度競爭力。

1、推動紳士的軍事化

在傳統中國，紳士作爲朝廷與社會的中介，主要表現爲輔助官府行政、施行社會教化和主持地方社會公益等方面。紳士成爲朝廷的軍事支柱的情況並不多見。晚清紳士顯示其軍事價值始自咸豐二年咸豐帝委派本籍紳士辦理團練的諭令。儘管團練這一組織早在唐朝就有，〔註75〕但 19 世紀中葉以前的團練從性質和作用上講都與紳士的軍事化沒有關係。此前的團練主要有兩種類型，一種是屯於邊境由朝廷命官（團練使）指揮的與民另立的組織，可以說是軍團性質的；一種是基於鄉村治安目的或特殊需要（如護糧）等建立起來的民團。這種組織有的也是紳士籌辦的，但主要還是半官方的保甲組織的變體，地方官與團練首領的關係猶如其與保甲長的關係一般。正如耆英所說，「團練」所指與其說是一種自發的、非官方的、紳士領導的制度，不如說是一種官僚政治創辦的、以保甲爲基礎的地方武裝制度。〔註76〕況且這種民團

〔註73〕〔美〕芮瑪麗，同治中興——中國保守主義的最後抵抗〔M〕，中國社會科學出版社，2002年，第76頁。

〔註74〕〔美〕孔飛力，中華帝國晚期的叛亂及其敵人〔M〕，中國社會科學出版社，1990年，第191頁。

〔註75〕參見谷霽光，府兵制度考釋〔M〕，上海人民出版社，1962年，第101頁。

〔註76〕參見清宣宗實錄，卷442〔M〕。

的活動還有嚴格的鄉村邊界，係「以本村之人，守護本村之地，」不能有超過半數以上的人離開村莊去援助受到攻擊的鄰近村落，〔註77〕更不用說實施跨縣、省流動作戰。因此，其存在並不涉及朝廷對軍事權力的壟斷流失問題。即便在咸豐帝諭令地方紳士創辦團練之初，他也試圖將其限定在低度軍事化的水平。他先後給陝西、安徽辦團練的撫臣批示：團練一事「切不可過涉張皇，致滋流弊。所云現行團練，令民早晚練習，日中仍安本業」，「此事可少則少，不過借茲聲勢而已」。〔註78〕但是，當綠營兵所設防務「隨到隨下」，舊保甲體系呈支離破碎之勢時，朝廷的政策便迅速逆轉，不僅動員、鼓勵乃至強令本籍紳士籌辦團練，而且希望其高度軍事化，盡快形成戰鬥力。為此，朝廷提供了一系列的制度支持。

其一，以皇帝諭令的形式，先後四次委派在籍縉紳或現任官員回原籍辦理團練事宜。為使被委派人員便宜行事，朝廷依其原有身份分別授予「團練大臣」、「辦理團練」、「協理團練」、「幫辦軍務」、「幫同辦理」等銜。咸豐二年（1952年），咸豐帝首先向「賊氛逼近」的湖南、江西等地委派了5位前任在籍大員就地辦理團練事務。其中最早受委派的是前任湖北巡撫「丁父憂」在籍的湖南人羅繞典，最有成效的是前任禮部侍郎「丁母憂」在籍的湖南人曾國藩。咸豐帝對這些人寄以厚望，如在給曾國藩的諭令中說：「前任丁憂侍郎曾國藩籍隸湘鄉，現聞在籍，其於湖南地方人情自必熟悉，著該撫傳諭令其幫同辦理本省團練鄉民稽查土匪諸事，務必盡力不負委任。」〔註79〕咸豐三年，第二次委派了58人。咸豐六年、七年第三次委派以現任非本籍官員為主。咸豐九年～十一年，第四次委派仍以回籍官員和在籍縉紳為主，共88人。〔註80〕受委任的團練大員自然是上層紳士，他們不論是回籍官員還是已致仕在籍縉紳，都需要早已在本籍辦理團練的紳士的輔助方能成事。所以，除直接委派大員外，咸豐帝還發佈上諭，公開動員一般紳士積極參與團練事宜。要求「在籍紳士，除已經辦理團練外，其明曉大義、律身公正者，自不乏人，所有在京直隸、江蘇、安徽、浙江、河南等省之大小官員，將如何舉行鄉團，隨同官兵剿賊及防守等一切事宜，各舉所知，各陳所見，迅即

〔註77〕許乃釗，鄉守輯要，卷三〔M〕，第3頁。
〔註78〕清文宗實錄，卷72，卷73〔M〕。
〔註79〕清文宗實錄，卷77〔M〕。
〔註80〕參見張研、牛貫傑，19世紀中期中國雙重統治格局的演變〔M〕，中國人民大學出版社，2002年，第212～252頁。

上聞」。〔註81〕委任團練大員的制度安排，最根本的意義在於解決了紳士及其代表的民間或半官方力量介入軍事領域的合法性，有利於在有事地區構織起一張紳士辦理團練的大網，以消解太平天國在農村的煽動力。

其二，爲方便官員回原籍辦理團練和激勵在籍紳士幫辦軍務，朝廷鬆動了一直嚴格執行的任職地域迴避制和三年陞遷流轉的流官制度，同時給辦理團練有突出貢獻的紳士以破格授任官職的優待。根據清代銓選授官制度的規定，有七項必須核查無訛，方許補授官缺。其中「密其迴避」一項，規定戶部 14 司、刑部 17 司、御史 15 道、督撫以下至佐雜，皆須迴避本籍，以防上下勾結、弄權舞弊，把持一方。然而對辦理團練人員的委派卻恰恰相反，絕大多數是令其「回籍」，「就其本籍」，辦理或督辦團練防剿。〔註82〕因襄助曾國藩辦理團練勞績卓著的左宗棠，初次出山任職便授以「四品京堂」。此外，朝廷對實心辦理團練的在籍紳士授予實職，特別是非在職前任官員（即縉紳）恢復官員身份。如已致仕的前漕運總督周天爵授安徽巡撫（未接受）、在家「侍養親老」的前刑部尚書陳孚恩授兵部尚書。咸豐三年，咸豐帝批准安徽團練主辦呂賢基所奏「查其辦理之善者，升銜加俸，不遷其職」，〔註83〕爲在籍官員、紳士就地任職，或官員長期在一地任職，發揮地利、人和的優勢開了方便之門。

其三，推動團練跨地域作戰，使之成長爲朝廷的軍事支柱。雖然，咸豐帝乃至曾國藩在辦理團練之初都預設團練爲低度軍事化組織。如曾國藩所說：團練「重在團，不重在練」，「團與保甲名雖不同，實則一事」。〔註84〕但實際上，團練是低度軍事化還是高度軍事化，並不決定於其練與不練的形式，而決定於其能否大規模跨越原籍作戰的制度安排。因爲，一旦允許團練跨越原籍作戰，就意味著其地方色彩的淡化，不僅地方名流不得不跳出狹隘的原籍來考慮戰事合作問題，朝廷也不得不從國家整體軍事資源布局的高度來調度這些「地方武裝」。〔註85〕而且，隨著團練脫離原籍，長途奔襲，其作戰能

〔註81〕清文宗實錄，卷 316〔M〕。
〔註82〕張研、牛貫傑，19 世紀中期中國雙重統治格局的演變〔M〕，中國人民大學出版社，2002 年，第 224 頁。
〔註83〕呂賢基傳〔A〕，見：清史列傳，卷 41〔M〕。
〔註84〕曾國藩，復丁稚璜中丞書〔A〕，見：皇朝經世文編續編，卷八一〔M〕。
〔註85〕孔飛力認爲江忠源率楚勇進入廣西追擊民變分子是地方武裝由擔負地方責任向承擔國家防禦的開始。參見〔美〕孔飛力，中華帝國晚期的叛亂及其敵人〔M〕，中國社會科學出版社，1990 年，第 107～120 頁。

力、補給能力自然有別於原先的保甲，而向正規的軍事組織看齊。所以，朝廷推動由紳士主導的團練跨地域活動，是紳士分享國家對軍事壟斷權力的關鍵性制度設置。雖然，咸豐帝曾明令「所有團練壯丁，不得遠行徵調」，但他馬上就改變了最初的設想。如果說江忠源率地方武裝出擊廣西一事只能算自作主張（沒有朝廷的正式要求）的個案的話，那麼曾國藩的湘勇大舉轉戰鄂、贛、皖、浙、蘇則完全出於朝廷的催促。咸豐三年八月，在曾國藩被委派「幫同辦理本省團練鄉民稽查土匪諸事」僅九個月後，其湘勇尚未練成之時，就被朝廷催促增援湖北。接著在該年十月至次年一月間，朝廷又三次督請曾國藩援救鄂、贛、皖。儘管最初的幾次催促，曾國藩均未應令，但從中足以看出朝廷對地方名流及其地方武裝的重新定位。事實上，許多地方團練在組建之初（如當時廣為流行的復合團）就有跨越原行政邊界之勢，這主要是戰事合作和親屬關係互保安全的需要。它完全打破了朝廷希望地方行政官對屬地團練進行領導的計劃。在一些地方，如安徽桐城，甚至出現團勇公然放言「紳管我，官不可管我」。〔註86〕對此，朝廷均予包容。朝廷在被太平天國擊潰和紳士分享軍權的兩難之間只能選擇後者。

其四，「勇營留防」，確認紳士主導的地方部隊成為國家經制軍。勇營在19世紀中葉清廷平定太平天國和捻軍的戰略布局中一直是作為應戰事急需的權宜之計加以考慮的。儘管其實際作用恰好與國家經制的綠營軍換了位，是主力的角色。按照最初的設想，一旦戰事告終，勇營將被裁撤。果真如此，則隨勇營一同勃起的地方勢力和紳士的權威將大打折扣，地方勢力和紳士分享國家軍事壟斷權的事實也會因其經營的勇營終不能成為國家正規軍而得不到合法化。但是，國家經制的綠營軍實在腐不堪戰。為貫徹既定戰略，自1860年，江南大營再度被太平軍攻破後，清廷曾仿勇營之制改造綠營，名為「練軍」。然而，綠營積重難返，對於綠營的整頓不是一朝一夕便可奏傚之事，不僅攻守仍仗勇營，甚至拱衛京師的本職也需調勇營協防。因此，在設立練軍的同時，清廷最終確立了「勇營留防」的政策。同治元年（1862年）七八月，淮軍勇營萬人駐近畿保衛京師。它標誌著「勇營」合法地成為國家正規軍。〔註87〕「勇營留防」實際上留駐的是地方名流在國家軍事領域的地位，使一批批

〔註86〕方江，家園記〔J〕，安徽史學，1986年（2）。

〔註87〕張研、牛貫傑，19世紀中期中國雙重統治格局的演變〔M〕，中國人民大學出版社，2002年，第276頁。

辦團練起家的紳士得以源源不斷地進入上層政權。

2、紳士染指財稅大權

在太平天國軍興以前，紳士也常以包稅人的身份介入稅收領域。不過這種介入，在性質上只是紳士的一種附帶性經濟惠顧，在程度上只是官府的協理，不能算作真正染指財稅權。統一的財稅體制是皇權一統、國家一體的支撐及象徵，歷來為朝廷所堅守。按舊制，清廷涉及軍餉的安排主要有兩點：一是統兵與籌餉分離；二是實行解餉、協餉制度。解餉、協餉在中央由戶部統一掌握，地方則由布政司主管按戶部指令具體執行，遇有重大征戰，軍餉由戶部直接撥發，或責令戰區附近省份調撥，領兵將領並無餉權，地方督撫也無權支配戰時協餉。

然而，咸豐帝在委派團練大員時，國庫空虛，朝廷對經制正規軍的軍餉尚不能足額發放，因此，對團練大臣除了發一紙委任狀外，咸有其他的實際支持。〔註88〕而對一般紳士舉辦團練更只能開具空頭支配。在地方名流舉辦團練之初，團練多在縣鄉域內活動，所需經費主要由名流個人資財和合族產業籌集。但隨著團練規模的擴充和流動作戰的需要，原先的經費籌措形式已無濟於事。為了讓地方名流迅速招募到鄉勇，形成更大的戰鬥力，朝廷突破了原有政策界限，放手讓地方大員、紳士自籌兵餉，自辦團練。紳士因而得以以「軍需」的名義分享朝廷的財稅大權。其中包括稅目及稅率的動議、稅務管理和稅金的支配，可以算是具有較為完整的財稅徵管及使用權。咸豐帝為了讓紳士盡心報效朝廷，甚至將團練經費籌辦、管理權封閉性地授予紳士，明令官吏不得假手。正如他在勸諭地方紳士辦理團練時多次承諾：「一切經費均歸紳耆掌管，不假吏胥之手」。〔註89〕當然，紳士染指這些權力實際上是與地方官合作或借地方官的名義實現的。對團練領袖提出的籌餉要求，地方官總是盡力向朝廷奏請。因為，地方官有守土保民之責，卻無官軍可依，只得靠團勇出力。而對地方官和名流之請，朝廷也大都准允。

其一，准允地方因籌辦軍需在正賦之外開徵新的捐稅。太平軍興時期，

〔註88〕如薛福成說，安徽團練主辦呂賢基「無兵無餉，赤手空拳」，只能一死報國。
　　　　皇朝經世文編續編，卷八一。
〔註89〕清文宗實錄，卷81。類似的諭旨，如「其經費應由紳士自行經理，豈可官為
　　　　抑勒」、「一切經費不令官吏經手」、「一切經費皆由紳民量力籌辦，不得假手
　　　　吏役」。分別見清文宗實錄，卷77、83、87。

地方開徵的捐稅名目繁多，如畝捐、釐金、房捐、米捐、鋪捐、茶捐乃至鴉片捐等等。其中，對紳士辦理團練支持最大的是按田畝或糧額徵收的「捐輸」以及向坐商徵收的「釐金」。〔註90〕這些稅目多係即時開徵，先徵後奏的。如按田畝或糧額徵收的「捐輸」便是由四川地方探索出來的一種稅外稅，〔註91〕鴉片捐由江南大營和閩、浙、蘇等地開創。羅爾綱概括的湘軍籌餉七法：「一辦捐輸，二運餉鹽，三興釐金，四撥丁漕，五請協濟，六提關稅，七收雜捐」。〔註92〕悉由自籌自辦，不受戶部、兵部及地方督撫控制。

其二，讓紳士及其掌管的團練局更深度地介入征稅過程，實際籌辦稅款事務。雖然，新稅目的動議和奏請主要是以地方官府的名義提出的，但具體徵管事務卻多係紳士控制。以接受「捐納」爲例。按照舊制，捐輸人須赴戶部捐輸領照，捐輸款歸戶部撥用。太平軍興之後，清政府爲籌措軍餉，鼓勵捐輸，同意先頒空名部、監二照給各省藩司，捐輸人可直接在省交捐領照，補填姓名等。1853 年曾國藩奏准，湘軍可在湖南、湖北、安徽等省「隨處勸捐」。次年春，又奏請領空白部、監二照共 4000 張，3000 張由四川、江西、湖南勸募，捐銀徑撥湘軍，餘 1000 張由湘軍自行勸募，軍隊調到哪裏，就在哪裏賣官鬻爵。〔註93〕此時的曾國藩仍未實授官職，只是在籍縉紳幫辦軍務的身份。從中可見朝廷向紳士讓渡財稅權的力度已超出財稅領域本身，而滲入到吏治這樣的政治領域。至於農業捐和商業釐金的徵收及管理更是由紳董局把持的。開徵釐金，從動議到具體經辦過程均與紳士密不可分。釐金最初於 1853 年爲解決江北大營正規軍的軍需，由監生錢江提議而設。自釐金創設伊始，爲防商行與吏役徇私，便確定了由本地公正紳董專司的體制。釐金創設收效後，咸豐帝於 1854 年三月寄諭「各就江南北地方情形，妥速商酌」，「勸諭紳董籌辦」，釐金由此推廣開來。〔註94〕孔飛力通過對貴州「義穀」稅（農業捐的一種）徵收的考察，認爲它幾乎不受政府控制，其稅率和徵收方法變化很大，由團練自己執行。以至「一個知縣幾乎不能檢查有影響的紳士通過

〔註90〕釐金的徵收後來擴展到行商，因而釐金有「坐釐」和「行釐」之分。

〔註91〕咸豐三年十月，朝廷爲解財政的燃眉之急，命川、晉、陝試辦預先徵借（寅徵卯糧）。次年正月，川省爲方便徵收改以錢糧津貼停止徵借，後又於津貼之外按田畝或糧額加徵。此法後來推廣到蘇、皖、湘、粵、黔、滇諸省。

〔註92〕羅爾綱，湘軍兵制〔M〕，中華書局，1984 年，第 121 頁。

〔註93〕曾國藩全集，奏稿一〔M〕，第 84、103、104 頁。

〔註94〕周育民，晚清財政與社會變遷〔M〕，上海人民出版社，2000 年，第 167 頁。

團練局所操縱的收入和開銷，而這些局私自收稅的權限隨著時間推移逐漸增加了強制力和豁免權」。〔註95〕

其三，地方名流可以截流、動撥解款和漕糧。正賦錢糧解部備撥也是朝廷財稅一統的基本制度。但太平軍興時期，賦稅徵收銳減，戶部即便把可控稅源都集中起來也難以滿足地方尤其是軍務撥款的要求。也就是說，象徵中央集權的統收統支的財政體制應付不了糜費的擴張。所以，戶部只好准許事實上廣泛存在的地方截流、動撥解款和漕糧的做法。如咸豐三年（1853 年）秋，為解決湘軍水師籌建資金，曾國藩奏請提取途經湖南解往江南大營的粵餉銀四萬兩。〔註96〕這筆錢也是江南大營的救命錢，是按照嚴格的解協餉制度督辦的。朝廷准曾氏所請，授讓的是中央、正規軍和制度的權威及利益，不經權衡是不會輕易作出的。如果說此舉還屬對曾氏的推恩個案的話，那麼，次年戶部公開承認無法籌措餉銀，准各地軍糧臺就近截留漕糧、倉社米穀，〔註97〕當屬朝廷向地方及名流放權的正式安排。自此，各地大規模截留京餉、協餉之事，便成為常例。其情形如曾國藩所說：「自軍興以來，各省丁漕等款，紛紛奏留，供本省軍需」。〔註98〕曾國藩由在籍紳士恢復正式官員身份後（任兩江總督），進行了更大膽的使其財政脫離戶部控制的嘗試。包括設立不受戶部直接控制的新收入項目，隱匿地方固定歲入，允許下級統領建立自己的釐金局。〔註99〕這些動作事實上都得到了朝廷的包容，並為後來的淮軍及其它地方團勇所仿傚。地方團勇的餉銀因而大大優於國家正規軍，朝廷的讓利政策孵化了地方名流旺盛的生財能力，使他們履行職責有了根本的保障。〔註100〕

其四，不拘奏銷舊制，將地方及名流的戰事收支一體合法化。按照清朝的規定，不論行軍打仗所用軍需銀糧，還是民政河工所費賑銀料款，均有一套嚴格的報銷制度，即「奏銷」。按舊制，要過戶部的奏銷關，一是所用科目需有官文旨准或符合部規；二是用度有憑，錙銖必較，毫末必駁；三是奏銷

〔註95〕〔美〕孔飛力，中華帝國晚期的叛亂及其敵人〔M〕，中國社會科學出版社，1990 年，第 91 頁。

〔註96〕史林、遲雲飛，曾國藩大傳〔M〕，中國經濟出版社，2001 年，第 211 頁。

〔註97〕清文宗實錄，卷 139〔M〕。

〔註98〕曾國藩全集，奏稿七〔M〕，第 3997 頁。

〔註99〕參見〔美〕費正清，劍橋中國晚清史上冊〔M〕，中國社會科學出版社，1985 年，第 318～320 頁。

〔註100〕地方團勇的軍餉達到一般水平的 3 倍之多。〔美〕芮瑪麗，同治中興——中國保守主義的最後抵抗〔M〕，中國社會科學出版社，2002 年，第 243 頁。

人要繳納一定費用，即「部費」，一般情況，奏銷費越多，需繳納的「部費」也越大。奏銷制度是維護財政集權的終端性制度和程序安排，有利於控制各類財政用度的規模，保證其使用方向和方式的合理、合法。然而，在戰時，軍需支用人的支用行為要符合上述條件往往是十分困難的。特別是在這場鎮壓太平天國的戰爭中，時間長達十數年，朝廷耗費多，參戰的部隊魚目混雜，各隊人馬又均兼籌用（收支）於一身，出現的許多問題難免有礙於正常奏銷。如因戰事轉移造成的資料遺失、經手人更迭頻繁而令帳目移交不清、錢糧為敵所掠、戰亂中支領行為的隨意性等等，當然還少不了大量剋扣侵吞之舉。凡此種種，如果依例奏銷，必定數額出入甚遠，則「自帥臣以逮末僚，凡廁身行間，勻攤追賠，無一漏脫。存者及身，死者子孫，久迫追呼，非呈報家產盡絕，由地方官驗明加結具文咨部，不能完案」。所以，凡經手籌措支用的統軍大員、地方官佐和名流紳士無不憂心於此。即便是曾國藩那樣的領軍人物也早早地琢磨起奏銷一事。咸豐七年（1857 年），戰事還遠無端倪，他就上折為日後奏銷可能遇到的麻煩陳述理由，說：「臣處一軍，未經奏派大員綜理糧臺，亦無專司之員始終其事。初在衡州造船、募勇，冒昧從事，條理未精。厥後越境剿賊，用銀漸多，歷時漸久。所募概係勇丁，將領多係紳士。官事非其所嫻，冊報間有未備。而又與湖南、湖北、江西三省總局相交涉，有先在臣處糧臺領餉，而後在他處支領者；有本在臣處領餉，而他處亦時為接濟者。又有由江援鄂，由鄂援江，忽分忽合，中間並無餉可額者。臣處辦理報銷，比他軍尤覺散漫難清。」〔註101〕朝廷對前方將帥及名流在奏銷問題上的擔心採取了務實和網開一面的態度，有利於戰事和不令統軍名流寒心是朝廷堅持的大原則。所以，當咸豐帝接到曾國藩的奏摺後，即照曾氏所請，朱批「戶部議奏」。戶部也緊接著覆奏「曾所擬尚屬妥協」。這種態度對各方領軍士紳來說無異於吃下了「定心丸」，激發了他們在後續的戰事中報效朝廷的熱情。

當戰事臨近尾聲，奏銷問題不得不提上議事日程之時，中央和地方、大臣與書吏間圍繞如何辦理這一大宗奏銷案展開了較量。特別是那些援例奏銷的既得利益者，早就串通起來鼓動循例報銷。「戶部書吏知復城之不遠也，報銷之難緩也，約同兵、工兩部蠹吏，密遣親信分赴髮逆被擾各省城，潛與各該省佐雜微員中狙詐狡黠、向與部書串通又能為笑庫大吏關說者，商議報銷

<hr>

〔註101〕史林、遲雲飛，曾國藩大傳〔M〕，中國經濟出版社，2001 年，第 409 頁。

部費，某省每百幾釐幾毫，粗有成約，一面遣派工寫算之清書，攜帶冊式，就地坐辦。」〔註102〕不過自動議之初，朝廷和部院大臣就沒有拘於慣例、貪戀既有利益，而是沿著遷就地方名流的方向進行安排。先是戶部郎中王夔石（文韶）「灼知將來報銷萬無了局，因創請免冊報私議，堂司同僚中多有聞而善之者」。繼而大學士領戶部事務大臣倭仁採納王夔石「免冊報私議」的建議，並領銜上奏：「則例所載徵調，但指兵丁；而此次成功，多資勇力。兵與勇本不相同，例與案遂相歧出。在臣部，引例核案，往返駁查，不過求共造報如例而已，要不能於既支之帑項，再求節省。而各處書吏，藉此需索，直屬防不勝防。糧臺委員藉以招搖，甚至費外加費，費無所出，則浮銷苛斂之弊興。……應駁之款，或數十萬，或數百萬，甚且著落賠償。勞臣戰將，酬庸於前而追呼於後，無論力有未逮，恐非國家厚待勳舊之心。……臣等公同商酌，所有同治三年六月以前各處理軍需，未經報銷各案，擬懇天恩，准將收支款目總數，分年分起，開具簡明清單，奏明存案，免其造冊報銷。」〔註103〕倭仁是朝中清流派的代表，素以守舊迂腐著稱。然而在這份奏摺中，他自揭舊制之陰暗，聲明國家應有之大義，深爲各方所饜服。倭仁此疏立即得到同治帝旨准，並頒諭中外。雖然，晚清政府作出這樣的安排實屬不得已而爲之，但此舉將地方名流在戰時的各種合理、不合理的開銷都一體合法化了，是清廷對漢族紳士的巨大讓步。時人曾譽之爲清朝「開國二百二十年所未有也」，所以「詔書既降，都中人士歡聲如雷」。〔註104〕

財稅大權爲國家之核心利益，清廷通過上述一系列的制度安排，出讓核心利益達到了整合漢族士人之心的目的，這或許也是同治年間在漢族紳士的支持下，清朝得以出現短暫的中興局面的一大因素。

3、推行學額獎勵制度

學額是傳統知識權力化社會中的一個關鍵字眼，遠非現代社會裏的學位可比。增加一個學額意味著誕生一個紳士，多一個享受特權的人，在一個相對封閉的社會裏，大規模增加學額將引起社會結構和社會各階層力量對比關係的變化。所以，在傳統社會裏一個地方的學額多少均有定制，相對穩定。如江西吉水縣縣學，自雍正四年題請因文風日盛，而增加過學額後，一直到咸豐年間才

〔註102〕吳慶坻，蕉廊脞錄，卷二〔M〕，中華書局，1990年，第39頁。
〔註103〕戶部，奏免軍需造冊報銷疏〔A〕，見：皇朝經世文續編，卷78〔M〕。
〔註104〕吳慶坻，蕉廊脞錄，卷二〔M〕，中華書局，1990年，第40頁。

有增加。〔註105〕這種情況並非特例。學額變動權一直控制在皇帝和朝廷手中，讀書人在沒有爭取到學額使自己轉變成紳士之前，是沒有權力可言的。朝廷掌控學額是馴服讀書人，確保皇權與紳權緊密結盟的基本制度設置。

如前所述，龐大的科考人群與稀少的學額之間形成的巨大反差是明清以來制約士人出路、撩動讀書人反叛之心的一個重要因素。有鑒於此，太平天國慷慨奉行寬鬆的學額制度，既解才匱之迫，又成與朝廷爭奪讀書人之勢，對朝廷與士人的結盟關係構成了一定的挑戰。爲夯實朝廷與士人的聯盟，晚清當局除了向士人開放軍權、財權之外，就是鬆動對學額的控制權。清廷把鼓勵士紳勸捐與增廣學額結合起來，畢籌款和解決士人出路之功於一役，在一定意義上將學額的控制權交給了士人自己。咸豐三年三月，爲刺激紳民捐輸，咸豐帝頒旨「凡紳士商民捐資備餉一省至 10 萬兩者，准廣該省文武鄉試中額 1 名；一廳州縣捐至 2000 兩者，准廣該處文武試學額各 1 名。如應廣之額浮於原額，即遞行推展。倘捐數較多，展至數次猶有贏餘者，准其於奏請時，聲明分別酌加永遠定額。」〔註106〕稍後，又補充規定「或因捐銀較多，准其酌加永遠定額。一廳一州一縣捐銀一萬兩，加文武學定額各一名。均以十名爲限。」〔註107〕

清廷鬆動對學額控制權的安排，收到的最大成效並不在於聚集民資，而在於推動地方的整合和紳民的團結，在於給苦苦追求功名的讀書人增加了希望。因爲，地方的安全保障、利益維護和社會公益的主持大都仰仗紳士出面。一般情況下，多一個有功名的人，對一個地方來說就多一個溝通官府的人，就多一分希望和機會。而紳士、功名都由學額限定。根據新規定，地方紳民可以通過合力捐輸的辦法爲本地爭取到更多的學額，如非地赤民貧，否則他們沒有理由不去努力爭取。正如張仲禮先生的研究表明，太平天國前後，全國生員數由 74 萬人上升到 91 萬人，比增 23％，全國紳士數由 110 萬上升到145 萬，比增 32％，全國因捐輸永廣的學額達 4648 個，是正額的 18％，〔註108〕各地爲爭取學額的態度和力度都非同小可。特別是許多地方都將規定可增

〔註105〕學制〔A〕，見：光緒，吉水縣志，卷 21〔M〕。
〔註106〕中國第一歷史檔案館編，清政府鎮壓太平天國檔案史料第 6 冊〔M〕，社會科學出版社，1992 年，第 123 頁。
〔註107〕欽定大清會典事例，卷 720〔M〕，商務印書館，光緒三十四刻本，第 5 頁。
〔註108〕參見張仲禮，中國紳士——關於其在十九世紀中國社會中作用的研究〔M〕，上海社會科學出版社，1991 年，第 110、150、96 頁。

廣的上限名額用足了，在那裏增廣學額數與原學額數之比多在 40% 以上（如表 3－1 所示），按一縣捐銀一萬兩加文武學定額各一名的標準，一縣加足文武學額各十名需捐銀十萬兩以上，這在戰亂災疫交加之際，如非當地紳民團結合力是不容易做到的。〔註 109〕

表 3－1：咸同年間江西撫州府學額加額情況

		文　學		武　學		加額比例
		正　額	加　額	正　額	加　額	
府　學		20	9	15	9	51%
縣學	臨川	20	7	15	7	40%
	金溪	20	9	15	9	51%
	崇仁	12	10	12	10	83%
	宜黃	15	10	12	10	74%
	樂安	12	10	12	10	83%

資料來源：光緒《撫州府志》（二），光緒二年刻本影印，第 466 頁。另據張仲禮的整理，當時全國幾個富庶省份因捐輸獲永廣學額與正額學額的比例分別為：江西 50%、四川 40%、湖北 39%、廣東 31%、福建 29%、江蘇 26%、浙江 21%（原學額基數較大），說明大規模增加學額並非個別現象。參見張仲禮：《中國紳士——關於其在十九世紀中國社會中作用的研究》，上海社會科學出版社，1991 年，第 96 頁。

縣是傳統制度設置的最基層行政區域，是朝廷與民眾聯繫的結點，承載著上承皇恩、下訪民情的重任。歷來國家的治亂和縣域社會的穩定與否密切相關。清廷鬆動學額控制的做法得到最多關注、產生深刻影響的就是縣域社會。因為，入縣學、成為生員是讀書人獲取功名進入紳士行列的起點，通常所說的科場機會少，首先就是指縣學學額太少。前文述及，清末舉人與秀才限額的實際比例按大、中、小省，分別是 80：1、60：1、50：1，參加會試殿試考進士，比例大約是 30：1、40：1，而童生考取生員的比例大多在 100：1

〔註 109〕同治七年，朝廷復准將原捐一萬兩准加永遠定額一名的標準提高到二萬兩。如果按此標準，一縣要增廣學額，紳民還將捐費更多的銀兩。參見欽定大清會典事例，卷 370〔M〕，商務印書館，光緒三十四刻本，第 1 頁。

左右。能否成爲紳士與能成爲什麼層次的紳士對讀書人來說，是不同性質的問題。就一般讀書人而言，成爲紳士是他們一生最先的關注點。縣學學額的多少就是關乎有多少讀書人獲取功名，朝廷能在多大的程度是籠絡讀書人的根本性問題。通過捐輸的辦法允許一個本來只有10～20個學額的縣最多可增加10個學額，就是讓縣裏的讀書人增加一半乃至一倍的中式機會。這無疑對安定最基層的讀書人的心，並通過他們穩定鄉村的秩序可以起到鑭手鑭式的作用。由此，人們或許不難理解何以太平天國爭取不到士人、撼動不了由鄉紳控制的鄉村秩序，以及太平天國之後，晚清發生的1300餘起民變或暴亂何以多湧動在城市，而很少生長在農村的邏輯。

　　准允各地累積捐輸、整體獎勵學額的辦法與捐納人自己獲得功名的辦法有極大的不同（儘管捐輸人仍可能獲得獎敘）。除了有利於增強地方的合力，擴大本地紳士的規模，還使新增紳士的素質不至於大失水準。因爲，增廣的學額並不規定由特定的人獲得，儒生仍需經過正常的科考才能入學。正如當時的《北華捷報》評論說：「按此建議既可達到目的，又不會導致紳士資格的貶值。……按其捐輸額每縣都將有辦法爲它的士子搞到比從前更多的學額，同時又不會降低考試水準而蒙濫觴之弊。」

　　綜而言之，清廷在與太平天國的較量中，高舉儒學大旗，重振士人信心，又通過一系列放權讓利的制度安排，授士人以實際利益，士人從「義」、「利」兩方面衡量都有充足的理由選擇與朝廷合作，極大地孤立了太平天國，使太平天國的競爭力難以爲繼。正如陳旭麓通過比較圍繞在洪秀全與曾國藩周圍的人物，得出結論說：「十九世紀中期中國的才識之士無疑更多地站在傳統一邊。他們以個人的選擇，表現了某種歷史的選擇。」〔註110〕而芮瑪麗對清廷與太平天國的得失比較更清晰地表明，兩者的成敗幾乎就集中在知識權力化努力的差異上，就在於士人對兩個陣營的選擇上。她說：「在太平天國最虛弱的地方，正是中興最強大之處，這具體表現在領導人的素質上、行政管理上、意識形態和士氣上。太平天國有1個李秀成，在中興的陣營中就有50個『李秀成』；太平天國只滿足於佔領城市，清政府卻密切注視著它自己統治區域內的行政管理；太平天國的民族主義和宗教的混淆未能打動大多數中國人，而曾國藩復興儒學的宣傳卻容易贏得人心」。〔註111〕

〔註110〕陳旭麓，中國近代社會的新陳代謝〔M〕，上海人民出版社，1992年，第84頁。
〔註111〕〔美〕芮瑪麗，同治中興——中國保守主義的最後抵抗〔M〕，中國社會科學

第三節　政治整合的代價：知識權力化膨脹

知識權力化社會的初始邏輯是在共同尊崇儒學的框架下，皇權授予掌握經典知識的士人以各種特權，作爲回報，士人臣服於皇權，並與之結成同盟，在統治集團內部抑制豪強地主的擴張，在統治和管理社會中承擔整合民眾的中介。士人的權力和功能都處於被動輔助的定位。而在咸同之際，清廷與民變運動的鬥爭中，隨著皇權和國家系統（軍事、行政、財政和鄉村體系）的能量急劇萎縮，朝廷不得不調整制度安排，動員地方名流與朝廷合作平亂時，這一邏輯便開始出現了扭曲。雖然地方名流確如朝廷所望，成了平亂的中堅，但其自身的力量也急劇膨脹。以至在一定程度上呈現這樣的勢頭：軍事上地方團勇替代國家經制軍成爲主力，行政上團練局侵蝕地方官府的權能，基層社會則鄉紳和宗族控制著保甲里甲體系。幾乎在紳士發揮政治整合作用的每一個方面，都表現出朝廷和社會離不開紳士的局面，結果使本來的中央對地方、皇權對紳權的垂直控制模式開始向地方名流擁兵擁財自重的對話模式轉型。雖然，朝廷仍然維繫著對地方名流的主導形式，但其主導程度越來越取決於地方名流自律的程度。原初知識權力化社會由皇權整合紳權、紳權整合民權的運作結構朝著有利於紳權的方向位移，並使皇權與紳權之間的張力膨脹到知識權力化社會所能承受的極限。

一、地方名流恃勇挾國

在 19 世紀中期前，清軍主要由八旗軍和綠營兵組成。其基本的管理制度有五個方面：一是世兵制，八旗軍和綠營兵均有兵籍兵額，士兵一經入伍即爲職業軍人，額兵補充多來自兵籍之家。二是朝廷統兵，八旗軍的統兵體制是皇帝——旗主（順治親政後旗主的軍權完全收歸皇帝）——旗兵；綠營兵則由皇帝通過兵部管理。三是戰練體制，綠營兵是清朝平定三藩之後的主力軍，其統兵將領與練兵將領往往分開，遇有戰事「將皆選調，兵皆土著」，常常出現兵不識將，將不識兵的情形。〔註 112〕四是統兵與籌餉分離，軍餉統一由兵部和戶部核撥。五是文武互制，廣泛推行迴避制。武職雖統兵，軍令則文職之手，而文人又不知兵，令二者均不得以擅兵。朝廷還對將官規定了宗

出版社，2002 年，第 126～127 頁。
〔註 112〕參見羅爾綱，湘軍兵制〔M〕，中華書局，1984 年，第 143、203、209 頁。

親、任所和籍貫等數項迴避制度，以防軍內結黨營私。〔註113〕概而言之，一個基本點就是兵權由皇帝和朝廷壟斷，防止文武滲透及地方軍閥的成長。然而，自 19 世紀中期起，地方名流從創辦團練、勇營（勇軍），一步步走向高度軍事化。高度軍事化的地方團勇不僅在戰鬥力上超過了國家經制軍，而且形成了一套完全有別於朝廷既有的治軍制度和指揮體系。其核心是團勇私人化，割斷兵與國家的關係，使朝廷難以按傳統的軍事制度調度地方團勇，國家的軍事職能需要依賴地方名流及其團勇來履行。自此，地方名流便一直主導著晚清軍事制度的改制。

1、團勇私人化

團勇的私人化運作始於湘勇（俗稱湘軍）。曾國藩在創湘勇之初便確立了「改弦更張」和「赤地立新」的原則，完全與國家經制兵八旗和綠營制度分離。其中，最突出的就表現在以「募兵制」替代「世兵制」。「募兵制」有三個特點：一是逐級募選，兵為將有。全軍由曾國藩選統領，「營官由統領挑選，哨弁由營官挑選，什長由哨弁挑選，士兵由什長挑選；好似一株大樹一樣，大帥如根；由根而生幹、生枝、生葉，都一氣所貫通。故其兵弁但知有營、哨官，營、哨官但知有統領，統領但知有大帥」。〔註114〕二是同鄉同族招募，並「取具保結」。曾國藩認為，將勇之間有鄉情、親情，「易於合心」。〔註115〕所以，在湘勇中往往整營的勇丁都來自同一個地方，勇丁之間通常還有宗親關係。這樣整個湘軍就如一支由小宗而大宗的宗派式軍事組織。有學者評價說：「湘軍之可貴者，各有宗派，故上下相親。」〔註116〕基於這種宗派關係，湘軍各營便以其統領的名字、輩份或地區號分支系，如霆字營、昌字營、禮字營等等。後來，淮軍承其制，形成了武毅軍、銘軍、開軍、奇軍、鼎軍、盛軍、樹軍、慶軍、松軍、勳軍和仁軍等十一個分支。〔註117〕三是實行將在勇留，將去勇撤的遣撤制度。由於勇為將所募，將和勇之間構成一種雇傭關係，將官調離或戰死，這種雇傭關係也就不存在了。如果要換新的將領來統兵，則必須將該營解散，重新招募，形成新的雇傭關係。直所謂「其將死，

〔註113〕劉展，中國古代軍制〔M〕，史軍事科學出版社，1992 年，第 506 頁。
〔註114〕羅爾綱，湘軍兵制〔M〕，中華書局，1984 年，第 212 頁。
〔註115〕曾國藩，復朱堯階〔A〕，見：曾國藩全集書剳，卷 4〔M〕。
〔註116〕王闓運，湘綺樓日記〔M〕。
〔註117〕王爾敏，淮軍志〔M〕，中華書局，1987 年，第 184 頁。

其軍散，其將存，其軍完（好）。」〔註118〕下面的例子可以對湘軍「兵為將有」的制度作出精當的詮釋。同治六年（1867 年）霆營統領鮑超因病重回籍，須人接統，其部將以宋國永、婁雲慶二人為最著，但婁雲慶老早離開霆營署直隸提督，他在霆營裏的個人關係已經不存在了，而宋國永卻始終在霆營，他在霆營裏面關係極深。但曾國藩卻惡宋而喜婁，因奏請調婁雲慶回統霆營。霆營將士聞訊，公稟曾國藩拒婁而擁宋。曾國藩只得一面下令將霆營遣撤，一面令婁雲慶馳往就已撤的舊勇招募成軍。果然，經這一新募程序，將還是原來的將，勇還是原來的勇，而雇傭關係卻理順了。〔註119〕由此可知，即便同屬湘軍將領，只要不是原「主顧」便不能隨意走馬換將，更不要說，湘系以外的勢力（包括朝廷）能對湘勇有何影響了。支撐「募兵制」的堅實基礎就是軍餉自籌，前文已有詳述。與「世兵制」和撥餉制起到固著國家與士兵關係不同，「募兵制」和軍餉自籌是剝離國家與軍隊關係的體制。照舊制，士兵吃皇糧，其顧主是皇帝；按新制，勇丁吃「帥糧」，其顧主是將帥，而「帥糧」多源於紳捐，所謂「紳管我，官不可管我」之例由是而生，在該體制中，團勇只接受紳權，而不接受皇權。

2、士人統軍

「以紳士領山農」是湘勇立軍的另一基本原則。曾國藩是晚清理學領袖，他十分清楚，實行募兵制，如果將是無信仰、無思想、無修養之人，會對軍隊的節制、中興事業帶來什麼影響。此外，他歷來主張「團練重在團，不重在練」。所謂「團」就是合作精神，這需要通過「訓」來塑就。「訓」就是向部隊進行以三綱五倫為核心的思想教育和軍紀教育，曾國藩稱之為「訓家規」、「訓營規」。〔註120〕顯然，要訓練出這樣有思想的部隊，僅僅靠武夫是不行的。所以，他確立帶勇之人的第一條標準就是要「才堪治民」，他們需要招聘紳士文生來充任。〔註121〕為此，他專門作《招募紳耆書》，給湘潭紳士寫公開信，勸士人出山助力。根據羅爾綱先生對湘軍182 位重要人物的出身統計，有104 位是文士，書生近乎六成。〔註122〕另據龍盛運對湘軍初創時期59 位湖

〔註118〕王闓運，湘軍志，營制〔M〕。

〔註119〕羅爾綱，湘軍兵制〔M〕，中華書局，1984 年，第 134 頁。在該書 140 頁，他還列舉了將官因病、履新、戰敗等因素離營，而將全營裁撤的例子。

〔註120〕龍盛運，湘軍史稿〔M〕，四川人民出版社，1990 年，第 83 頁。

〔註121〕史林、遲雲飛，曾國藩大傳中〔M〕，國經濟出版社，2001 年，第 177 頁。

〔註122〕羅爾綱，湘軍兵制〔M〕，中華書局，1984 年，第 66 頁。

南籍領軍人物的出身考察，有 40 位士人，紳士比例高達六成八，而他在更大範圍所統計的湘軍 324 位中上層人物中，士人也多達 146 人，儒生超過四成半。〔註 123〕而湘軍元勳級的人物中更是清一色的紳士，如曾國藩、胡林翼、左宗棠、羅澤南、江忠源和劉長佑等。

3、非正式關係僭越制度安排

湘軍中的主要人物，如曾國藩、劉蓉、郭嵩燾、李元度、陳士傑、劉長佑、江忠源、左宗棠、胡林翼和羅澤南等，原本就有在嶽麓或城南兩書院就讀的經歷。他們利用這種學緣關係，不少人又發展成姻親、門生關係。〔註 124〕它們是維繫湘軍成長、壯大的一根重要紐帶。特別是湘軍實行「募兵制」，湘軍內部更交織成一個同鄉、宗親和師生關係的大網。所以，湘軍的運作一直遵循這樣兩條原則：一是將領們都將自己招募的勇營視為自己的武力；二是講究鄉情、親情，特別是師承關係。如非特殊的鄉情、親情和師生情誼，軍隊不會輕易給他人指揮，即便朝廷也不能隨意徵調。甚至於曾國藩和胡林翼這兩大湘軍頭子都認為，「營頭歸人，猶如女子許嫁」，對借撥部隊一事慎之又慎。下面兩個有關調兵的例子足以說明鄉情、親情和師生情誼這些非正式的關係比朝廷的制度安排、乃至聖旨還好使。〔註 125〕咸豐十年（1860 年），曾國藩向胡林翼借調霆、禮二營八千人，胡林翼慷慨地遵示撥調。同時，荊州將軍督興阿奉旨向胡林翼借昌營三千，胡林翼一兵不發。督興阿手中的聖旨還不如曾國藩的一封信有威力，就因為曾胡有特殊關係，而督興阿則與胡林翼八竿子打不著。正如胡林翼在回復曾國藩的信中所說：「手教並大咨霆營六千人，禮營二千人均萬不敢有吝嗇之情，應遵示撥調。皮匠小店非力量能不誤主顧，實以昔年本錢出於老闆」。〔註 126〕咸豐九年，曾國藩奉命援皖，奏請撥調劉長佑部將蕭啓江軍。蕭啓江為曾國藩舊部，後撥歸劉長佑另成一軍，劉長佑係江忠源舊部，而江忠源是曾國藩的門生，劉長佑也曾受曾節制。這樣，曾、劉蕭三人原本是私誼密切的，調兵並非難事。然而，曾國藩此次只奏請奉旨調兵，未提私誼，結果吃了閉門羹。咸豐十年，左宗棠充曾國藩的

〔註 123〕龍盛運，湘軍史稿〔M〕，四川人民出版社，1990 年，第 91～97 頁、第 367～393 頁。

〔註 124〕〔美〕孔飛力，中華帝國晚期的叛亂及其敵人〔M〕，中國社會科學出版社，1990 年，第 189～190 頁。

〔註 125〕案例細節詳見羅爾綱，湘軍兵制〔M〕，中華書局，1984 年，第 214～216 頁。

〔註 126〕胡林翼，致曾滌帥〔A〕，見：胡文忠公遺集，卷 72〔M〕。

軍務襄辦，又擬奏調劉長祐部將蔣益澧軍爲助，曾國藩吸取教訓要左宗棠與劉長祐講「道義金石之交」，函商調兵。曾國藩提醒左宗棠：「閣下與蔭渠（劉長祐）爲道義金石之交，如能屢函商定，然後以一片奏定，乃爲妥善，否則諭旨俞允，而蔭渠不許，仍屬無益。去年奏調蕭軍，幾成嫌隙，可爲鑒也」。〔註127〕左宗棠從其言，果然順利地從劉長祐手中調得蔣益澧軍。

4、團勇首領高官化

湘勇的各級營官多士人，不過多是低級功名和未獲功名的儒生。〔註128〕但是，他們隨團勇的創辦、壯大，而不斷得到保舉和超擢，迅速擠身於上層政權，成爲與朝廷爭利的地方實力派。且不說團勇興辦以來，各地勇士保舉至武職三品以上的人員高達數萬人。單論湘勇被實授三品以上的文武大員，就可以說是人滿廷塞了。以咸豐十一年爲例，朝廷共設八個總督（漕、河三督不計）、十五個巡撫的實缺，湘軍集團竟占總督缺兩個、巡撫缺六個，其比例分別高達1／4和1／2.5。〔註129〕如果從累積任職論，在羅爾綱先生統計的182位湘軍重要人物中，有13人官至總督，13人官至巡撫。〔註130〕咸豐十年至同治三年，湘軍集團有20人出任欽差大臣和督撫。在龍盛運統計的咸豐五年後324位湘軍中上層人物中，有250人任總兵及布政使以上的高官。〔註131〕勇營的另一大系——淮軍，勢力雖然稍遜，但出自其中的高官隊伍也頗爲龐大。據馬昌華統計的114位淮軍將領中，就有53位實授總兵以上的職務。〔註132〕王爾敏所作《淮軍志》中列舉了432位淮軍統將，其中有204位實授總兵以上的職務。〔註133〕清制綠營盍營設三品以上武職646員，提督、總兵僅75員。儘管上列湘淮兩營任職情況是歷時累計的，但即便將646個職數按3年一換全部開缺，十餘年間也只能更換5次，產生3500個左右的三品以上武職空缺。湘淮兩營在其中所佔的比例之高可見一斑。其產生的影響必然是使清廷上層政權的政治生態結構發生重大變化，比如，高官出身的去貴族化、利益代表的地方化、籍貫的南方化等等。這些都對戰後統治集團內部的整合埋

〔註127〕曾國藩，復左季高〔A〕，見：曾國藩全集，書箚，卷13〔M〕。
〔註128〕龍盛運，湘軍史稿〔M〕，四川人民出版社，1990年，第106頁。
〔註129〕龍盛運，湘軍史稿（序）〔M〕，四川人民出版社，1990年。
〔註130〕羅爾綱，湘軍兵制〔M〕，中華書局，1984年，第66頁。
〔註131〕龍盛運，湘軍史稿〔M〕，四川人民出版社，1990年，第367～393頁。
〔註132〕馬昌華，淮系人物列傳〔M〕，黃山書社，1995年，第333～389頁。
〔註133〕王爾敏，淮軍志〔M〕，中華書局，1987年，第137～176頁。

下了隱患。

　　尤其，團勇私人化的軍制還不僅僅限於湘淮兩營。由湘勇創立的上述治軍模式迅速風靡各地。據羅爾綱考究，「湘軍制度給當時軍隊的影響，在咸、同之間，便已經起來了。那時候，綠營殘破，各省疆吏都募兵作戰守，而苦不知營制，到處爭求湘軍營制、營規」。〔註 134〕湘軍刊刻的營制、營規，因應各處的索求，一再翻刻，但仍供不應求。正如李鴻章寫信對曾國藩說：營制、營規「停刻不能，停散則可，然有求者不得不應」。〔註 135〕經廣為刊刻，湘軍營制、營規，不僅在東南各省處處傳遍，即北京也有流佈，甚至，朝廷也仿之「練軍」，以改革八旗、綠營舊制。可見，地方名流不僅控制了國家主要軍力的指揮權，而且拿捏著朝廷軍制改革的主導權。湘淮勇營模式的核心邏輯是剝離朝廷與勇營的直接聯繫，使勇營對國家的忠誠和責任需要通過地方名流來實現。在這裏，紳士並非僅僅是中介者，而已壯大為能動者。其結果是：在軍事領域，皇權和朝廷不斷地被邊緣化，而紳權和地方督撫則漸成中心。這既是晚清咸同年間知識權力化社會膨脹的起因，又是其中的一個後果。

二、團練局的政府化

　　上一章已提及，紳士為更好地發揮救災防疫的功能，通常組織紳董局來統籌慈善事業。不過，這類紳董局與官府的關係主要是合作狀態的，很少會挑戰地方政府的權威。但咸同年間，各地大辦團練之際，紳士主導的團練局的角色和功能就常常踩線僭越地方政府，特別是縣衙的管理權限。團練局一般是地方團練的擴大形式（復合團、社），其合法職能是籌餉和協調組織基層防務。當團練的軍事化程度向高級的勇營發展後，團練局再多了一項為勇營組織兵源的任務。僅此而已。但是，隨著太平天國對朝廷可控資源的消耗，朝廷對上層政權的保衛尚且力不從心，根本顧不上一般地方的防務，更不用說考慮地方社會的治理和發展這樣的問題。朝廷無力為地方政府提供實際的權威支持，於是，不少被戰事波及的州縣，政府幾成了「守印」政府，既無兵、無錢，也無力為地方社會及民眾提供起碼的保障，因而漸失其話語權。而團紳練總籍其掌握的團練經費籌辦權和團練指揮權，加之團練局禦匪衛家之名，在當地頗具親和力，其勢力迅速膨脹到合法職能之外，從防務、財稅

〔註 134〕羅爾綱，湘軍兵制〔M〕，中華書局，1984 年，第 205 頁。
〔註 135〕李鴻章，上曾相〔A〕，見：曾國藩全集，朋僚函稿，卷一〔M〕。

拓展到民事、司法和精神等領域。儼然是一級政府，一些地方甚至出現「局政」凌駕縣政的態勢。

1、團練局權能的政府化

這裏暫且不提林林總總的經驗素材，而僅從規範層面來分析。因為，如果團練局權能政府化的現象能反映在規範制度上，就說明該類現象已被合法化和普遍化了。儘管咸豐帝下發的創辦團練的諭旨中，希望團練控制在地方官府手中，但在實際辦理過程中，由於團練局與地方官府實力對比失衡，許多地方頒佈的《團練章程》中均有將團練權能擴大化的傾向。《團練章程》在當時比皇帝的諭旨、朝廷的政令對團練更具約束力，是各地團練活動的實際規範。

恰如一些學者所注意到的，在戰區中心地區的縣，由於團練的勢力突出，其《團練章程》普遍授予團練局較多較大的權能。如張研等人對安徽宿州縣三個有關團練的規範性文件的分析，認為：「地方上一應事務，小自耕牛田禾被竊、青苗被踐、火災救火，大至『依仗同族邀約多人，詭捏分產借貸等情』，均由團紳練總裁決，至可『糾勇擒捕』」。〔註136〕也就是說，除防務、募兵和籌餉之外，團練局還有民事職能，如分產借貸等糾紛的裁決；刑事司法職能，如偷盜擒捕；地方事務管理，如火災救火等。這些職能原本都是政府份內之事，也是政府合法性來源的重要基礎，由團練局單獨履行或與政府共擔，都是團練局政府化的表現。

其實，這樣的情況在戰區邊緣的州縣也不例外。以廣東嘉應州咸豐年間制定的《團練章程》為例，各類條款合計30條，除其本來職責及上例宿州章程所列的民事、刑事和地方事務管理等權能外，還有所拓展。如對舉鄉約族長、編查保甲、禁游民、防搶奪、禁邪說、申禮教等等。這意味著團練局又在行政、精神領域從官府手中分得了職權。定約編甲原屬地方行政事務，約正甲長例由鄉村民眾推舉，縣署核准。〔註137〕而該章程規定「各鄉自行保舉，無論紳庶但廉明正直素為鄉中所信服者，開列名姓著明某鄉某約人，送總局查訪的確，再行請給諭帖」，又定所有甲約丁冊「一道送存總局，以便檢查」。

〔註136〕張研、牛貫傑，19 世紀中期中國雙重統治格局的演變〔M〕，中國人民大學出版社，2002 年，第 351 頁。

〔註137〕徐棟，定例·刑部則例〔A〕，見：保甲書〔M〕，卷 1 中稱：保甲長由「士民公舉誠實、識字及有身家之人，報官點充」。

〔註138〕這樣，團練局把甲首約丁一體控制於手，在此完全取官府而代之了。

2、「局政」與縣政並立甚至凌駕其上

「局政」與縣政並立，在大辦團練的背景中，實為時勢使然。從制度安排上講，也與朝廷對團練和地方官府地位的認識轉變有關。咸豐最初設想的兩者關係模式是「官主紳助」，如其諭旨所說：「各省紳士團練，原屬幫同地方官辦理」，以「助官兵之不逮」，但稍後他就將兩者放在平行的位置上來考量，要求「各省團練官紳，務各凜遵迭降諭旨，於一切勸捐練勇事宜，均會同地方官和衷籌辦。倘該地方州縣各存意見，致相掣肘，著該督撫嚴行奏參。若該官紳等借團練為名，營私擾累，並著隨時稽查，一併參辦。」〔註139〕儘管這種平行的安排僅限於勸捐練勇事宜，但在戰時，有什麼事不能與籌款、禦匪掛上鈎？團練局由於有了朝廷賦予的與地方政府平等辦差的合法身份，更依其地利、人和及掌握團練實力的優勢逐步攫取權能，甚至凌駕於縣政之上。

關於「局政」凌駕縣政的情形，史家經常援引皖北苗沛霖和南昌劉於潯的例子論證。其實這在當時也不是個案。「局政」凌駕縣政主要表現實際權威和議事程序兩個方面，當然兩方面是密切相關的。在議事程序意義上，「局政」凌駕縣政意味著縣署的決定日益虛化，團練局可變更縣政的決定，使團練局的決定成為真正關鍵的環節。在此不妨再以廣東嘉應州《團練章程》為例，該章程明文表述：章程「各款俱呈明州憲核准施行，但州中地方遼遠，風土人情未能盡知，……如何變通？如何團練？聽各鄉自為裁酌，……詳實著明，報知公局，以便核查」。〔註140〕可見，州署核准之事，團練局掌控的鄉約可予變更，由團練局最終核查。有時通過官府的名義發佈政令，主要是為了行事的便利，實際內容則完全由局紳商定。在安徽桐城，練局出征，有人提出應告之縣官，局紳馬某不悅，道：「告彼云何？」「故兵出宮令不能預聞也。」〔註141〕這也是在議決程序上，團練局比縣署更關鍵的一個例證。

就實際權威而言，團練局勝於縣政的記載更是不勝枚舉。概其類型主要

〔註138〕兵防，附團練〔A〕，見：嘉應州志，卷 15。光緒二十四年刊本影印〔M〕，成文出版社。

〔註139〕清文宗實錄，卷 150。

〔註140〕兵防，附團練〔A〕，見：嘉應州志，卷 15。光緒二十四年刊本影印〔M〕，成文出版社。

〔註141〕方江，家園記〔J〕，安徽史學，1986 年（2）。

有三種：一是團練局把持官府，使州縣的決定操縱在局紳掌中。如湖南瀏陽有團練名「徵義堂」。「其初原為保衛身家，並無異志，後因附和日多，良莠不一，遂致把持官吏，藐不畏法」。〔註142〕浙江餘姚縣紳富平日收租苛刻，各佃戶與之積怨肇仇。時受災，鄉民赴縣請減租穀，紳士前任候選光祿寺署正邵元照等把持官府，署知縣崔家蔭並不親往勘驗，聽紳士指使，批令按七五折完納，知縣賈樹勳到任後復輕聽紳士之言，仍照原批，舉人張文翰、生員洪宗敏、職監史供、監生符方增等各紳於縣堂設局立碑，操縱官府雇勇拿人，以致釀成劫犯圍城鉅案。〔註143〕二是私設公堂，取代官府。如河北在籍紳士前任翰林院五經博士孟廣均因辦理團練，不時赴縣謁見，出入衙門，遇事好為議論，干預公事。因有奉發鈐記，每遇該族訟案，不候官辦，私行出票，傳人訊斷，即為理論。〔註144〕三是要挾官府，迫其聽令。如安徽桐城鄉局捕獲三人，疑為太平軍嫌犯。縣丞審明係逃避戰亂者，然局紳力主殺之，以邀功。該縣宮署令欲再親審，局總馬仲榆致書宮署令幕賓方某：「吾意必殺，不殺，以後有事別找團練！」宮署令遂抱病審訊，眾紳共聽，定以遞解回籍。馬氏仍堅持要殺，宮署令力辯不可殺無辜，無用，只好曲緩說，容再審，如仍未使奸伏盡發，則送局問之，如得其情，則由局正法。〔註145〕

三、團練局對鄉里組織的替代

在傳統的鄉村治理結構中，主要有三種類型的組織發揮作用。一是官方的政治組織，即官府最末位的縣衙；二是半官方的管理組織，其首領由民推舉，縣署核准，如都、圖、鄉、裏、保、甲等。三是純民間組織，如宗族、社、行會等。其中的核心自然是縣衙，他通過委任權掌管著都、圖、鄉、裏、保、甲等管理型組織，又通過紳士的中介間接調控宗族、行會等民間組織。有效的鄉村治理離不開這三者關係的協調，也有賴於官紳關係的和諧，但官府主要期望紳士居鄉起表率、教化、協調溝通等作用，紳士不直接掌管鄉里保甲組織是該制度設置的底線。正如費正清所言：「保甲制要被組織得不讓它落入地方紳士領袖之手，並且打破自然村的界限，使地方的影響仍然是分散

〔註142〕清文宗實錄，卷 81〔M〕。
〔註143〕清文宗實錄，卷 280〔M〕。
〔註144〕清文宗實錄，卷 280〔M〕。
〔註145〕參見方江，家園記〔J〕，安徽史學〔J〕，1986 年（2）。

的，而縣官則可以通過任命保甲長來維持自己獨立的統治機構。」〔註146〕清人劉淇在《里甲論》中說得很明白，鄉里保甲是縣治的觸鬚，「縣何以里，里何以長也，所以統一諸村，聽命於知縣而佐助其化理者也。每縣若干里，每里若干甲，每甲若干村，如身之使臂，臂之使指，節節而制之，故易治也」。〔註147〕當然，縣衙不僅出於管理上的理由需要直接控制鄉里組織，還需要利用它催科納派。所謂「上司之鋪陳供奉……無事不私派民間，無項不苛斂里甲」。〔註148〕所以，縣衙於公於私都十分重視把持鄉里組織。

但事實上，鄉紳不僅在宗族體系中有影響力，對鄉里組織的影響也一樣舉足輕重。正是在這個意義上，吳晗說：保甲長得「同時侍奉兩個上司：一個是上級政府，一個是地方紳士」。〔註149〕只是沒有制度上的認可。不過清朝鄉里制度的基本特徵是輕里重保（前里後保），特別是晚清鄉里體系主要就是保甲組織。另外，官府聯繫鄉里組織是以吏役為橋梁的。〔註150〕這兩方面都為紳士直接控制鄉里組織提供了潛在的可能。因為，保甲組織的基本職能是治安（後又接管里甲的征稅之責），太平軍興後，低度軍事化的保甲根本履行不了原來的職責，而由吏役掌管的鄉里組織早已使之不得民心。針對這種情況，胡林翼告誡下屬州縣：「自寇亂以來，地方公事，官不能離紳士而有為。」朝廷和地方官府比以前任何時候都更重視紳士在地方及鄉村穩定中的作用。咸豐二年始，朝廷多次勸諭紳士創辦團練的諭旨，將地方禦匪防寇之責、籌款派丁之權賦予紳士時，實際上就是從制度上認可了紳士對鄉村社會的控制。

紳士對鄉里的掌控可以從兩方面來分析。一方面，紳士組織的團練局取代縣署掌握了對鄉里組織首領的委任權。上文所舉廣東嘉應州由團練總局核准鄉長、約正及保甲長的例子，不再贅述。同時，由於募兵、籌餉的需要，鄉紳直接擔任鄉里組織領袖的情況已十分普遍。而此前保甲是官府設置以抵消名流支配地方權勢的作用，有功名的名流一般不擔任保甲制度中的職務。〔註151〕

〔註146〕費正清，劍橋中國晚清史上冊〔M〕，中國社會科學出版社，1985年，第32頁。
〔註147〕兵政五〔A〕，見：清朝經世文編，卷74〔M〕。
〔註148〕吏政六〔A〕，見：清朝經世文編，卷20〔M〕。
〔註149〕吳晗等，皇權與紳權〔M〕，上海觀察社，1948年，第136頁。
〔註150〕趙秀玲，中國鄉里制度〔M〕，社會科學文獻出版社，2002年，第215頁。
〔註151〕〔美〕蕭功權，十九世紀的農業中國和帝國的控制：68〔A〕，見：〔美〕孔飛力，中華帝國晚期的叛亂及其敵人〔M〕，中國社會科學出版社，1990年，

　　另一方面，紳士及其控制的新型組織承擔了原鄉里組織的職能。晚清有一定官方身份或職責的鄉里組織主要是保甲、里甲和鄉約。「清代的里甲制始終只負責一種功能，那就是負責地方賦役的徵收」，〔註152〕保甲本來的職能是人口管理和治安，「凡甲內有盜竊、邪教、賭博、窩逃、奸拐、私鑄、私銷私鹽、曬麯、販賣硝黃，並私立名色斂錢聚會等事，及面生可疑、形迹詭秘之徒，責令專司查報」，〔註153〕隨著里甲制的廢弛，保甲兼及了里甲的一定職能。鄉約正的職責是掌鄉里教化，「每鄉置鄉約所亭屋，朔望講解《上諭十六條》，所以勸人為善去惡也。」〔註154〕

　　就鄉約而言，自北宋呂氏鄉約創立時起，它就是一個民間紳士籌組的社會教化組織。清朝時半官方化的色彩較濃，有州縣率講之說，不過四外鄉村，約正多為「素無過犯之紳士」充任。〔註155〕至清朝中後期，官方主導的政治宣教，日遭民眾的普遍厭棄，〔註156〕甚至乾隆本人也承認這樣的宣講「只屬具文」。〔註157〕這說明鄉約的弱化以及鄉約回歸於民間鄉紳主導的趨勢。特別是晚清亂世之秋，人心澆漓，民皆圖功利安保之效，倘無聲望卓著之人、幹練有力之組織主持，宣講一事將更加形同具文。這正是當時鄉約為團練局掌控的歷史邏輯。

　　軍興以來，縣衙——吏役——保甲的地方治安結構也一直受到兩方面的挑戰：一是可靠性與有效性能否結合；一是環境變化與既定制度能否統一。原初的設計顯然是可靠性優先的，在相對和平的環境裏，保甲制也能提供效率的保障。但事實上，保甲制由於擺脫不了吏役之害，其於朝廷的可靠性一直是以損害保甲與民眾的關係為代價的，這種可靠性僅是一種表面現象。而在動亂之時，低度軍事化的保甲體系不堪一擊，根本談不上有效性。另外，保甲制按行政區域組建、十進制式的標準化組織制度也適應不了實際防務的形勢。因為，太平軍的攻擊或騷擾是不會畫地為界的。為了組織起有效的防禦，常常需要組成數村、數鄉乃至數縣的越界聯盟。所以，由地方官控制的

　　　　　第61～62頁。
〔註152〕張哲郎，鄉遂遺規——村社的結構〔A〕，見：吾土與吾民〔M〕，生活・讀書・新知三聯書店，1992年，第216～217頁。
〔註153〕徐棟輯，保甲書，卷1〔A〕，見：定例，戶部則例〔M〕。
〔註154〕徐棟輯，保甲書，卷3〔A〕，見：廣存〔M〕。
〔註155〕田文鏡，欽頒州縣事宜〔A〕，見：宦海指南五種〔M〕，第8頁。
〔註156〕張瑞泉，略論清代的鄉村教化〔J〕，史學集刊，1994年（3）。
〔註157〕同治，上杭縣志，卷首〔M〕，乾隆5年諭。

按行政區域組織起來的保甲體系是經受不住這兩大挑戰的。相比之下，紳士——團練、勇營的結構卻能很好地應對這種挑戰。首先，紳士是儒學思想和道統的主要載體，比吏役更效忠朝廷（也許未必更聽從縣令的指揮）是不言自明的。其次，紳士在地方的號召力和地利上的優勢是其他結構替代不了的，這對於動員鄉里的人、財、物服務於有效的防禦計劃不可或缺。再次，紳士間的各種非正式關係比僵硬的行政關係更有利於推動越界聯防。這就是說，紳士——團練、勇營結構取代吏役——保甲結構合乎理論邏輯。而事實上，也確實如此。有學者專門從史志資料中，證實傳統保甲的崩潰並爲擴大的復合團所替代。〔註 158〕

同樣，團練局也代替了里甲的職能。一方面，清中後期保甲已逐步侵蝕著里甲的職能，團練局取代保甲，自然也意味著對里甲的更替。另一方面，在里甲制正常運行的背景下，紳士通過包稅等形式向稅收領域滲透的傳統就由來已久。紳士包稅雖未得到合法認可，但民眾在紳士包稅和吏役——里甲征稅這兩者中間更心向前者。因爲，儘管紳士包稅村民也免不了被盤剝的痛苦，但可以免卻更猖狂的吏役勒索，兩害相權取其輕，它仍不失爲保護村社利益的一種方法。所以，紳士取里甲征稅而代之，既有經驗可鑒，又有民意基礎。軍興以來，戰亂對經濟的破壞，使民眾的收入銳減，民眾暴力抗稅、逃稅之風此起彼伏，正常納稅十分困難。吏役——里甲結構缺乏戰亂時期應有的軍事資源，難以履行征稅職能。相比之下，紳士通過籌辦團練，擁有吏役——里甲結構所沒有的征稅能力。基於此，同時也爲解決團練籌辦經費，上自朝廷諭旨，下至地方《團練章程》都將從前屬於里甲組織的合法稅收職能給予了團練局。里甲或被廢除，或與團重新組合。〔註 159〕

這樣，紳士在創辦團練、勇營的過程中，不僅鬆動了朝廷對軍事、財稅等國家核心權力的控制，還進一步削弱了朝廷對地方行政及基層事務的駕御能力。朝廷虛懸之勢已從事實層面走向制度化。

〔註 158〕參見〔美〕孔飛力，中華帝國晚期的叛亂及其敵人〔M〕，中國社會科學出版社，1990 年，第 95～103 頁。據張研等人研究，皖北的團練——圩寨體制也是解構傳統鄉里體制的一種模式。參見張研、牛貫傑，19 世紀中期中國雙重統治格局的演變〔M〕，中國人民大學出版社，2002 年，第八章。

〔註 159〕〔美〕孔飛力，中華帝國晚期的叛亂及其敵人〔M〕，中國社會科學出版社，1990 年，第 101 頁。

小結

太平天國對傳統政治的威脅，從核心層面來說，仍是改朝換代式的，也就是是說，它打擊的主要是滿族皇權的利益。它並不從根本上威脅紳士利益，因爲它也開科取士，甚至也不對一般地主的利益構成嚴重威脅。〔註160〕雖然，其理想和綱領具有樸素的平等性質，但實際的政治展開卻依然表現爲傳統的家族政治、世襲政治和等級政治。〔註161〕因此，它沒有改變其政治合法性來源於解釋的環境。太平天國的軍民也沒有從主體人格的高度去認同其制度合法性的可能和事實。這就決定了無論是太平天國的起義，還是清廷安內的政治整合，都離不開紳士的支持。

在應對太平天國的挑戰中，晚清政治整合的動力主要來自朝廷，紳士起初是被動地加入到整合的結構中來的。紳士之所以越來越成爲這一整合結構的中堅，首先是爲維持儒學道統的需要，因爲它是紳士利益的基礎；其次是朝廷深度的整合制度安排，使紳士獲得了染指國家核心權力的機會；最後，紳士爲規避利益重組的風險、維持其傳統權威，在傳統與「理想」之間選擇了傳統，在利益重組與既得利益之間選擇了既得利益和秩序。雖然，太平天國爲爭取士人的合作做了一系列的努力，甚至改變了排孔反孔的初衷，但這與朝廷推動知識與權力緊密結合的各種安排相比缺乏制度性和深度。所以，太平天國只爭取到少量低級士人的支持，而名流則聚集在朝廷一方。何以是名流而不是別的階層能在安定內亂的危機中聚合民心、民力和民資？原因很簡單，就是他們對儒學道統的恢復、對經典知識的挖掘及其在鄉村社會中的傳統權威。這進一步表明，維繫傳統政治生命的核心力量源於解釋的權威。在一定意義上說，太平天國的失敗和朝廷政治整合的成功是爭取士人、推動知識與權力結合的程度不同的結局。

發動紳士籌辦團練，使之分享軍事和財稅等國家核心權力，雖然是穩定

〔註160〕真正成爲太平天國實際賦稅政策的是「照舊交糧納稅」。這一政策以土地所有者的存在爲前提，因此，它不僅保護自耕農的利益，而且也保護地主的土地權和收租權。這種保護，體現了對賦稅來源的關注，當然不是有愛於地主。但舊的土地關係卻因之而保存下來了。陳旭麓，中國近代社會的新陳代謝〔M〕，上海人民出版社，1992年，第82頁。

〔註161〕太平天國的官制、禮儀及洪秀全《天父詩》宣揚的三綱五常思想比傳統舊規有過之而無不及。參見中國近代史資料叢刊‧天父詩〔A〕，見：太平天國第2冊〔M〕，第449～484頁。太平天國第3冊〔M〕，第230頁。

紳士，動員其效忠朝廷的必要制度安排，但它卻將傳統知識與權力的互動關係模式推到了知識權力化所能容忍的極限。在傳統政治環境中，知識與權力的互動關係一般表現出權力駕馭知識，知識解釋和規範權力的特徵，知識階層是朝廷與社會關係的中介結構。而在晚清當局與太平天國的對抗中，儒學轉向和知識的振興成了權力行動的導向，通過高度軍事化的努力，紳士成功地將自己的中介角色嬗變為主導角色。朝廷與社會的整合程度取決於紳士的合作和忠誠。好在第一批名流對儒學道統的執著經受了考驗，使知識權力化的膨脹沒有走向傳統政治的反面。但依靠道德的克制並沒有制度的安排那麼可靠，所以，當第一批名流退出歷史舞臺後，紳士整體性的道德墮落和咸同之際成長起來的向地方傾斜的制度結合於一起，便將皇權與紳權、中央與地方的傳統關係模式推向了不歸路。

第四章　攘外中的政治整合：晚清紳士的蛻變與知識權力化解體

　　與災荒和民變相比，晚清所遭遇的外患完全是另一種性質的危機。因爲它帶來的是傳統政治體系聞所未聞的新理念、新知識和新制度，不僅打亂了傳統政治循環發展的邏輯，也破壞了傳統的知識權力化社會的生態環境。這就使傳統的知識權力化的政治整合模式不論從理論層面、知識層面，還是主體結構和制度層面都不能像在應對傳統危機時那樣運轉自如了。

第一節　外來衝擊對傳統政治合法性模式及其核心知識的解構

一、外來衝擊破壞傳統政治合法性的模式

　　李普塞特在討論政治合法性與政治有效性的四種關繫時，揭示了這樣的蘊義：一般而言，在傳統力量根深蒂固的社會中，國家權力的合法性與有效性並無直接關係，國家可以在嚴重缺乏治理水平的條件下仍然維持其合法性；而在傳統力量式微的社會中，國家權力的合法性與有效性成正比，政府越是具有有效性，國家權力的合法性就越鞏固，否則，就會面臨合法性的危機。〔註1〕用這一觀點來分析晚清政治隨著外來衝擊的不斷深入，而漸失其合

〔註1〕參見〔美〕馬丁・李普塞特，政治人：政治的社會基礎〔M〕，上海人民出版社，1997年，第59頁。

法性的過程，可以清楚地看到傳統政治的合法性模式逐步由解釋性政治合法性向有效性政治合法性轉變的趨勢。

1、傳統中國的解釋性政治合法性模式

　　中國傳統政治合法性模式的特徵可以概括為以下幾個方面：（1）核心思想的神秘性。天命論和仁政德治論是中國傳統政治合法性的核心思想。天命論的政治合法性思想在緒論中已有詳細論述，其要義就是賦予「唯天子受命於天，天下受命於天子」的正統性和合法性，在此不再贅述。「仁政德治」論的政治合法性是中國傳統政治文明的重要內容之一，也是中國傳統政治自我匡失救弊的思想武器。人們嚮往中的堯舜之治，就是將統治的合法性建立在「仁政德治」基礎之上的典範。《尚書·堯典》中記載：「克明俊德，以親九族。九族既睦，平章百姓」。孔子是建構「仁政德治」論的政治合法性思想的始祖，他首先界定政治的本意，說：「政者，正也」，認為政治就是正人之不正，在政治生活中，「其身正，不令而行；其不正，雖令不從。」〔註2〕可見，「德」在維持政治權威中的根本性作用。孟子結合堯舜之治的實踐，評價說：「堯舜之道，不以仁政，不能平天下」。〔註3〕這就是說，沒有仁政，就沒有堯舜之治。荀子也認為，「堯舜者，至天下之善教化者也，南面而聽天下，生民之屬莫不振動從服以德順之。」〔註4〕《左傳》中關於德治天下，強調德是合法性的來源的記載也很多。比如，《左傳·襄公二四》提出：「德，國之基也」。《左傳·襄公三十一》強調：「甚德而度，德不失民」。仁政德治論的政治合法性思想坐實在說明什麼樣的天子具有合法性，如何檢驗其統治的合法性，即天子「以德配天」和天子有合法性的缺失將遭「天譴」。顯然，天命論和仁政德治論對政治合法性的界定都難以證偽，具有較大的建構空間。（2）運行機制的封閉性。對傳統政治合法性的監控表面上看有官方性和民間性之分，官方機制就是朝廷的監察系統對朝廷自身的不當統治行為進行檢點和規勸，民間機制即士人依據道統對統治者的行為進行解釋和規範，對被統治者進行教化。其實他們都來自統治集團內部。統治集團外部對統治者不合法性的反映只能是非常態的和極端的。（3）獲取方式的單向性。傳統政治合法性依靠由上而下的方式進行建構、解釋和教化，而不是由下而上地認同。

〔註2〕論語·子路。

〔註3〕孟子·離婁上。

〔註4〕荀子·正論。

建構、解釋和教化是傳統政治合法性模式的落腳點，雖然，它也需要有效性的支持，但在傳統政治合法性思想裏不論是天命論，還是仁政德治論都沒有強調有效性的地位，相對於建構性和解釋性而言，有效性只是次要的。儒學和士人是傳統政治合法性模式的基本建構力量。正如《牧令書輯要》指出：官府的命令必須經過德高望重的紳士的解釋和說明，民眾才能夠懂得或接受。〔註5〕尤其，在沒有外來政治實體和知識信仰體系的競爭壓力環境裏，中國傳統政治的合法性完全由傳統力量主宰，而對統治的有效性的依賴並不明顯。

2、外來衝擊與有效性政治合法性模式的提出

外來衝擊完全改變了傳統政治封閉運行的環境，開啓了一個中西方面對面的政治競爭時代。競爭和比較是使政治有效性問題凸現的驅動力，而競爭的結果則使建構、解釋的政治合法性不攻自破。根據史家的概括，晚清中西競爭的歷程分為「衝突」（1834 年～1860 年）、「屈服」（1861 年～1893 年）和「征服」（1894 年～1911 年）三個階段，〔註6〕也就是說，清廷與西方列強較量的時間只是其臣服於西方的時間的一半。至於在這一競爭中，中國喪失的權益更是罄竹難書。自鴉片戰爭始，外國侵略者或乘戰勝之威，或援引片面的「最惠國待遇」，強迫清政府簽訂了多達 1100 餘個以上的不平等條約，強佔了約 174 萬平方公里的中國領土，〔註7〕並在中國通商口岸建立不受中國管轄的「租界」，實行純粹的殖民地制度。它們還把持了中國海關，並享有「協定關稅」及在中國修築鐵路、開辦廠礦企業、開設銀行、發行鈔票等諸多權力，從而壟斷了中國的對外貿易、交通運輸和金融財政，使中國的經濟命脈盡操其手。軍事上，他們的炮艦可以恣意往來中國的領海、港口與內河，甚至駐軍於京師重地，將清政府置於武力監控之下。而滲入中國各地的西方傳教士，則以種種方式進行奴化宣傳，從思想文化上配合列強的侵略。由於「領事裁判權」的規定，中國的司法自主權洞開。列強從內政、外交、經濟、文化和司法各個領域都對晚清政治的合法性提出了強力的挑戰，這些喪權辱國的錚錚事實即便不能即刻解構由道義和解釋支撐的傳統政治合法性，也足以令人對之心存置疑。

〔註5〕 牧令書輯要，第 6 卷，第 25 頁。

〔註6〕 參見〔英〕馬士，中華帝國對外關係史，各卷副標題〔M〕，三聯書店，1957 年。

〔註7〕 史革新，中國社會通史，晚清卷〔M〕，山西教育出版社，1996 年，第 595 頁。

也就是說，「立國之道，尚禮義不尚權謀，根本之圖，在人心不在技藝」這種傳統的治國思想並不能提供政治合法性所需要的全部要件。實際上，早在中英開戰前的 1793 年和 1816 英國兩次遣使訪華過程中，作為儒學道統所宣揚的「中國中心主義」的合法性制度安排——朝貢體制就未兌現。而開戰後喪權辱國的事實很快令務實開明的官紳首先意識到必須為傳統政治尋求新的合法性支持，並推動了向西方學習、重視器藝、革新舊制、講究實效之風的濫觴。最先與英國人打交道的林則徐也是最早從比較的視野來思考中國治道的人，儘管這樣的看法開始是十分粗淺或謹慎的。他在遣戍伊犁途中給友人寫信，對中西武器作了這樣的對比：「彼之大炮，遠及十里內外，若我炮不能及。彼炮先已及我，是器不良也。彼之放炮，若內地之放排槍，連聲不斷，我放一炮後，須轉展移時，再放一炮，是技不熟也。」〔註8〕魏源更進一步提出了「師夷制夷」的思想。長期主持晚清對外事務的李鴻章發出「三千年未有之大變局」的感歎，既是對外來衝擊結果的概括，也是對傳統知識和政治能力的懷疑和憂慮。他針對傳統治道「尚禮義」的論調，直接質疑儒道的權威，指出「孔子不會打洋槍，今不足貴也。」這可以說是以實用的標準來考量治道和傳統知識的一種大膽倡言。〔註9〕馮桂芬在這一問題上的效用觀更是有過之而無不及，他說：「法苟不善，雖古先，吾斥之；法苟善，雖蠻貊，吾師之。」〔註10〕張之洞也將政治合法性的維繫落實在「力」的層面，變傳統的「以德統力」觀為「以力彰德」觀。〔註11〕他說：「保種必先保教，保教必先保國。種何以存，有智則存。智者教之謂也。教何以行，有力則行。力者兵之謂也。故國不威則教不循，國不盛則教不尊。」〔註12〕言下的邏輯很清楚，要實現「保種」這一代表政治合法性的基本使命，需要以「保教」為基礎，而維持「儒教」的生命力又有賴於政治體的實力，所以，合法性最終要坐實在政治運作的效力上。王韜、鄭觀應還進一步從制度層面比較了民主制、君主制和君民共主制在通民情、解民意方面的差異。〔註13〕

〔註8〕 中國近代史資料叢刊，鴉片戰爭二〔M〕，神州國光社，1954 年，第 568 頁。

〔註9〕 參見楊國強，百年嬗蛻——中國近代的士與社會〔M〕，上海三聯書店，1997 年，第 250 頁。

〔註10〕 馮桂芬，校邠廬抗議·卷2〔M〕，第 10 頁。

〔註11〕 劉建軍，中國現代政治的成長——一項對政治知識基礎的研究〔M〕，天津人民出版社，2003 年，第 165 頁。

〔註12〕 張之洞，勸學篇·內篇·同心·第一。

〔註13〕 顧衛民，基督教與近代中國社會〔M〕，上海人民出版社，1996 年，第 258～

費正清在概括 1895 年「公車上書」的原因時，也談到舉子們不僅對西方列強在兵戰和技術方面的優勢感到中國有變革的壓力，還從西方人在實際社會生活管理的有效性中感到了危機和羞恥。這些令舉子們羨慕的優勢包括：「把蒸汽機放在船上和車上使運輸快得無可比擬，各種公用事業如柏油馬路、煤氣爐子、自來水和警察制度，在上海和其他商埠都有現實的表現。」〔註 14〕不僅處於與洋人打交道第一線的開明官紳有此類認識，即便在不膺大任的庶民心中也出現了不唯道德、情感來評價政府優劣的意識。如當時一篇教會學校的學生作文中寫道：「中國不能說有一個好政府，它與英、美或任何其他基督教國家相差很遠。中國當權者有成千上萬，據說從最高層到最基層，只有極少數人在履行官職誠實忠心，想到人民的利益並公正地對待百姓。」〔註 15〕其中就把公正和履行職責的成效作為考量政府優劣的基本指標。

足見當時確有一種將政治合法性的討論一步步從「道」引向「器」、從「德」引向「力」、從政治面引向社會生活面的趨勢，越來越突出實際、實效和功利的價值在維繫政治合法性方面的重要性。雖然它還未必完全取代基於「順天法道」來解釋政治合法性的傳統模式，但其中湧動的潛在邏輯是：原來為傳統政治合法性提供解釋的儒學思想體系及其主要的解釋階層——紳士，在以對抗外來衝擊為核心使命的新政治合法性建設中將漸失其原有的權威。

促使政治合法性模式從主要依賴於解釋向主要依賴於有效轉變，在當時還具備了另一個基本要件，那就是西方政治理念、政治制度和政治知識的傳入。特別是甲午戰後，國人對西方優勢的思考已從「器」的層面提高到「制」的層面。一批批政治名著，如《天演論》、《民約論》、《法意》、《群學肄言》以及《道德進化論》等被翻譯介紹給國人，帶來了全新的社會政治思想。自那以後，維新派提出了改革舊制的主張，立憲派提出了憲政設想，而革命黨人更倡言自由、民主和共和。這些思想都有利於喚醒民眾的主體意識，使他們隱約感到自己有權從被動的解釋性安排走向主動的認同性追求。這種政治理論和政治思想環境的轉變是前所未有的，此前主要依賴於解釋的政治合法性模式得以存續，正是基於完全的臣民文化的。

---

259 頁。

〔註14〕〔美〕費正清，偉大的中國革命 1800～1985 年〔M〕，世界知識出版社，2000 年，第 159 頁。

〔註15〕顧長聲，從馬禮遜到司徒雷登〔M〕，上海人民出版社，1985 年，第 99 頁。

二、外來衝擊消解經典知識對政治合法性的解釋權

1、經典知識的結構性缺陷

知識是人們對自然、人類及社會運動規律的認識的結晶，其基本的功能是認識和改造自然、人類及社會。一個健全的知識體系應該囊括認識和改造自然、人類及社會的各種知識結構。祖國先賢對自然、人類及社會運動規律進行過廣泛深入的探索，積澱了豐富的知識寶庫。但是，這些知識並未得到政治領域同等的重視和開發，尤其動用官方資源大加推崇的、被目為經典的知識只是其中的一小部分，使經典知識的邊界日益狹窄，結構越來越單一。也就是輕認識和改造自然的知識，重認識和改造人類及社會的知識，而在有關人類及社會的知識裏又偏重人的心性知識和社會教化知識，輕人類及社會的管理知識。這一缺陷在遇到異質知識的衝擊環境下，更加突出。對此，不僅後世學者頗有論述，〔註16〕時人的體會更加深刻。如李鴻章說：「中國一切文武制度，每一項都優於西方。只有武器方面，絕對趕不上他們。為什麼呢？因為在中國，製作機器的方法是只使儒生懂得原則，叫藝人動手去做……這兩者決不能互相商議……但外國人則不同。……我已瞭解到西方有文化者製作武器時使用數學作為參考」，可惜「未見聖人留下幾件好算數器藝來」。〔註17〕傳教士丁韙良曾用「在文學上他們是成人，在科學上他們還是孩提」來形容晚清總理衙門官員的知識結構。〔註18〕

應該說改變這一積弊的機遇、人才和知識資源並不缺乏，但儒學思想本身和官方制度都不支持這樣的變革。一方面，在儒學價值觀念中，「勞心」和「勞力」之事是嚴格區分的，關於自然事物的把握，如耕、織、機器、陶冶被貶低為「小人之事」，而關於心性教化的揣摩，如仁、禮、義、信等社會道德秩序的建設則推崇為「大人之事」。〔註19〕這無疑從價值、心理層面給社會

〔註16〕如羅素認為中國文化的致命弱點：「缺乏科學」知識。〔英〕羅素・中國問題〔M〕，學林出版社，1999年，第39頁。費孝通說：「傳統社會裏的知識階級是一個沒有技術知識的階級，可是他們獨佔著社會規範決定者的權威。」費孝通・費孝通文集第5卷〔M〕，群言出版社，1999年，第481~482頁。黃仁宇也強調傳統社會的致命缺陷是「道德發達，而技術供應不足。」黃仁宇・萬曆十五年〔M〕，中華書局，1982年。

〔註17〕〔美〕費正清，偉大的中國革命1800~1985年〔M〕，世界知識出版社，2000年，第138頁。

〔註18〕參見傅任敢譯，中國近代學制史料第1冊〔M〕，華東師範大學出版社，1993年，第171頁。

〔註19〕劉建軍，中國現代政治的成長——一項對政治知識基礎的研究〔M〕，天津人

追求器藝知識設置了障礙。另一方面，科舉制的選才形式、內容和方向進一步使社會輕視器藝知識的失偏制度化、正式化了。所以，傳統中國文、史、詩、賦人才及其成就容易得到官方重視而入經入典，理、工、農、醫類人才及其成就卻往往是在民間的背景下自我繁衍。例如傑出的醫藥學家李時珍撰成《本草綱目》這部世界醫藥名著，然而他在世時，該書不但沒有得到官府的支持，反而受到權賢的譏諷，甚至死後其子獻書朝廷時，明神宗也沒有應允刊行。他們的境遇與應試入仕的讀書人相比，簡直是天地之別。〔註 20〕這樣的知識和人才結構在封閉的政治、社會和文化生態下也許可以維繼，但在競爭性的政治、社會和文化生態下，就不可能為其政治實體開出什麼對抗外來衝擊的有效「藥方」，更難以為朝廷在攘外中贏取新的合法性。

首先，這樣的知識結構不能為當局正確認識對手提供幫助。例如，由於傳統地理知識的荒謬，「儒者著書，惟知九州以內，至於塞外諸藩在若疑若昧，荒外諸服則若有若無」，「徒知侈張中華，未睹瀛環之大，」〔註 21〕以致中英已經開戰，道光帝竟不知對手方位何處？方圓幾何？結果，道光應付英國問題，只好依賴他處理東突厥斯坦這些伊斯蘭邊境軍隊和商人的經驗。〔註 22〕

其次，基於這樣的知識結構難以制定出有效的對外戰略。晚清應對外來衝擊的方略有「懷柔」，有「刑服」，有盲從條約，有盲目排外，有兵戰、商戰和學戰。這些方略長期爭執，又都可以從經典知識中找到依據。如主戰派依據《左傳》中的治國格言「德以柔中國，刑以威四夷」，主和派則針鋒相對地援引孔子的話說「柔遠人，則四方歸之」。曾國藩、李鴻章、丁日昌等人主張信守條約「羈縻」洋人。如曾國藩在 1862 年寫給李鴻章的信中說：「夷人的事是難於處理的，但根本原則不外孔夫子所教導的四個字——忠、信、篤、敬」。〔註 23〕而倭仁、李鴻藻、葉名琛等盲目排外的人士也以「非我族類，其心必異」的古訓，拒絕與洋人接觸，更反對向洋人學習。倭仁以故意墜馬受傷為藉口，辭謝了專事洋務的總理衙門的職務。葉名琛定出了「不戰不和不守，不死不降不走」治夷之策。李鴻藻、王闓運等人更以「三綱五常」的理

民出版社，2003 年，第 158 頁。

〔註 20〕劉澤華、汪茂和、王蘭仲，專制權力與中國社會〔M〕，吉林文史出版社，1988 年，第 239 頁。

〔註 21〕魏源，聖武志，卷 12〔M〕，中華書局，第 498～499 頁。

〔註 22〕費正清，偉大的中國革命〔M〕，世界知識出版社，2000 年，第 111 頁。

〔註 23〕曾國藩，曾文正公書箚，卷 18〔M〕，第 17 頁。

念來審視耶穌不認母親的行爲，將洋人目爲禽獸，因而不值得與其打交道。〔註24〕李鴻章曾坦言，這些戰策相互牽制，以至禦侮大計，一事無成。〔註25〕

再次，基於經典知識的視野，晚清官紳拿不出什麼具體可行的攘外辦法。比如中英對抗之初，朝廷摸不清英國人的意圖和虛實，便在英國人從中國採購的大宗貨物中尋找治夷辦法，提出「中國之物，番人最重者，無若茶與大黃，非此二物，則病脹滿而不治。今之互市，乃外夷不獲已於中國，非中國不獲已於外夷」，以爲「絕茶與大黃不使出」，就可使夷人屈服。〔註26〕持此類成見的最初甚至包括林則徐那樣開明的官紳，其他閉目塞聽之人能拿出什麼制夷法子更可想而知。尤有甚者，居然收集婦女溺器爲「壓勝具」，視「夷炮」爲邪教法術。〔註27〕更多的人只是憑直覺或主觀想像甚至從神秘主義的觀念出發來思考制夷的辦法。如有人從英國人有著鷹鈎鼻子、貓眼睛、紅色的絡腮鬍子和頭髮等外表，斷定他們的長腿不能彎屈，因而他們不能奔跑和跳躍，他們碧綠的眼睛畏怯陽光，甚至在中午不敢睜開。兩江總督裕謙說，英國人不能彎屈腰身和兩腿，所以，他們如果挨打，便會立即倒下。英國人一旦離船上岸，就不能有任何作爲。〔註28〕有人提出在沿海挖壕溝以阻止洋人登陸；王闓運說，只要切斷煤的供應，洋艦就不能發揮作用；勝保上奏，如果海戰失敗，就遷都與他們打陸戰。〔註29〕至於洋人開礦、修鐵路有背儒家「天人感應」之理，破壞「風水」，因而會引來災害、得到報應的說法，幾乎成了時人的共識，無怪乎會發生爲恢復風水，官紳合資贖回上海淞滬鐵路又予以拆毀，那樣根本無濟於攘外的事。可見，在經典知識薰陶下，多數人是空有報國之志，而無禦侮之法。這樣的知識體系喪失建構和解釋政治合法性的主導權也是勢所必然。

2、西學東漸：新知識機制動搖經典知識的社會基礎

對中學與西學的優劣，時人常以「道」與「器」、「體」與「用」來分別，所謂「中西之學本不相同，中國重道而輕藝，故以義理取勝；西國重藝而輕

〔註24〕清代籌辦夷務始末，咸豐朝，卷 7〔M〕，第 24 頁。

〔註25〕朋僚函稿，卷十九〔A〕，見：李文忠公全集〔M〕，第 43 頁。

〔註26〕中國近代史資料叢刊，鴉片戰爭一〔M〕，神州國光社，1954 年，第 521 頁。

〔註27〕陳旭麓，中國近代社會的新陳代謝〔M〕，上海人民出版社，1992 年，第 55 ～56 頁。

〔註28〕〔美〕費正清、劉廣京，劍橋中國晚清史下冊〔M〕，中國社會科學出版社，1985 年，第 182～183 頁。

〔註29〕清代籌辦夷務始末，同治朝，卷 47〔M〕，第 25 頁。

道，故以格致見長，此中西所由分也」。〔註30〕說「中國重道而輕藝」不假，然謂「西國重藝而輕道」則大失其謬，這只不過是時人對「中國文化中心」意識的一種自我安慰。早在嚴復申論達爾文、斯賓塞學說數年以前，鍾天緯曾作《格致論》，略述西學源流：「考西國理學，初創自希臘，分爲三類：一曰格致理學，乃明徵天地萬物形質之理；一曰性理學，乃明征人一身備有倫常之理；一曰論辯理學，乃明征人以言別是非之理。」〔註31〕可見，西學是「道器」並重的知識體系，其涉獵的知識領域遠比時人想像的駁雜。需要特別指出的是支撐西學挑戰中學的還不只賴其內容之豐富，更憑其開放的知識機制。

西學在文藝復興之前，也曾被宗教知識獨尊的機制所禁錮而沉寂僵化，可是此後的西方知識體制便發生了嬗變。其主要特徵有二：其一知識與政治、宗教分離，自成體系；其二知識傳授機制的國民教育化、社會化。在這樣的知識體制促進下，西學不僅在體系上可以兼收並蓄，而且在發展方向上更貼近實際、貼近生活。相比之下，中學之所以會出現「重道輕藝」而跛行，並非中學本來的知識資源使然，而是自漢唐儒術一統以來，其狹隘的知識機制一直未予革新，不能將百家之學納入經典知識、合法化知識的體系。所以，中國雖然有四大發明這樣兼具科學性和應用性的罕世成就，而在經典知識的囊中仍落得技藝羞澀。

那麼，中學的知識體制存在什麼結症呢？概而言之，也是兩大方面：其一知識管理上的高度政治化和權力化；知識傳播上的教化性，沒有建立國民教育體系。正如費正清指出：「使普通平民百姓不幸的是，爲了科舉選拔官吏的讀經考試制度，控制了整個教育事業。如果村民們請了一位老師在一個私塾裏授課，他就把每一個孩子都作爲未來應試的考生來對待，而很少想到教給他們任何實際知識如算術，幫助他們從事一般職業。反復朗讀，死背課文，使他們沒有時間去理解或探索他們死記的東西。精明而刻薄的傳教士 A·史密斯先生把這叫做『智識的殺嬰法』。總而言之，當時沒有一種適應普通人民實際需要的正式教育。」〔註32〕知識與政治權力的關係過於密切，知識就缺乏

〔註30〕高時良編，洋務運動時期教育〔M〕，上海教育出版社，1992年，第681頁。
〔註31〕轉引自陳旭麓，中國近代社會的新陳代謝〔M〕，上海人民出版社，1992年，第119頁。
〔註32〕〔美〕費正清，偉大的中國革命1800～1985年〔M〕，世界知識出版社，2000年，第36～37頁。

自我創新的機制。在西學傳入之前，中學知識體系內部並沒有嚴格的學科劃分，不僅數學、物理、化學等自然科學學科沒有專門化，即便中學所擅長的社會科學領域也沒有分化出諸如政治學、社會學和法學等學科來。學科化、專門化是科學知識拓展的基本路徑，捨此，中學知識體系就只能囿於經、史、子、集轉圈子。讀書只爲科考，推廣知識只爲教化民眾，則使知識的傳播遠離社會的生產和生活。這種機制不僅限制了知識功能的多樣化，更由於經典知識一旦離開科場幾無用處，令廣大普通百姓一開始就被排斥在經典知識之外，因爲，無力參加科考的人占絕大多數。這樣，在整個社會結構中，一般民眾無心於經典知識，官府只注重推廣其中的核心理念，眞正熱心於經典知識的只有少數致力科第的官宦世家、紳富弟子。中學從知識內容和體制上都不具備廣泛學校化傳播的動力。所以，在西學傳入之前，中學的傳播機制始終局限於少數限制學額的官學和不穩定的私塾，不可能出現專科學堂。

　　質言之，經典知識的魅力並不源自社會的需要，維繫其官學和私塾傳播體制的動力源也取決於科舉制的機會及其所能改善士人地位的前景。這都需要以傳統的知識權力化機制和價值觀念爲基礎。前文述及，朝廷式微的中央與地方關係體制已在平定民變的過程中基本形成。列強勢力介入後，條約制度進一步消解了朝廷集中資源和滿足紳士特權的能力，特別是中西衝突，逐步引入了實際、功利的社會生活理念，維護傳統知識權威的政治機制和社會氛圍都發生了根本的改變。不僅普通百姓，連官宦紳富之家也開始冷卻其推崇經典知識的熱情。「中興名臣」左宗棠曾對有意於科場的兒子說「科第一事無足輕重，名之立與不立，人之傳與不傳，並不在此。」〔註33〕狀元張謇也認爲「科舉制度所造成的結果，不是出循規蹈矩的臣子，便是出迂而且腐的書呆子。凡治國大計，做事道理，在這裏決找不出來，也生不出來。」〔註34〕因此他雖得功名，卻不願做官，而是經商去了。杭州求是書院的學生平日「孜孜爲學，互以敦品勵行相勉」，如果有人「以功名之說進者」常常受到他們恥笑，而不以之爲是。」〔註35〕縣鄉基層社會讀書應試的熱情更呈銳減之勢，據當時的報載「大抵一縣，常年四千人應試者，今則減之二千人；常年三千

〔註33〕左宗棠，左宗棠家書〔M〕，中國華僑出版社，1994年，第114頁。
〔註34〕張孝若編，南通張季直先生傳記〔M〕，臺灣學生書局，1974年，第30頁。
〔註35〕陳學恂主編，中國近代教育史教學參考資料上冊〔M〕，人民教育出版社，1993年，第255頁。

人應試者，今則減之一千餘。」〔註36〕1902 年江南鄉試時，一書商在考場外賣書，共銷售書籍，歷史類 38 種，893 部，地理類 19 種，337 部，政治類 27 種，533 部，經濟類 6 種，168 部，科場書僅 5 種，46 部。這反映出讀書人有了知識結構調整的新方向。〔註37〕

　　與中學經典知識遇到冷落的尷尬相比，西學卻以其貼近社會生產和生活的特性，通過多元的傳播機制在中國贏得了越來越多的青睞。自 1862 年起，晚清共開設各式洋務學堂 34 所，1895 年至 1899 年間又開設 101 所維新學堂。〔註38〕這些學堂都開設了相當一部分西學課程。清末學制改革後，新式學校的發展更加迅猛。1905 年各地學堂爲 8277 所，1906 年竟達 23862 所，1907 年 37888 所，1908 年 47795 所，1909 年高達 59177 所。1905 年各地學生數爲 258873 人，1906 年爲 545338 人，1907 年猛增爲 1024988 人，1908 年上升爲 1300739 人，1909 年達到 1639641 人，到了辛亥革命前夕，學生總數高達 300 萬人，是 1905 年的 12 倍。〔註39〕雖然清政府的《欽定中學堂章程》仍以「中體西用」爲辦學宗旨，但西學知識佔據了各類新學堂課程的主幹部分。如四川法政學堂有學科 20 門，其中屬於西學、新學範圍的達 18 門；四川優級師範學堂課程有 21 門，全爲西學、新學。〔註40〕另外，西學書刊在中國的銷售隨著晚清民族危機的加劇而與日俱增的情形，也說明有識之士越來越懷疑傳統知識因應外來衝擊的能力。以廣學會所譯書籍的銷售情況爲例，在甲午戰前的 1894 年，銷書額僅爲一千餘元，戰後的 1897 年，該額竟十倍於前，達到一萬五千五百元，到了 1902 年更猛增至四萬三千五百餘元。〔註41〕

　　晚清一位舉人在日記中寫道：「學堂設立極要極多，所學者皆洋夷之學……孔孟之學俱棄之而不一講求」，舊學出來的塾師「皆坐困鄉里」，而學新學的人物不僅工作好找，而且能得到很高的報酬。〔註42〕舊學和新學，舊

〔註36〕歐榘甲，論政變爲中國不亡之關係〔A〕，見：清議報全編，卷三〔M〕，文海出版社影印本，第 63 頁。

〔註37〕張靜廬，中國現代出版史料甲編〔M〕，中華書局，1954 年，第 385 頁。

〔註38〕史革新，中國社會通史，晚清卷〔M〕，山西教育出版社，1996 年，第 211、214 頁。

〔註39〕王笛，清末新政與近代學堂的興起〔J〕，近代史研究，1987 年（3）。

〔註40〕何一民，轉型時期的社會新群體——近代知識分子與晚清四川社會研究〔M〕，四川大學出版社，1992 年，第 44 頁。

〔註41〕顧衛民，基督教與近代中國社會〔M〕，上海人民出版社，1996 年，第 237 頁。

〔註42〕參見劉大鵬，退想齋日記〔M〕，山西人民出版社，1990 年，第 126、149 頁。

學人和新學人在社會中的地位變化，從中可見一斑。在社會志趣逐步轉向新學的背景下，舊學當然不可能像往日那樣操持政治合法性的解釋權了。

第二節　外來衝擊與紳士的轉型：政治整合的核心結構坍塌

按照知識政治學的邏輯，實現政治整合既需要有核心的政治理念和知識基礎，也需要有立於這一理念和知識基礎之上的核心社會結構。在晚清以救荒和安內爲目的的政治整合中，儒學道統和經典知識無疑是其中的核心理念知識基礎，紳士也無疑是其中的核心社會結構。然而，在以攘外爲目的的政治整合中，不僅「綱常」、「夷夏」等儒學理念及其知識基礎的地位鬆動了，紳士作爲其中的核心社會結構的權威也坍塌了。

一、傳教士對紳士權威及傳統政治整合結構的衝擊

晚清紳士的地位主要面臨三個方面的挑戰：商人的僭越、捐納對紳士自身素質的損害和傳教士的傳教活動。在他們的合力衝擊下，紳士再也難擔「四民之綱」的大任。相對於前兩個方面的衝擊，傳教士對紳士權威的挑戰更與知識的變遷直接相關。

1、傳教士對紳士權威的挑戰

隨著晚清社會半殖民地化的加深，傳教士不僅在傳統權威領域與紳士分享權威資源，還基於其新知的優勢開拓了紳士所沒有的權威。

（1）「援孔入耶」，矮化道統作爲政治核心理念的地位及紳士的解釋權威。儒學道統和紳士作爲中國傳統政治的核心理念和中堅結構無疑是傳教士向中國輸入西方理念和文化的最主要的障礙。如他們所說：「吾非除舊何由布新？欲求吾道之興，以先求彼教之毀」。傳教士普遍確信：要擴大在華教務必須「把儒學這個夢魘清除」，否則傳教「對於中國毫無希望」。〔註43〕爲此，傳教士採取了兩條殊途同歸的傳教路線：「排孔」和「容孔」。雖然大多數傳教士主張「排孔」，而主張「容孔」的傳教士處於少數派，但事實上，「排孔」遇到了中國官紳民的合力阻擊，於傳教事業無益。相比之下，「容孔」的做法

〔註43〕近代中國教案研究〔M〕，四川社會科學院出版社，1987年，第351頁。

受到的阻力小得多，眞正取得了推銷西方理念和文化的成效。理雅格、林樂知和丁韙良是「容孔」──「援孔入耶」──矮化儒道──消除傳敎障礙的傳敎路線的主要倡導者。理雅格早在十九世紀初就提出：「儒家思想與基督敎不是敵對的，雖然它的體系和思想受到東方社會的時代的局限」。林樂知通過比較基督敎與儒學關於人性和道德等問題的規範，認爲兩者都重「五倫」、「五常」，但是基督敎的精神境界高於儒學。〔註44〕他說：儒敎「可以言道，而不可以盡道；可以盡道於國家，不可以盡道於天下也」。〔註45〕安保羅進一步將這一觀點提煉爲：「儒敎孔子，人也。耶穌，上帝之子也。救世敎之眞光迴異於儒敎之上，……當今之時孔子若再生於中國，必願爲耶穌之徒也。」〔註46〕「援孔入耶」的主張不僅爲吸收紳士入敎，分化紳士作了理論鋪墊，客觀上改善了傳敎的社會環境，如1884年出版的《津門雜記》就頗爲正面地評論耶穌敎說：「其敎之大旨，以昭事（示）上帝爲宗本，以遷善改過爲入門，以忠孝慈愛爲工夫，以贖罪救靈爲切要，一切戒訓規條，尙合情理，欲使人人爲善，諸廢俱興，有維持風化，左右儒術，救正時弊之心焉。」〔註47〕更提出了一條打破儒道一統，紳士執綱的邏輯，即儒敎之上有基督，孔子之上有耶穌，紳士之上有傳敎士。這無異於宣告：傳統的儒學道統對政治及道德生活的規範不是至尊、唯一的，紳士對傳統政治合法性的解釋也不具有最後的權威。

　　（2）主辦新式敎育，消解紳士在知識傳播領域的話語權。如前所述，紳士的權威從根本上講是基於其對儒學道統和經典知識的把握，在傳統政治生態和敎育模式裏，紳士擁有傳播知識的絕對權威。但是在與西方列強的對抗中，傳統敎育模式和經典知識都面臨公信力的危機，它們爲紳士提供權威資源的空間也日益收窄。特別是十九世紀六十年代後，出於洋務自強的需要，國人舉辦新式敎育、學習西學已由倡議向實務邁開了破冰之旅。這意味著新式敎育和西學將成爲孕育新知識權威資源的溫床。西方傳敎士敏銳地抓住了時代的機遇，及時調整了以往只重宗敎知識傳播、輕視世俗知識傳播的傳敎方式，實行傳敎與傳播世俗知識並舉，寓傳敎於非宗敎性事務之中的傳敎路

〔註44〕參見顧衛民，基督敎與近代中國社會〔M〕，上海人民出版社，1996年，第263～265頁。

〔註45〕萬國公報第17冊〔M〕，第10957頁。

〔註46〕萬國公報第93冊〔M〕，94冊〔M〕，1896年，第10、11頁。

〔註47〕張燾，津門雜記，卷下〔A〕，見：耶穌敎堂〔M〕。

線。正如美國傳教士丁韙良說：「到中國來的傳教士，就如同到其他國家去的一樣，其最初的動機是引導人民接受基督教，而他們工作的偶然結果是推廣了世俗的知識。」李提摩太更直言介紹世俗知識是「以百萬計地感化」中國人的有效手段，〔註48〕其中辦學、譯書和開醫院被確定為他們實施這一新知識工程的主要途徑。傳教士不僅於十九世紀中葉舉辦了我國最初的一批近代初等教育，也在十九世紀末、二十世紀初創辦了我國最重要的一批高等教育。時人餘日長評價說：「中國新式教育，學校之創立，精神形式，悉有基督教會，梯山航海，轉運而東，基督教對於中國教育之一途，為今日新教育規矱，早為國民公認。」〔註49〕他們同時還是中國近現代醫學、醫療事業的導入者。當時的國人就承認：「中國新醫學的來源，顯而易見是教會醫學，這是沒有人能夠否認的」。〔註50〕傳教士也是翻譯西學書籍的最主要力量，向中國系統地介紹了西方自然科學和社會科學的學科知識。據不完全統計，在晚清譯書初起階段（1867年前），新教徒所譯非宗教書籍達108種之多。〔註51〕而在1860～1890年代，晚清譯書業繁盛之時，傳教士更是執其牛耳。《西學書目表》所列甲午戰前譯書情況，中西學者合譯西書123部，外國人譯著139部，國人獨立譯著38部。〔註52〕顯然，傳教士在推動中國的新式教育和傳播新知識方面的特殊影響力是不言自明的，他們不僅在上述新知的領域擁有超越紳士的絕對優勢，而且在這些新領域所獲取的解釋權威也越來越勝於紳士從舊知識中所能提取的權威。所以，一些開明的官紳選擇與傳教士合作辦學和譯書逐漸轉化為新式知識分子，而那些守舊的士大夫卻在排斥新知識的過程中不斷被邊緣化。

（3）舉辦慈善事業，爭奪紳士的社會事務主導權。熱心慈善公益事業、造福桑梓一直是紳士積累社會權威的傳統來源。但是，自西方宗教登陸中國之後，慈善事業就不再是紳士獲取社會權威來源的「後花園」了。平時濟困

〔註48〕轉引自顧衛民，基督教與近代中國社會〔M〕，上海人民出版社，1996年，第221、235頁。

〔註49〕李楚材編，帝國主義侵華教育史料——教會教育〔M〕，教育科學出版社，1987年，第135～136頁。

〔註50〕翁之龍，中國新醫學〔A〕，見：自顧衛民，基督教與近代中國社會〔M〕，上海人民出版社，1996年，第252頁。

〔註51〕費正清，劍橋中國晚清史，上卷〔M〕，中國社會科學出版社，1985年，第638頁。

〔註52〕梁啟超，西學書目表〔M〕，光緒二十三年刻本。

治病、荒年救災防疫也日益成爲傳教士所傾力的非宗教事務。正如現代學者
王爾敏指出：「基督教除宗教活動，尚有更多意義之影響，在中國而言，實是
一種收益。最顯著爲救災濟貧等等施捨，特別是光緒初年山西、河南大旱災，
在華西洋教士，無不全力以赴，捐款施藥、拯救災民。」〔註53〕此類事例的
記載很多，這裏略列一二。如1852年（咸豐二年）初，魏林向上海租界內的
外商募捐，買米煮飯發給饑民，持續了兩個多月，十一月，再次分米給饑民。
1877年（光緒三年），李提摩太在山東青州府、陽曲縣開展救濟工作。美國公
理會傳教士明思溥受命前往山東恩縣賑災，在龐莊持續了一年。英國傳教士
慕維廉等人掌管的中國賑災基金委員會在中國各口岸外僑及西歐、美國各界
人士中募捐，共募捐到204.56萬兩，受委員會委派前往災區的前後有三十多
人。除了個別人，絕大多數是英美兩國基督教傳教士，還有幾十名天主教傳
教士在災區活動。他們的足迹遍及山東、山西幾十個州縣幾百個村莊。據李
提摩太報告說，他在山東救濟了七萬人，倪維思在山東經手發放一萬元，涉
及383個村子，饑民32593人。美國公理會華北教區的謝衛樓等人在山東100
多個村子共向九萬多饑民發放了六千多兩銀子。另外，李提摩太等人在山西
發放了十二萬兩賑款，共救濟九萬名災民。〔註54〕當然，傳教士介入其中的
初衷是爲改變中國民眾對他們的成見，以擴大傳教的社會基礎，並非意欲造
福一方，但其客觀後果卻令傳教士分享了紳士在該領域的壟斷性權威。尤其
是在醫藥慈善領域，傳教士獲得了紳士從未有過的讚譽和聲威。據費正清估
計，1876年有四萬一千二百八十一名病人在大約四十所醫院和診療所接受過
治療；二十世紀初，據報導每年至少有二百萬病人在二百五十所教會醫院和
診療所接受治療。〔註55〕中國早期醫史學家陳邦賢曾這樣評價傳教士在該領
域獲得的影響，「外國醫術減輕人民痛苦，救免夭亡，同時中國人反對基督教
之偏見亦漸消除」。〔註56〕儘管，傳教士在慈善領域的作爲還不足以與紳士的
貢獻匹敵，但卻大大地增添了他們與紳士爭奪民眾的分量。在十九世紀七、
八十年代後，有越來越多的民眾因受到傳教士的救濟或爲其慈善舉動所感染

〔註53〕王爾敏，近代中國與基督教論文集，序言〔A〕，見：林治平，近代中國與基
　　　　督教論文集〔C〕，（臺）宇宙光出版社，1981年，第3頁。
〔註54〕康沛竹，災荒與晚清政治〔M〕，北京大學出版社，2002年，第118～119頁。
〔註55〕〔美〕費正清，劍橋中國晚清史，上卷〔M〕，中國社會科學出版社，1985年，
　　　　第634頁。
〔註56〕陳邦賢，中國醫學史〔M〕，上海書店，1984年，第109頁。

而接受洗禮。正如傳教士明思溥說：「災荒結束之後，事情變得很明顯，我們進入了一個傳教的嶄新的時代。」〔註57〕

（4）傳教士擁有超越紳士的廣泛的特權，削弱了紳士整合社會的能力。西方宗教的輸入自始至終就不是單純的文化交流，而是西方列強征服中國計劃的一部分。如當時的各種反洋教揭帖中指出；「各國迫我太甚，滋釀禍端太多，而教堂尤爲第一大宗。」〔註58〕天主教「以奪人之國爲奇功，占人之土爲豪舉」。〔註59〕所以，傳教士並不是其所標榜的「上帝的使者」，而是賦有特殊政治使命的人。爲此，他們通過各種不平等條約在政治、經濟、文化和司法領域攫取了廣泛的特權。擁有特權一直是紳士卓立於四民之首、號令於社會的基本支撐，然而，傳教士不僅在紳士擁有特權的領域幾乎同樣享有特權，而且在紳士沒有特權的領域也擁有特權。這對紳士的社會整合力來說，無異於釜底抽薪。

傳教士的身份比紳士具有更高的政治地位。比如，傳教士在同地方官交往時，採用對等的信函格式，甚至用國際交涉中的照會體式。清政府於 1898 年發佈的《地方官接待教士章程》規定，主教、總司鐸和司鐸的品級，依次同督撫、道員及府縣各官相等。傳教士不僅自己具有這樣的特殊地位，還將其中的惠顧推及骨幹教民。以至有些因沒有功名不得入仕而和地方當局關係不深的地主土豪，便通過入教，用教民、司鐸的稱號來取代舉人、監生等標誌著特權和身份的頭銜。〔註60〕

傳教士擁有紳士所沒有的治外法權，這種特權同樣也出現了惠及教徒的趨勢，並演變成某種意義上的準司法管理權。傳教士公然宣稱，中國之法止以治平民，不能治教民；歸人其教，不由官管。摩爾斯說：「教士認爲教民應當享受比他的非教民同胞更高一等的司法，這種信念你是無法從教士的思想中拔除的。」〔註61〕在這種思想的支配下，當發生民教爭訟時，傳教士總是大包大攬地公開干涉詞訟，包庇教民；對官府施加壓力。而官府懼外，洋人

〔註57〕轉引自顧長聲，從馬禮遜到司徒雷登〔M〕，上海人民出版社，1985 年，第 358 頁。
〔註58〕李時嶽，反洋教運動〔M〕，三聯書店，1962 年，第 99 頁。
〔註59〕中國近代史資料彙編，教務教案檔，第五輯，第一冊〔M〕，第 515 頁。
〔註60〕程嘯，晚清鄉土意識〔M〕，中國人民大學出版社，1990 年，第 141～142 頁。
〔註61〕摩爾斯，中國的貿易與行政〔A〕，見：近代中國教案研究〔M〕，四川社會科學院出版社，1987 年，第 356 頁。

打官司往往勝訟。當時的民諺曾這樣形容民眾入教前後的地位變化：「未入教，尚如鼠，既入教，便如虎」。因此，不少認為在既有體制下得不到公正對待的人士，特別是窮苦貧民便紛紛入教以尋求庇護。

此外，傳教士在經濟、文化禮儀等方面的特權也對紳士的傳統權威構成挑戰。晚清多宗教案都與傳教士任意侵佔紳富家宅、田產有關。如近代中國第一宗教案——上海徐家彙教案便是由此而發的。特別是教會鼓動教民以有悖教義為理由，拒絕參加祭祀、供奉寺廟等強化儒道的活動，使教民不僅不受道統的約束，而且有游離於傳統的鄉里、宗族體系之外的趨勢。正所謂「一入教中，即成化外，官且無可奈何，鄉黨親戚更無忌憚」。這意味著，在一些教會勢力廣浸的地方，紳士主持起碼的社會教化活動、甚至宗族活動的能力也受到削弱。而在清末，主持這樣的活動已經是體現鄉紳地位的唯一一塊「自留地」了。

綜而言之，在所有能為紳士提供整合社會之權威的領域，傳教士幾乎都能滲入其中。動搖中國傳統政治整合的核心主體——紳士的權威，是洋教輸入之初既定的一大目標。正如北美長老會教士狄考文所說：「如果我們要取儒學的地位而代之，我們就要準備好自己的人們，使他們能勝過中國的舊士大夫，因而能取得舊士大夫階級所佔的統治地位。」〔註62〕一位十九世紀初的外國觀察家所看到的景象：「由於中國知識階級掌握著輿論和維護輿論的合法權力，它就起到了一種貴族和牧師的雙重作用，起到了一種締合作用。由於人民在地理上的隔離、（中國）語言的特點以及土地貴族的缺乏，就使這種『紳士制度』更為必要。如果考慮到中國的這些特點和紳士制度對於這些特點的強烈影響，那麼除了這些紳士制度以外，要設計一個確保政府永存和在這個政府下人民都滿意的更好的方案是不可能的。」〔註63〕到了八、九十年代已一去不歸了。雖然，傳教士不可能被大多數中國人接受為「牧師」，但紳士顯然也沒有擔任「牧師」的資格了。傳統中國自此進入了無「牧師」的時代。

2、傳教活動對傳統政治整合結構的破壞

傳教活動所瓦解的還不只是中國傳統政治整合的核心主體。西方殖民者曾高度評價傳教士對殖民侵略的貢獻，認為基督教各差會實居於主要地位，

〔註62〕山東省志資料，1962 年（4）。
〔註63〕〔美〕芮瑪麗，同治中興——中國保守主義的最後抵抗〔M〕，中國社會科學出版社，2002 年，第 158 頁。

「事實證明，傳教士是英帝國了不起的尖兵」，「在擴大英國殖民地方面，有一個團體比其他任何人有更多的貢獻，那就是傳教士……所進行的工作」〔註64〕在中國的傳教士即使是傳教活動最隆盛之時也只有一千人左右，單從數量上講，不要說面對深受傳統思想薰陶的四億中國人是杯水車薪的，即便是與140萬左右的紳士相比也是微不足道的。那麼，傳教士的工作何以能如此有力地推進西方列強的殖民「事業」呢？從政治層面上講，最根本的就是抓住了中國傳統政治整合機制的要害，對它實施結構性的破壞，使傳統中國不能有效地整合起來與西方列強展開兵戰、商戰和學戰。具體說，除了衝擊了傳統政治整合的核心主體、核心理念和核心知識之外，還破壞了傳統政治整合的邏輯鏈條和運行機制。

（1）傳教活動鬆動了傳統政治整合的邏輯鏈條，使其說服力大受傷害。中國傳統政治整合的邏輯理路是：道統窮盡天理人倫、儒學經典足以「修齊治平」、紳士因博古通今而擔「四民之綱」，他們分別成為傳統政治整合的核心理念、核心知識和核心主體。然而隨著傳教活動的深入，人們認同這條邏輯的信心也倍受考問。正如一位新傳教士領袖在概述各種傳教事業對有教養的中國人所起的影響時說：「布道會使他們受辱，因為你這樣做時就處在老師的地位上。發行宗教書籍或科學書籍也會使他們受辱，因為你這樣做時也就認定中國並未保有全部真理和知識……提倡發展什麼吧，也會使他們感到侮辱，因為這是暗示中國並未達到文明的頂點，而你卻站得比他們更高。」〔註65〕可以說，它一語道破了傳教活動所擊中的傳統政治整合邏輯的要害，即道統、儒學經典和紳士並不像被灌輸、被解釋的那樣擁有終極真理，創造了至尊的文明。

（2）傳教活動攪亂了傳統政治整合的運行機制，使官紳民之間再難自成一體。傳統政治整合的運行機制有幾個基本硬件，即朝廷、地方官府、紳士、鄉里組織、宗族和普通民眾。簡而言之，就是行政系統、官民兩棲系統和社會系統三者的貫通。也有幾個基本的軟件，即道統、經典知識和特權。整個機制的運行表現為朝廷利用功名和特權的誘惑整合紳士，紳士利用特殊的地位及其把握的道統、經典知識聯絡宗族組織共同整合民眾。但是洋教登陸後，

〔註64〕近代中國教案研究〔M〕，四川社會科學院出版社，1987年，第3頁。

〔註65〕保羅・科恩，中國和基督教，第85頁。〔A〕，見：〔美〕費正清，劍橋中國晚清史，上卷〔M〕，中國社會科學出版社，1985年，第624～625頁。

這一運行機制被強行插入了新的軟硬件，即洋教教義和西學；教會、傳教士和教民。兩套軟硬件互不兼容，卻被插入在同一個社會「主板」中。結果，洋教義和西學侵蝕了道統和經典知識；教會抗衡官府；傳教士衝擊著紳士的權威；教民越來越游離於鄉里組織、宗族社會結構之外。雖然，傳教活動對舊體製造成的衝擊從範圍上講仍然是有限的，但它所鼓動的脫離舊禮教、舊知識和舊秩序的趨勢確實造成了對傳統政治整合機制的深度解構。這從晚清前前後後發生的四百餘起教案的結局中可見一斑，這些教案幾乎都以禮教屈服於洋教、官府屈從於教會、紳士向傳教士賠罪賠償而告終。

二、紳士在攘外問題上的軟化：傳統知識與傳統政治拆分

　　然而，傳教士對紳士的挑戰還只是動搖紳士權威的外在因素，真正解構紳士作為政治整合核心主體地位的，還源自在政治生態變遷中，傳統知識與政治、紳士與朝廷之間日益突起的內在矛盾。在傳統政治生態中，經典知識與政治權力的結盟雖然也是矛盾統一體，但雙方的合作是唯一的選擇。外來勢力破門而入後，外國列強、教會和西學這些新變量注入其中並改變了原來封閉的政治生態。從理論上，這一新政治生態可以為朝廷和紳士的互動提供新的選項。雖然，傳統政治與經典知識、朝廷與紳士合作共同抵禦外來危機仍是首選，但當經典知識不足以維護傳統政治的合法性，紳士也不足以幫助朝廷抵禦外來勢力時，朝廷就有可能不惜傷害紳士的利益而選擇綏靖政策。反之，當紳士不能持續從朝廷得到特權供給和維權保障時，他們也可能採取棄朝廷而自保的辦法。事實上也確乎如此。隨著紳士在幾乎所有的傳統權威領域遭受到打壓，他們在攘外和衛道問題上的分歧和態度軟化也日益明顯，經典知識和紳士為傳統政治開出的攘外「處方」被一次次地證明是失效的，朝廷與紳士的傳統結盟關係由是而日益鬆動，出現了傳統知識與權力相互拆分的歷史態勢。這一趨勢大體上是以天津教案為起點，歷經維新變法和義和團運動的曲折，在「東南互保」政爭中達到了高潮。

1、紳士在攘外問題上的歧見

　　紳士在應對外來危機中的歧見是他們在救災防疫和安定內亂的整合中未曾見到的。這一方面表明，紳士應對外來危機不如應對傳統危機那樣有把握；另一方面，更預示著紳士整合外部社會的能力將越來越受到內部分裂的困

擾。這些分歧，從共時角度看，首先是對待涉外事務的態度不一，有貶稱「夷務」的，也有心平氣和地稱「洋務」的；次之在如何應對外來衝擊的問題上，他們一直存在「拒夷」、「用夏變夷」和「師夷制夷」之爭；再次在如何看待中西方知識的差異方面，有的使用「舊學」、「新學」這樣偏向於西學的概念，也有的套用「道器」、「體用」這樣擡高中學的模式。基於他們在上述問題上所持的不同觀念、心態和見地，紳士內部大致可分爲保守派、洋務派和維新派。不同派別之間的長期紛爭，不僅模糊了他們在應對外來危機中的主見，也大大耗散了他們整合社會的能力。從歷時角度看，紳士衛道的決心和能力以及與朝廷的聯姻關係越來越脆弱，而其求變、轉向乃至媚外之心卻日見其漲。「凡承西洋教士之直接薰陶與文字啓示之中國官紳，多能感悟領會而醞釀覺醒思想，」〔註66〕對西學持「放眼瞭解——師夷制夷——無限量引進」態度的士人逐漸成長，並最終從傳統士大夫母體中分離出來成爲新型知識分子，而那些固守「夷夏大防」、「中體西用」和「綱常名教」的傳統士人卻漸成社會的微音，知識領域的各種力量再也沒有在傳統知識的基礎上彌合過。〔註67〕簡言之，紳士在應對外來危機時，一開始就不是一個能有效地實現內部整合的群體。其根本原因就在於傳統知識不足以化解異質危機，而紳士恰恰與傳統知識有著不解之緣。這就使得朝廷不可能像依靠紳士來救災防疫和安定內亂那樣，指望紳士來擔綱攘外。

2、紳士衛道決心的軟化及其與朝廷關係的疏離

晚清對外關係三個時期的演化：對抗、屈服和征服，基本上反映了紳士衛道的決心、能力以及與朝廷結盟關係變化的情況。也就是說，自鴉片戰爭至同治中興的鼎盛時期，不論抵禦外來侵略的實際成效如何，朝廷與紳士合作衛道、保種是主流。同治中興失敗以後，朝廷與紳士之間的杯葛增加了，正如芮馬麗所說，「中國保守主義的最後抵抗」結束了，隨之而來的是「禮崩樂壞」時期。自此朝廷和紳士越來越多地從功利的角度來處理對外關係。朝廷在教會與紳士的衝突面前並非一如既往地護衛紳士的利益，紳士在朝廷與列強政府的對抗中也不似從前那樣聽命於朝廷。

〔註66〕王爾敏，近代中國與基督教論文集，序言〔A〕，見：林治平，近代中國與基督教論文集〔C〕，（臺）宇宙光出版社，1981年，第3頁。
〔註67〕郭劍鳴，從傳統知識轉型到傳統政治轉型：晚清譯書業發展的邏輯與功能〔J〕，人文雜誌，2005年（2）。

　　從天津教案、維新變法到「東南互保」，可以清楚地看到紳士由堅強的衛道士衍生出託古改制派，有的甚至滑落到與列強聯合而抗命於朝廷的軌跡。天津教案可以說自始至終都是由紳士策劃、主導的，其目的在於維護儒道及朝廷的尊嚴，使紳民免遭教會的進一步侵害。案前，士紳集會於孔廟，誓言護儒決心；案中，向官民廣布反教輿論，發動民眾，爭取官府支持；案後，拒不「悔過」。比如，曾國藩奉旨查案時，親自邀集士紳詢問，結果到者寥寥，請他們檢舉「兇犯」，竟沒有一個人應答。曾的幕僚夜訪紳士楊春農，問及「眞正兇犯」，楊避而不談。〔註68〕紳士在天津教案中的表現並非個案，而是代表了這個時期紳士群體對復興道統一尊的決心與信心。

　　可是，當保守的大清被仿傚西方而崛起的日本所擊敗後，紳士在衛道守制問題上的分化便前所未有地膨脹開來，形成保守派、洋務派和維新派紛爭的格局。保守派以「祖宗之法不可變」為旗幟，既不除舊，也不布新；洋務派以「中體西用」為綱，只布新，不除舊；維新派以「託古改制」為鋪墊，既布新，也除舊。由於洋務派的生機在甲午一役中已基本終結，保守派和維新派的對決便成為主導朝廷與知識分子關係的風向標。如果說，維新派也講衛道的話，那也是以衛道之名，行改制之實。正如康有為指出，雖聖人再世，非變法不足以應時局。他引經據典直言儒學經典和孔子本人都是堅決的改革派，「傳曰：『逝者如斯』，故孔子繫易，以變易為義」。「法《易》之變通，觀《春秋》之改制，百王之變法，日日為新，治道其在是矣。」〔註69〕在《孔子改制考》中，他認為正是孔子創選舉製取代了世卿制。〔註70〕自「公車上書」的思想表達到「戊戌變法」演義的刀光劍影，表明士大夫內部對於支持什麼樣的朝廷，支持什麼樣的道統，已不能簡單地在「綱常名教」的大旗下統一。維新派士人支持的是用中西壁合的知識武裝起來的朝廷，而保守派士人在反對光緒帝時也全然不會顧慮其由「綱常」賦予的合法性。百日維新終結的不是維新派，勝利的也不是保守派，它宣告的是傳統政治中知識與權力、朝廷與紳士之間那種鐵板一塊的結盟關係結束了。

　　1900 年發生的「東南互保」事件更反映中央對地方、朝廷對紳士的控制基本失靈。19 世紀末，義和團運動在中國北方迅速興起，逐漸波及京津地區。

〔註68〕近代中國教案研究〔M〕，四川社會科學院出版社，1987 年，第 234 頁。
〔註69〕轉引自湯志均，戊戌變法史〔M〕，中華書局，1986 年，第 675 頁。
〔註70〕康有為，孔子改制考〔M〕，中華書局，1958 年，第 238 頁。

清王朝圍剿不成，改爲招撫，西方列強看到清廷已控制不了京津局勢，決定共同派兵親自鎮壓義和團。朝廷爲免遭義和團的攻擊，又想借義和團的力量對付帝國主義侵略勢力，於光緒二十六年（1900年）五月下達對外宣戰詔書，令各省督撫速派軍隊，馳赴京師，並清除各自轄區內的所有洋人。但是，南方主要省份的紳士害怕出兵既會將北方的「拳患」引入南方，又會惹怒洋人，於是極力支持地方實力派抗旨。當時最有勢力的兩廣總督李鴻章、兩江總督劉坤一、湖廣總督張之洞等人，不僅將清廷下達的對外宣戰上諭視爲「矯詔」拒不遵行調兵勤王的旨令，劉、張二人隨後還與駐上海的各國領事訂立《東南互保章程》，規定上海租界歸各國共同保護，長江及蘇杭地區教堂及商民、教士等，均歸各督撫保護，兩不相擾。這種爲保全地方而對中央的呼救置之不理，卻與列強各國相勾結達成默契的做法，爲從來所未有。〔註71〕

3、朝廷對紳士的依賴和呵護雙重弱化

隨著紳士衛道護國的信心和能力的削弱，朝廷對紳士的依賴和呵護也出現弱化。在中西對抗時期，紳士所依據的經典知識對於攘外發揮不了多少實際的作用；在屈服時期，朝廷於攘外大計逐步陷入有心無力的窘境，主要依據條約與列強周旋；在征服時期，朝廷對抗擊外侮之責已完全處於無心無力、任人宰割的狀態，加之紳士對朝廷的認同出現嚴重分化，在外交上紳士的可依賴性更是大大降低。因此，在攘外問題上，朝廷與紳士關係呈現漸行漸遠的特徵。下面僅以紳士在晚清教案中的作用，以及朝廷在處理教案時對紳士的庇護程度的變化，對此略作分析。因爲，教會和傳教士處在直接與中國傳統的社會勢力和意識形態對峙的最前沿。反洋教和處理教案往往成爲晚清官紳民攘外的經常表現形式，從中窺探朝廷與紳士關係的變化是有說服力的。

根據史學屆的集中討論，晚清的反洋教鬥爭始於1846年，迄於1900年，共分四個階段：第一階段從1846年到1860年，是反洋教鬥爭的始發和興起時期；第二階段從1860年到1884年，是反洋教鬥爭發展和擴大的時期；第三階段從1884年到1894年的十年，是反洋教鬥爭深化的時期；第四階段從1894年到1900年，是反洋教鬥爭的高潮時期。但是從反洋教之主導力量的轉換而論，又可以1884年爲界，將晚清的反洋教鬥爭分爲以士紳爲主導和以秘

〔註71〕參見郭松義、李新達、楊珍，中國政治制度通史，第十卷〔M〕，人民出版社，1996年，第239頁。

密會社爲主導兩個時期。〔註72〕與此相對應，朝廷在與列強交往中對紳士的依賴和在處理教案時對紳士的庇護程度也發生了變化。

以天津教案中教會、朝廷和紳士的互動關係爲例。雖然迫於法國政府和教會的壓力，晚清政府在處理善後事宜時，採取了妥協媾和的政策。但自朝廷到府縣衙門都認爲紳士發動的這場反洋教鬥爭是民意的表達。如在清廷召集的專門討論處置該案的御前會議上，惇親王便提出民心不可失，醇郡王「極言民心宜順」。而當曾國藩的處置措施過於委曲求全時，上諭便有責備曾國藩之意，說「曾國藩總當體察人情向背，全局通籌，使民心允服，始能中外相安也」〔註73〕1876年重慶鄉紳打教後，「葆丞假作癡聾」。教民「向葆呼冤呈狀，竟置命案不驗，鈔毀不勘，迫控道府，置若罔聞，奔控軍督，擲狀不收」〔註74〕。亦見朝廷對紳士的反洋教活動予以多方關照。不過，鄉紳在八、九十年代以後在反洋教運動中的領導地位逐漸由會黨所取代。〔註75〕特別是會黨組織開始打出「順清滅洋」、「扶清滅洋」的大旗後，朝廷轉而倚重他們作爲對抗列強的中堅力量。這一時期，在福建、四川、山東等主要反洋教的省區所爆發著名教案几乎都由秘密會社領導。如古田的齋教，大足的哥老會，山東的大刀會、紅拳、梅花拳、神拳等各種拳會最後都彙集到義和拳名下，將反洋教鬥爭推向全國。秘密會社開始成爲反洋教鬥爭的中堅，這說明鬥爭的領導權已經逐漸轉移到社會下層群眾手中，相應地，紳士在整合社會中的傳統中介作用也逐漸淡出。朝廷在「庚子之變」中的抉擇清楚地表明這一點。1899年晚期，義和團喊出「扶清滅洋」的口號時，滿族王公，甚至「老佛爺」，也覺得他們聽見了老百姓的呼聲。正如慈禧所說：「中國是弱，我們惟一指望的是人心，如果我們失掉人心，我們怎麼保全我們的國家？」她決定同義和團合作，並藉此一舉解決帝國主義問題，並於1900年6月21日正式下令同所有列強宣戰。〔註76〕然而，這一合作是短促而悲慘的。不僅拳民首當其衝

〔註72〕參見馮祖貽等編，教案與近代中國——近代中國教案學術討論會文集〔C〕，貴州人民出版社，1990年，第343～344頁。

〔註73〕近代中國教案研究〔M〕，四川社會科學院出版社，1987年，第230～231頁。

〔註74〕清光緒朝中法交涉史料〔M〕，轉引自四川社會科學院出版社，1987年，第367頁。

〔註75〕雖然，紳士並未完全退出反洋教運動，但其領導角色已不明顯，僅有陝西周漢仍爲一方首領，較爲突出。

〔註76〕參見〔美〕費正清，偉大的中國革命1800～1895〔M〕，世界知識出版社，2000年，第167頁。

地遭到了全面的鎮壓，朝廷也迅速伸出「量中華之物力，結與國之歡心」的
「橄欖枝」，被徹底征服了，而在這場事變中未執其綱的紳士更是成了列強和
朝廷共同的「出氣筒」。在 1901 年朝廷與 11 國列強簽訂的《辛丑條約》中，
廢止了 45 個城市的科舉考試。

　　總結歷史，爲求保種、保教、保國，朝廷依靠過由傳統知識武裝起來的
紳士群體，最後把無知識、反知識的神秘組織視爲「救命稻草」，結果，喪權
辱國的程度一次比一次慘痛。這再次表明，外來危機是一種全新的知識危機，
其複雜性和異質性非傳統危機可比。解鈴還需繫鈴人，應對知識危機，非進
行新知的培育不可。正是在這個意義上，梁啓超說：「欲求新政，必興學校，
可謂知本矣。」〔註 77〕

三、紳士的轉型與政治整合核心結構的解體

　　紳士的轉向起於明朝中葉，其主要表現爲士商互動、棄儒從賈。個中的
主要原因就是科舉名額沒有隨人口增長而同比例地增加，士人獲取功名的機
會越來越小、越來越難。所謂「士而成功也十之一，賈而成功也十之九。」〔註
78〕另外，晚明以降，商賈因熱心公益而越來越獲得官府和社會的認可，所謂：
「天下之勢偏重在商，凡豪傑有智略之人多出焉。其業則商賈也，其人則豪
傑也。」〔註 79〕這說明紳士的轉向是中國社會內發性的結果。這種轉向是漸
進的，屬於社會結構間的正常互動，並未對紳士在傳統社會整合中的核心作
用構成根本性傷害。但是，在近代中國，由於外來危機日迫，紳士轉向的形
式增加了、速度加快了、規模也擴大了。它對於晚清社會的政治整合產生了
實質性影響。

1、由紳而商的轉向

　　晚清由紳而商轉向的原因，從大處講，是紳士出於擔負民族責任的需要，
從小處講，也是紳士夯實自身利益和地位的需要。眾所周知，引爆近代中西
方對抗的導火線就是貿易衝突。搶佔市場、攫取超額商業利益是資本帝國主

〔註77〕梁啓超，論變法不知本原之害〔A〕，見：中國近代史資料叢刊，戊戌變法（三）
　　　　〔J〕，第 20 頁。
〔註78〕張海鵬、王廷元，明清徽商資料選編〔M〕，黃山書社，1985 年，第 251 頁。
〔註79〕沈垚，費席山先生七十雙壽序〔A〕，見：落帆樓文集，卷 24〔M〕，文物出
　　　　版社，1987 年，第 12 頁。

義殖民擴張的根本目的。這就迫使晚清中國要維護自身的權益必然要與西方列強展開商戰。然而，依靠晚清日薄的國力、「重農抑商」之傳統國策造成的失衡的社會結構以及紳士單一的舊知識基礎，要引領國人與西方列強展開商戰是不可能的。因此，晚清加快發展工商實業已是勢所必然。而紳士從商可以兼收傳統制度的特權和近代產業收益之雙重便利，紳商因而成為晚清紳士轉向的主要方向。

晚清由紳而商轉向是在洋務運動中期後開始加速的，這首先要歸功於價值觀念領域獲得的突破。後起的洋務派思想家薛福成和鄭觀應是力言「商戰」、發展工商業的傑出代表。薛福成旗幟鮮明地把商人說成是「握四民之綱」的人，與傳統的「士為四民之首」的觀念針鋒相對。他將中西方強弱之由直接歸結為治商政策的差異，說：「夫商為中國四民之殿，而西人則恃商為創國造家、開物成務之命脈，疊著神奇之效者，何也？蓋有商則士可行其所學而學益精，農可通其所植而植益盛，工可售其所作而作益勤。是握四民之綱者，商也。」他還指出，這個道理「為從前九州之內所未知，六經之內所未講」，卻使資本主義國家獲得了富強，因而「不能執崇本抑末之舊說以難之。」〔註80〕鄭觀應也提出了類似的見解，主張要「以商立國」，把商提到了整個國民經濟樞紐的地位。他在《商務》篇中開宗明義地指出：「商務者國家之元氣也，通商者疏暢其血脈也。」又說：「士無商則格致之學不宏，農無商則種植之類不廣，工無商則製造之物不能銷。是商賈具生財之大道，而握四民之綱領也。」〔註81〕這些思想的張揚為那些明白大勢的開明紳士棄儒從商拆除了觀念藩籬。

繼而，一批科場大奎、名紳顯儒以實際的從商舉動成為引領晚清由紳而商轉向的風向標。如南通張謇以狀元身份辦工廠，成為「通官商之郵」的大紳商；蘇州末代狀元陸潤庠於 1895 年創辦蘇經絲廠和蘇綸紗廠。狀元而外，其他級別的紳士由科舉仕途轉到工商界的，更不乏其例。如經營範圍涉及紡織、麵粉、皮革、玻璃、肥皂、農林等眾多行業的江蘇大紳商沈雲沛，為進士出身。上海商務總會首任總理、上海通商銀行總董嚴信厚，曾「由貢生入李鴻章幕」，後又出資捐了候補道，並由李鴻章委派長蘆鹽務督銷、天津鹽務幫辦等職。福建閩縣人陳壁，「光緒三年進士，授內閣中書」，以後曾「開辦

〔註80〕薛福成，庸庵海外文編，英吉利用商務闢荒地說〔M〕。
〔註81〕鄭觀應，盛世危言，商務〔M〕。

工藝局廠興工業，設織紡局，教女工」〔註82〕蘇州商務總會第二任總理尤先甲，係 1876 年舉人，授職侍讀銜內閣中書。但他並未趨京任官，而是留在蘇州從事商業活動，爲同仁和綢緞莊莊東，亦做顏料售藥材等生意。

最後，歷來賤商、抑商的清廷也不得不明確表態「向來官場出資經商者頗不乏人，惟狃於積習，往往恥言貿易，或改換姓名，或寄託他人經理，以致官商終多隔閡。現在朝廷重視商政，亟宜破除成見，使官商不分畛域。」〔註83〕「清末新政」期間，光緒二十九年（1903 年），清政府爲振興商務，設立商部。商部成立後，制訂和頒佈了《商部章程》、《商人通例》、《公司律隊《獎勵公司章程》、《破產律》、《商會簡明章程》等，以法律的形式肯定了工商業者的社會地位，爲工商業者的經濟活動提供了某種保護。清政府的這些舉措應該講是由紳而商轉向的結果，但它們反過來又爲清末更大規模的紳士轉向商界提供了制度支持。

晚清到底有多少讀書人棄儒經商，脫離舊紳士群體，恐怕難以統計。〔註84〕舉人劉大鵬曾在 1892 年 10 月間的日記中描繪過這種轉向的情景：「近來吾鄉風氣大壞，視讀書甚輕、視爲商甚重，才華秀美之子弟，率皆出門爲商，而讀書者寥寥無幾，甚且有既遊庠序，競棄儒而就商者」，「當此之時，爲商者十八九，讀書者十一二。余見讀書之士，往往羨慕商人，以爲吾等讀書，皆窮困無聊，不能得志以行其道，每至歸咎讀書」。〔註85〕其中或許有情緒上的渲染，但他言明的趨勢很清楚，那就是紳商越來越受人敬重，他們不僅執商界的牛耳，更通過其控制的商會和經濟資源掏空了舊紳士在地方（特別是城鎮）公益事務和社區自治中的發言權。

晚清商會幾乎成了紳商團體，譬如天津商務總會第二屆（1905 年）22名會董，小至九品千總，大至二品候補道，全都捐有官銜。1906～1911 年在直隸各州縣建立的 48 個商務分會，其會董也幾乎無一不捐有功名或職銜。〔註86〕漢口商務總會的第一屆（1907 年）至第四屆（1911 年）6 名總、協理（二

〔註82〕 汪敬虞，中國近代工業史資料第二輯，下冊〔M〕，中華書局，1962 年，第928 頁。

〔註83〕 商務官報第二冊（19）。

〔註84〕 據虞和平的統計，清末全國有總商會 45 所，分商會 998 所，會董 2 萬餘名。虞和平，商會和中國早期現代化〔M〕，第 75、76 頁。另據清學部總務司編・第三次教育統計表統計，1911 年全國商會 761 個。

〔註85〕 劉大鵬，退想齋日記〔M〕，山西人民出版社，1990 年，第 17 頁。

〔註86〕 天津商會檔案，全宗號 128，二類。

人曾任兩屆）全部爲有職銜的大商人。〔註87〕清末上海商務總會各屆總、協理也都是紳商。而蘇州商務總會及下屬八個商務分會的成員幾乎全部都是享有各種職銜或功名的紳商。〔註88〕廣東從 1905 到 1908 年成立的 29 個商務總、分會，總協理及會長共 31 人，其中 27 人是有職銜的紳商，占總人數的 87％〔註89〕這些商會組織擁都有相當程度的市政建設權、商事裁判權、地方治安權以及工商、文教、衛生和其他公益事業管理權，成爲當時活躍於城廂公共事務的主力軍。以上海爲例，早在 1905 年，紳商李鍾鈺、郭懷珠等就自發組織了上海地方自治總機構——城廂內外總工程局，「整頓地方一切之事，抵制外人侵佔，開通內地風氣，助官司之不及與民生之大利」，其領導權均掌握在以商會爲據點的上層紳商手中。該局章程明確規定：「總董必須本籍紳士充當，幫董一本籍一客籍，均須殷實商人」。議事會章程規定：「議董由本地紳士及城廂內外各業商董秉公選舉」。〔註90〕這裏說的紳士實際上是紳商，而不是原來意義的紳士。其他地區的情況也類似於此。如蘇州在清末最後幾年出現的基層自治組織——市民公社，就是由商會控制的。市民公社同商會的關係極爲密切。各市民公社成立時，一般經由商會呈報創辦；在選舉職員時，又多邀請商會派員監選其幹事長等上層人選，大多本身即爲商會議董或會員。雖不存在明文規定，但事實上市民公社、體育會、救火會往往三位一體」，同時隸屬於商會。〔註91〕正如章開沅先生所歸納：「如果說，上海商會主要通過總工程局自治公所之類機構逐漸控制市政建管理的權利，那麼蘇州商會則主要是通過市民公社把勢力和影響滲透到城市生活的許多領域。」〔註92〕

　　紳商還在晚清收回利權，興辦路礦公司，與洋人展開商戰的鬥爭中，扮演著骨幹角色。據統計，1896～1911 年創辦的大小 42 家華資煤礦，有 16 家爲紳商所創辦，占創辦總數的 38.1％。到 1911 年，我國共創設了 14 家商辦鐵

〔註87〕皮明庥，武昌首義中的武漢商會、商團〔A〕，見：紀念辛亥革命七十週年學術討論會論文集上冊〔M〕。

〔註88〕蘇州商會檔案，乙 2-1「組織沿革」。

〔註89〕邱捷，廣東商人與辛亥革命〔A〕，見：紀念辛亥革命七十週年學術討論會論文集上冊〔M〕。

〔註90〕總工程局議會章程〔A〕，見：上海市自治志〔M〕。

〔註91〕周襄均，市民公社〔A〕，見：文史資料選輯，第三輯〔M〕，蘇州市政協。

〔註92〕章開沅，辛亥革命與近代社會〔M〕，天津人民出版社，1985 年，第 111 頁。

路公司，其總、協理幾乎全是享有各類功名、職銜的紳商。〔註93〕四川立憲派的主要人物，好多享有進士、舉人等功名，其富有資財者則被舉爲鐵路公司董事和股東會負責人，由此而進入「新紳商」的行列。蘇省鐵路公司的 45 名蘇州股東，其姓名可考的紳商有 12 人。

2、紳士向新式知識分子轉型

舊紳士一直以傳統知識爲權威基礎，以科場功名爲生計目標。然而，由於外來衝擊的解構，以及社會觀念的世俗化、功利化，經典知識的價值和紳士的地位每況愈下，士人的素質更今非昔比。越來越多的士人僅有士之名而無士之實。其中相當一部分人竟然「字義不明，句讀未知，僅誦四子，即讀八比，列名試籍，遂囂然自稱曰士」。「於義理無所講究也，於文法無所留意也」，「筋力脆弱，材智凡即不能負販，又不能操作，特借士之名以掩其所短」。〔註94〕對於近代知識，多數士人更是懵然無知。他們不懂得什麼叫地球，什麼叫五洲，什麼是國家，什麼是憲政，甚至有二品大員問日本人：到貴國去，要坐火車，可以走幾天。〔註95〕「問以五洲形勢，列國政治，歷朝史鑒，諸子百家，天算、動植、形聲、格致之學，皆懵然漠然，不知所對」〔註96〕不少士人還沒有民族觀念，不關心時事。譚嗣同怒斥他們是「縱令神州陸沉，絕不干與我事」〔註97〕的庸人。甚至連傳教士安保羅也說：「儒林翰院，皆以尋章摘句涉獵經典爲能；而於格物致知均平齊治之要，漫不經心」，結果「問以天文，天文不答；問以地理，地理不知」。〔註98〕這樣的士人不僅難分內憂，更不足以拒外患，當然不會被社會及民眾所尊崇，即便是開明的士人也深感不值得與之爲伍。所以，由舊學轉向西學、由科場功名轉向新式職業便成爲晚清紳士分化的又一取向。

關於紳富子弟冷落科場，紛紛步入新學堂的例子前文已列舉不少，這裏不再贅言。下面僅從幾組有關新舊士人的對比數據來窺探當時舊紳士向新知識分子轉型的情況。以清末湖南 40 名上層紳士爲例，始終堅持走科試道路或

〔註93〕汪敬虞，中國近代工業史資料，第二輯，下冊〔M〕，中華書局，1962 年，第 924、147 頁。

〔註94〕王韜，弢園文錄外編〔M〕，中華書局，1959 年，第 71～72 頁。

〔註95〕有權位者再看〔N〕，大公報，1904 年，9（5）。

〔註96〕夏東元編，鄭觀應集上冊〔M〕，上海人民出版社，1987 年，第 269 頁。

〔註97〕蔡尚思、方行編，譚嗣同全集，增訂本〔M〕，中華書局，1981 年，第 440 頁。

〔註98〕李楚才編，帝國主義侵華教育史資料──教會教育〔M〕，教育科學出版社，1987 年，第 409 頁。

在書院執教等傳統文人生活方式的只有 5 人，而其他 35 人，其中有 13 人赴日留學或考察，18 人在新式學堂或學務處任職，〔註99〕兩項合計 31 人，整體轉型人數近八成。在晚清新式團體的組織發展過程中，紳士也成為其中的主要推動力量。如 1895 至 1898 的三年中，紳士組建了 76 個學會中的 2／3。〔註100〕另據一份不完全的統計資料表明，20 世紀初，在 48 名主筆、編輯與記者中有 42 人擁有功名，屬於士人階層〔註101〕，這說明由舊士人轉型是新式職業人的主要來源。還有數據表明，自 19 世紀末以來，尤其是廢科舉之後，士紳群體中有約五分之一左右的人，也就是說有近 30 萬人通過各種途徑，受到程度不等的近代教育。〔註102〕以湖北為例，同光年間共有紳士 48000 餘人，但在科舉改革過程中因接受新教育而轉化成的新紳士有 20000 人以上，約占紳士總數的 43％；而且這些新紳士不論在地位上還是在影響上都遠遠超過舊紳士。〔註103〕

3、紳士轉投軍人、會黨

雖然，紳士向商人、新學人轉型是晚清紳士群體性分化的兩大主要方向，但甲午、庚子之變後，中國的民族主義意識空前高漲起來，朝廷和社會都迫切希望實現軍隊的現代化，也比以前更捨得花錢來進行軍隊建設，〔註104〕由此奠定了軍人地位及其權威隆起的社會基礎。這也為紳士的轉型開闢一個新的方向。早在十九世紀中葉，湘、淮軍中就有一大批的士人投筆從戎，不過這主要安內的需要，這些儒將從理念、知識基礎上都還是舊的，嚴格地說，不能算是紳士向軍人轉型的開端。真正意義上的紳士向軍人轉型起於新式軍備學堂的開設和後來的新軍建設。據統計，1866 年～1898 年間，洋務派共興辦各類軍事學堂 15 所，1895 年～1899 年間，維新派又在浙江、陝西、山西等地開設了 9

〔註99〕 參見楊念群主編，空間、記憶、社會轉型——「新社會史」研究論文精選〔M〕，上海人民出版社，2001 年，第 225～227 頁。

〔註100〕 〔美〕費正清、劉廣京，劍橋中國晚清史下卷〔M〕，中國社會科學出版社，1985 年，第 385 頁。

〔註101〕 王先明，近代中國紳士階層的分化〔J〕，社會科學戰線，1987 年（3）。

〔註102〕 賀躍夫，晚清士紳與近代社會變遷〔M〕，廣東人民出版社，1994 年，第 92 頁。

〔註103〕 蘇雲峰，中國現代在的區域研究一湖北省〔M〕，臺北：中央研究院近代史研究所，1982 年，第 467 頁。

〔註104〕 〔美〕費正清、劉廣京，劍橋中國晚清史下卷〔M〕，中國社會科學出版社，1985 年，第 625 頁。

所武備學堂。〔註105〕其中有些學員就來自取得低級功名的生員。1896 年，張之洞建造湖北武備學堂時，「專選文武舉貢生員及監生、文武候補、候選員弁以及官紳世家子弟」。張認為這些人「皆科名仕宦中人將來效用國家，引伸會通，展轉傳授，裨益較多收效亦速」。〔註106〕甲午戰爭後，朝廷和地方督撫都十分重視新軍的編練，當兵吃餉對一些看破科場又生活艱難的儒生產生了很大吸引力，有越來越多的下層士人應徵入武。如 1905 年湖北新軍在黃陂招募新兵 96 人中有「十二個廩生，二十四個秀才」，〔註107〕超過 1／3 的兵源來自儒生。在江北陸軍師範學堂就讀的廩貢秀才也有 180 多名。〔註108〕

另外，相當一部分紳士還走向下層社會，與普通民眾為伍，最典型的就是加入會黨，如四川的哥老會、湖南的會黨都充斥著士人。更為重要的分化是士人政治取向的變化，清末各種各樣政治團體中皆有士人的滲入。在清末立憲派所掌握的咨議局及資政院的 16000 名議員中，91% 的議員都是士紳出身；在同盟會員中也有 81 人出身於士紳，在《革命人物志》所記載的資產階級革命派中，其中有 222 人出身於士紳。又如廣西咨議局選舉，在初選的 570 人中，士人占 84.8%，在復選中，64 名議員幾乎全是有功名的士人。〔註109〕

所以，晚清紳士實際上成了一個由傳統官紳、鄉紳和新型紳商、學紳、軍紳乃至新政客攙雜的群體。紳士的大規模轉型和分化對晚清以攘外為主旨的政治整合產生了直接的影響，它使十九世紀八十年代以後沒有一個核心主體能擔負起整合社會抵禦外侮的重任。儘管分化後的各類新式人物在各自的領域都發揮著重要的作用，但士人在政治理念、意識形態和知識基礎上的同構性已基本丟失，這就決定了他們在攘外問題上，再也不可能站在同一的立場，採取一致的策略。正如時人對究竟重兵戰、學戰、還是商戰的爭論中，莫衷一是那樣，有人持「以戰守為實事」〔註110〕，有人力主「商戰為綱」，而另有人則批駁他們說：「今日言兵戰、言商戰，而不歸於學戰，是謂導水不自

〔註105〕史革新，中國社會通史，晚清卷〔M〕，山西教育出版社，1996 年，第 212 ～217 頁。

〔註106〕張玉田等編著，中國近代軍事史〔M〕，遼寧人民出版社，1983 年，第 446 頁。

〔註107〕辛亥革命回憶錄第一冊〔M〕，湖北人民出版社，1979 年，第 70 頁。

〔註108〕參見王鏡夫，一生投機的袁世凱，八十三天皇帝夢〔M〕，文史資料出版社，1983 年，第 176 頁。

〔註109〕王先明，近代紳士〔M〕，天津人民出版社，1997 年，第 299 頁。

〔註110〕清史稿〔M〕，中華書局，1977 年，第 11691 頁。

其本源，必終處於不勝之勢。」〔註111〕這表明他們不再是一個完整意義的階層，原來意義上的士人階層無奈地瓦解了，他們在各自的領域中所發揮的攘外作用只能是分散的，起不到整合社會及民眾的功能。

　　如果說，傳教士的挑戰動搖了紳士承擔政治整合核心主體的能力和知識基礎，朝廷與紳士間的疏離拆除了紳士發揮政治整合核心作用的中介機制，那麼，紳士的轉向和分化則解構了它作為一個有完整核心理念和核心知識的形體。也就是說，不論是權威基礎、作用機制，還是行為機體，都不能支撐紳士成為以攘外為主旨的政治整合的核心結構。

第三節　重條約廢科舉：知識權力化的政治整合模式被徹底解制

　　晚清社會政治整合在制度上的重要變遷，就是條約制度〔註112〕日重，科舉制度日輕直至被廢。表面上看，條約制度與科舉制度互不相擾。一個是晚清中外關係的產物，一個是相沿了千年的朝廷整合社會的基本制度。晚清廢除科舉制確係科舉制自身的積弊使然，但條約制度加速了科舉制的崩潰。因為，條約制度是不斷蠶食中國主權、削弱朝廷整合能力的制度。它不僅使朝廷越來越受制於列強，無以繼續供應、維護紳士的特權，切斷了官紳民整合機制的臍帶，更樹立了凌駕於傳統特權階層之上的新權威階層——洋人集團。特別是，條約制度極力支持傳教士向中國輸入西方的理念和知識，構成了對傳統中國知識權力化社會的直接解構。而科舉制度一直是維護傳統理念、知識及其載體——紳士的權威，並強化傳統社會整合的基本制度。雖然到了晚清，科舉制已不能為傳統社會的整合帶來多少實際活力，但它至少仍在形式上和精神上維持著這樣的整合基礎。清廷重條約廢科舉這一問題的要害不在於科舉制該不該廢，而在於條約制度是否值得信賴，並使之廣泛滲透到社會權威成長的各個領域；在於科舉制被廢後，應建立怎樣的制度以替代

〔註111〕張繼煦，湖北學生界敘論辛亥革命前十年間時論選集一，上冊〔M〕，三聯書店，1977年，第436頁。

〔註112〕條約制度，簡言之，就是處理中國與列強之間的關係應該以條約的安排為基準，而不受各自文化、觀念差異形成的成見所左右。表面看，這是一個進步的制度創新，但由於締約的主動權是不平等的，所以，它是披著平等「外衣」的不平等制度。

其對傳統政治整合的多方面功能。

一、條約制度破壞晚清政治整合的制度基礎

1、晚清條約制度的確立

　　早在第一次鴉片戰爭後，清廷就陸續與西方列強簽訂了一系列不平等條約。但道咸兩朝對這些條約是不服氣的，並未確立以條約來解決中外紛爭的打算。如道光在上諭中明確表示訂約「雖非舊例，然隨時變通……聊為羈縻外夷之術」。〔註113〕咸豐在《北京條約》簽訂後，仍然認為條約只是暫時息事寧人之策，稱「雖已換約，此係萬不得已允其所謂」。〔註114〕他甚至計劃誘敵深入擊敗之，然後將新條作廢。所以，道咸兩朝對待條約問題的基本思路是「條約──緩兵──再戰」，史家多稱之為中西對抗時期。第二次鴉片戰爭失敗之後，以條約為基礎的「恭親王體制」才逐漸成為處理中西方關係的主基調，這一思想受到曾國藩、李鴻章、左宗棠等地方實力派的鼎力支持。他們的基本思路是以信守條約來換取中國自強的時間和空間，並即時啟動「洋務自強」運動。曾國藩曾直言道咸兩朝治夷的失策就在於不諳時勢，不守和約，而同治以來的太平則應歸功於信守和約。他說：「道光庚子以後，辦理夷務，失在朝和夕戰，無一定之主計，遂至外患漸深，不可收拾。皇上登極以來，外國盛強如故，惟賴守定和議，絕無更改，用能中外相安，十年無事，此已事之成效。」〔註115〕應該說，洋務派對時勢的考量是務實的，他們信守條約之心更是至誠的，〔註116〕問題是訂立條約、執行條約的主動權始終掌握在列強一方，每一個新約的締結都是對中國權益的侵害，這樣，「條約制度」的結局就難免陷於以喪失權益來保護權益的惡性循環之中。1869年，被清廷視為「外交勝利」的阿禮國草約只想略微限制列強的貪婪，就被英國政府拒絕，便是明證。至於甲午戰爭後，清廷信守的條約制度則完全成為列強征服中國的工具。

〔註113〕籌辦夷務始末，道光朝，卷54。
〔註114〕籌辦夷務始末，咸豐朝，卷7。
〔註115〕籌辦夷務始末，咸豐朝，卷73。
〔註116〕曾國藩曾告戒李鴻章：「與洋人交際，其要有四語：日言忠信，日行篤敬，日會防不會剿，日先疏後親。忠者無欺詐之心，信者無欺詐之言，篤者質厚，敬者謙謹。此二語者，無論彼之或順或逆，我當常常守此而勿失」。這種守約之誠可以說到了單方面、迂腐的程度。曾國藩，曾文正公全集，書簡第18卷。

2、條約制度對傳統中國權威生長機制的衝擊

條約制度確立後，其影響並不局限於外交上，而是直接傷及了道統的一尊，迅速滲透到內政的各個主要領域，誕生出一個凌駕於傳統社會權力結構之上的「新的外國人的社會權力結構」。〔註117〕自此，權威不循於道統的解釋，也不出於朝廷的授予，而多是基於條約重新進行安排。

（1）條約制度破除了道統一尊的地位，割斷了傳統權威生長的核心邏輯。道統關於權威來源的基本解釋是「唯天子受命於天，天下受命於天子。」其中包含的權威生長邏輯鏈就是「天──天子──天下──華夏──四夷」。依此，處理中外關係的制度安排必然是「夷夏有別」和納貢制度。納貢制度是維繫道統一尊不可缺少的一環，它不僅向世人勾畫出一個「以中國為中心的世界圖景」，也強化著人們對「天子受命於天」的服從。如果不分華夷、解除納貢制度，則「天子受命於天」而「威服天下」的邏輯就不完整。其進一步的影響便是既然「夷」可以不從夏，天下又何以要從於天子呢？這對傳統社會的政治整合來說，無疑是致命一擊。可是條約制度的初始目的恰恰就是「廢除納貢制結構」。〔註118〕

一方面，訂約本身就從形式上宣告了「道統一尊」、「夷夏有別」這一傳統權威生長的元機理的結束。更何況訂約的主動權完全操持在被目為「夷」的一方。例如《南京條約》簽訂時，「英方不允許清方對其提出的條件做任何修改，屢屢以進攻南京相要挾。條約中的中英文本完全是英方一手製定的。」〔註119〕晚清與列強簽訂的第一個條約尚且如此，以後訂約的情形自不用說。

另一方面，在條約制度初創時期，西方列強就把解決此前懸而未決的「納貢制」及各種體現「夷夏有別」的禮儀之爭作為條約的一個核心內容。近代中國與西方訂立的首個條約便觸及這一問題。《南京條約》第十一條，「議定英國住中國之總管大員，與大清大臣無論京內、京外者，有文書來往，用照會字樣，英國屬員用申陳字樣；大臣批覆用劄行字樣；兩國屬員往來，必當平行照會。」此後的《天津條約》系列更是將中西方交往中的平行禮儀問題作為約定的重中之重。中英《天津條約》用了長達5條（款）的篇幅對此作出規範。如第三款

〔註117〕〔美〕費正清，劍橋中國晚清史上卷〔M〕，中國社會科學出版社，1985年，第238頁。
〔註118〕〔美〕費正清，劍橋中國晚清史上卷〔M〕，中國社會科學出版社，1985年，第234頁。
〔註119〕中國近代不平等條約彙要〔M〕，中國民主法制出版社，1996年，第1頁。

規定：「英國自主之邦與中國平等，大英欽差大臣作爲代國秉權大員，覲大清皇上時，遇有礙於國體之禮，是不可行。」第五款規定：「大清皇上特簡內閣大學士尙書中一員，與大英欽差大臣文移、會晤各等事務，商辦儀式皆照平儀相待。」第七款規定：「大英君主酌看通商各口之要，設立領事官，與中國官員於相待諸國領事官最優者，英國亦一律無異。領事官、署領事官與道臺同品；副領事官、署副領事官及翻譯官與知府同品。視公務應需，衙署相見，會晤文移，均用平禮。」中美《天津條約》有兩款直接言及「廢納貢」和「用平行」的問題，如第七款規定：「嗣後大清國大臣與大合眾國大臣公文往來，應照平行之禮，……至兩國均不得互相徵索禮物。」第十款規定：「大合眾國領事及管理貿易等官在中華議定所開各港居住、保護貿易者，當與道臺、知府平行；遇有與中華地方官交涉事件，或公文往來，或會晤面商，務須兩得其平；即所用一切字樣、體制，亦應均照平行。」〔註120〕中俄《天津條約》第二條，中法《天津條約》第三、四、五款均有類似的規定。

如果說，主要由傳教士引入的西方宗教教義、西學知識對道統一尊的解構還多少帶有心理上和理論上的味道，那麼，條約制度無疑使這樣的挑戰變成了現實、并具有法律效力。它標誌著「天——天子——天下——華夏——四夷」這一權威傳遞鏈的斷裂得到了制度的確認，使「以天子爲中心」形成官紳民一體和「以華夏爲中心」構織世界一統的政治整合模式不論是符號意義上還是實際意義上都出現了缺損。

（2）條約制度枯竭了清王朝的權威資源，進一步加劇了「王朝虛位」的趨勢。清王朝的衰落在十八世紀中後期就已現端倪，自那時起，民變頻繁。在平定內亂的過程中，「弱朝廷、強地方」的權威分配格局基本形成。條約制度確立後，列強大肆攫取清王朝的財權、治權，更耗盡了朝廷的可控資源，基本消解了清室在整合地方、社會及紳民過程中原有的權威分配中樞的地位。

一方面，條約制度構成對清王朝財稅資源及其管理權限的瘋狂掠奪。這主要體現在協定關稅、片面最惠國待遇和鉅額的賠款等方面。《南京條約》首先限制了清王朝的關稅自主權。該約第十條規定中國關稅須同英國協商的原則，「英國商民居住通商之廣州等五處，應納進口、出口貨稅、餉費，均宜秉公議定則例，由部頒發曉示，以便英商按例交納；……英國貨物自在某港按

〔註120〕各條款內容分別引自中國近代不平等條約彙要〔M〕，中國民主法制出版社，1996年，第4、73、74、65頁。

例納稅後，即准由中國商人遍運天下，而路所經過稅關不得加重稅例，只可按估價則例若干，每兩加稅不過分」。後來在五口通商章程中又規定英國進出口貨物值百抽五的稅率，而爲了使外國貨運入內地免去釐金及其他稅收，則僅新增了值百抽二點五的稅率。〔註121〕由於關稅須與列強協定，而列強又不可能主動提出加稅的動議，因此，這個值百抽五的世界各國最低的關稅便保持了幾十年之久。考慮到此間全球物價的上揚和銀價的貶值，這一低關稅政策對中國經濟和朝廷稅源的危害都無法估算。

特別是，中英虎門條約首開片面最惠國條款以來，各國先後援例均霑，都享受了這種低的稅率，〔註122〕使中國市場完全向世界各資本主義國家敞開。所以，儘管表面上，鴉片戰爭以後，晚清關稅收入是增加的，〔註123〕但這種局部收入的增加，是以大量的洋貨湧入及其對國內農業和手工業的衝擊換來的。最終的結果必然是清廷大面積的稅源枯竭，使晚清財政捉襟見肘。這從鴉片戰爭前後清政府的財政收支及庫銀存量的比較中可以一覽無遺。自 1840 年至 1849 年十年間，清廷有財政盈餘的年份僅有兩個，即 1840 年結餘 23 萬兩和 1847 年節餘 80 萬兩，其餘全爲虧空年份。其中 1843 年虧空 264 萬兩，1849 年虧空 244 萬兩，十年合計虧空近 1100 萬兩。〔註124〕另外，戰前清朝戶部常年存銀一般有 2000 萬兩左右，而到了 1850 年，戶部實存銀僅 187 萬兩。〔註125〕即便這樣的財政變化不能完全歸結於外來衝擊，但外來衝擊幾乎是引致戰前戰後清朝社會經濟環境變化最爲突出的變量，因爲當時國內大規模的民變還未發動。這足以說明條約制度對清廷財政惡化的關鍵性影響。〔註126〕

〔註121〕儘管學術界對協定關稅、值百抽五的稅率的由來仍有不同意見，但協定關稅及由此形成的低稅率是事實。如大宗的棉花和白洋布進口的新稅率比舊稅率分別下降了 77.1％和 77.61％。參見周育民，晚清財政與社會變遷〔M〕，上海人民出版社，2000 年，第 110～113 頁。

〔註122〕中英《虎門條約》第八條規定「……設將來大皇帝有新恩施及各國，亦應准英人一體均霑，用示平允，但英人及各國均不得藉有此條，任意妄有請求，以昭信守。」接著簽訂的中美望夏條約、中法虎門條約及後來的中美、中法天津條約都有類似「利益均霑」的條款。

〔註123〕如 19 世紀 40 年代清政府的海關收入爲 200 餘萬兩，到 50 年代初已超過 300 萬兩。周育民，晚清財政與社會變遷〔M〕，上海人民出版社，2000 年，第 119 頁。

〔註124〕周育民，晚清財政與社會變遷〔M〕，上海人民出版社，2000 年，第 67 頁。

〔註125〕中國近代貨幣史資料第 1 輯上冊〔M〕，第 171 頁。

〔註126〕費正清等人認爲，在 19 世紀 50～70 年代民變高潮結束後，「清王朝最後四十

　　條約制度掠奪清王朝財稅資源的另一個途徑就是無休止地向清政府索賠。晚清政府與列強訂立的條約大都爲「城下之盟」，列強除了通過條約確立各種侵吞中國權益的規範和原則之外，直接敲詐鉅額賠款也是列強訂約的重要意圖。從《南京條約》到《辛丑條約》，這些有重要影響的條約基本上都有賠款專條。合計《南京條約》、《北京條約》、《北京專約》、《煙臺條約》、《伊梨條約》、《馬關條約》、《辛丑條約》等晚清七宗主要的賠款高達 12.5349 億兩，其規模一次比一次大，完全超出清政府的償還能力。如《南京條約》規定的賠款額爲 2100 萬元，相當於清政府當時年收入的一半。《馬關條約》規定的賠款額則多達 2.3 億兩，相當於清政府當時年收入的三倍。而《辛丑條約》規定的賠款額本息合計高達 9.8 億兩，相當於清政府當時年收入的九倍。根據費正清的研究，在條約制度下，清後期政府總收入約占國民生產總值的 7.5％，中央政府所得約占 3％，但它只能支配其中的 40％。〔註 127〕可見，清政府在條約制度的框架下，實際上已淪爲列強向中國搜刮財富的代理人。

　　由於條約制度對清王朝財政體系的破壞，給晚清社會的政治整合帶來了直接的影響：其一，必然會收窄清廷用於防務、救災及其它公共事業管理的開支，而這些開支歷來都是傳統王朝獲得民心所不可或缺的，所以，清廷贏得民心的財政能力是不斷萎縮的。其二，爲籌「賠餉」，清政府必然加緊向地方和民間攤派、催科，騰升民怨。在朝廷催科和民眾重負的雙重擠壓下，除了再生民變之外，也可能引發傳統政治關係的新變化。例如，1898 年由於甲午戰爭賠款的最後期限臨近，清政府就被迫以皇帝的名義向民間借貸，發行「昭信股票」。這一形式的出現有著重要的政治學意義，它意味著傳統的「天子──臣民」之間的道德等級關係演化爲「債務人──債權人」之間的契約平等關係。這是傳統政治整合模式失靈的典型表現。後來，「昭信股票」又陷入償還危機，使清政府在紳民中的信譽掃地。康有爲曾譴責說：「乙未借民債，雖張之洞之六十萬，亦不肯還，民怨久矣。」〔註 128〕其三，清廷作爲中央政府完全沒有剩餘的財力用於調整中央與地方的關係、地方與地方的關係，客

　　　年，有許多因素促使中國發生變化，其中最重要的是各種形式的外國入侵。」
　　　〔美〕費正清、劉廣京，劍橋中國晚清史，下卷〔M〕，中國社會科學出版社，
　　　1985 年，第 673 頁。

〔註 127〕參見〔美〕費正清、劉廣京，劍橋中國晚清史，下卷〔M〕，中國社會科學出版社，1985 年，第 80～81 頁。

〔註 128〕康南海自編年譜，戊戌。

觀上推動了地方自為性的成長。中央整合不了地方，以至在晚清的大部分時間裏，邊疆省份不是從北京而是從其他有影響的省份獲得支持的。

另一方面，條約制度也造成清王朝的治權不完整。列強從中國攫取的割地、租界和「領事裁判權」等權益是其中的主要體現。有關割地、租界的具體情況，前文已作說明。所謂領事裁判權是指西方列強派在亞非各國的領事按照其本國法律對其本國僑民行使司法管轄權的片面特權。列強從中國攫取「領事裁判權」是從 1843 年簽訂的五口通商章程開始的，該章程第 13 款規定：英人華民交涉辭訟，「其英人如何科罪，由英國議定章程、法律發給管事官照辦。華民如何科罪，應治以中國之法」。後來在 1844 年的中美望廈條約和 1858 年中美、中英、中法所訂的天津條約中，進一步規定了領事裁判權詳細的內容。其主要約定除辭訟的調查審理區分國民之外，還有財產的處分亦區別適用本國法律，同時，還規定了中國官府負有保護外國僑民之人身財產安全的義務。在條約的實際履行中，列強各國又進一步擴大了享有「領事裁判權」的範圍和方式。這主要包括：根據有關國家的國內法在中國的領土上設立法庭；一定程度上將列強想要保護的人、外國組織的中國雇員、中國教民納入「領事裁判權」的適用範圍；擴大了僅適用於外交官的稅收豁免權的對象等。〔註129〕這意味著，在大清自己的國土上，朝廷不僅管轄不了外國人，也保護不了自己的子民，而且國人還可以通過入住租界或受雇於外國機構、入教等方式逃避朝廷的管轄。所以，「領事裁判權」的制度安排完全破解了傳統道德對天朝與夷狄存在等級關係的設定。在條約制度裏，「天朝──夷狄」的權威等級鏈完全被倒置成「列強──天朝」的權威等級鏈，天朝並不像道統所教化的那樣是權威的起點，更不是受命於天。正如時人所悟：「官怕洋人」。

（3）條約制度確立了西方傳教事業在中國的合法地位，破壞了天朝社會教化權的統一。實行統一的社會教化可以說是傳統社會政治整合的基本路徑，因為傳統政治的合法性主要依賴於解釋。對西方宗教的傳入可能產生的政治影響，清王朝向來是警覺的。雍正元年（1724 年），清廷宣佈不許民人信教，禁止外國人在中國傳教，還查封了既有的教會財產。這一政策一直執行到道光二十四年（1844 年）中法《黃埔條約》的簽訂為止。中法《黃埔條約》第 22 條首先為法國傳教士在中國建造教堂爭得了合法性，規定「佛蘭西人亦一體可以建造禮拜堂……倘有中國人將佛蘭西禮拜堂、墳地觸犯毀壞，地方

〔註129〕參見楊公素，晚清外交史〔M〕，北京大學出版社，1991 年，第 99～101 頁。

官照例嚴拘重懲。」在該條約簽訂 20 天後，清廷即宣告天主教弛禁。〔註130〕此後，天津條約對保護西方傳教事業作出了系統的規範；1865 年，法國還專門就「教會入內地買地」事宜向清朝發出過照會；而《辛丑條約》則對抗教行為作出了苛嚴的懲罰措施。

如，《中美天津條約》第二十九款規定：「耶穌基督聖教，又名天主教，原為勸人行善，凡欲人施諸己者亦如是施於人。嗣後所有安分傳教習教之人，當一體矜恤保護，不可欺侮凌虐。凡有遵照教規安分傳習者，他人毋得騷擾」。

《中英天津條約》第八款規定：「耶穌聖教暨天主教原係為善之道，待人知己。自後凡有傳授習學者，一體保護，其安分無過，中國官毫不得刻待」。

《中法天津條約》第十三款規定：「天主教原以勸人行善為本，凡奉教之人，皆全獲保祐身家，其會同禮拜誦經等事概聽其便，凡按第八款備有蓋印執照安然入內地傳教之人，地方官務必厚待保護。凡中國人願信崇天主教而循規蹈矩者，毫無查禁，皆免懲治。向來所有或寫、或刻奉禁天主教各明文，無論何處，概行寬免」。〔註131〕

向西方開放傳教事業對中國社會的影響屬正面還是負面？另當別論，但西方宗教、西學及傳教士與道統、中學及紳士有著明顯的異質性，他們對傳統中國的政治整合所起的作用肯定是不同的。前者是解構性的力量，而後者是建構性的力量。正如紳士在晚清的大部分時間裏領導了反洋教運動，而傳教士則以停止反洋教地區的科考作為懲罰紳士的措施。清廷信守條約，弛禁宗教，實際上是疏遠紳士，自掘傳統政治整合模式的墳墓之舉。〔註132〕

（4）條約制度還打破了晚清社會相對劃一的經濟方式、生活方式和社會風氣，使原來行政化的權威傳遞方式失去了社會基礎。條約制度確立之前，三綱五常的觀念體系、自給自足的經濟方式以及半耕半讀的生活方式主導著晚清社會風氣的基本走向。各地社會風尚雖有差異，但沒有質的意義。社會風尚的相對一致是政治整合的一個重要基礎，朝廷對社會的影響可以便利地通過北京——省會——府縣的行政鏈條送達。但條約制度形成以來，東南沿海往往得開化之先，沐浴歐風美雨，而內地則仍保留更多傳統的思維方式、

〔註130〕楊公素，晚清外交史〔M〕，北京大學出版社，1991 年，第 45 頁。

〔註131〕各條款內容分別引自中國近代不平等條約彙要〔M〕，中國民主法制出版社，1996 年，第 26、69、74、85 頁。

〔註132〕參見〔美〕芮瑪麗，同治中興——中國保守主義的最後抵抗〔M〕，中國社會科學出版社，2002 年，第 179～180 頁。

生活習性。自此，晚清社會風氣形成了沿海——內地、南方——北方的明顯差異。據 1901 年孫寶瑄說：「以北五省視青浦以南，風氣差數遲五十年，以江北視吳越繁盛之區，風氣差數又遲五十年。」〔註133〕雖說這樣的差異不可能如此精確地表達，但過去那種相對單純的風尚是一去不復了。〔註134〕由於各地在觀念、經濟和生活各方面都出現了反差，朝廷的傳統權威在各地所起的作用也就大不相同。不惟如此，來自東南沿海的開化之風還與來自北京的守舊習氣形成鮮明對抗，「東南互保」便是例證。久而久之，各地受東南沿海的影響甚於受北京的影響。這種對朝廷作為政治整合中心地位的挑戰顯然是條約制度帶來的。

綜而言之，條約制度夾雜著新文化——經濟——政治，乃至新的生活方式強加給中國，不僅泄了道統作為晚清政治整合的靈魂的底氣，破了「以中國為中心」的世界圖景，拆了清廷作為晚清政治權威配置中心的臺面，也將紳士從晚清政治整合核心主體的位置上邊緣化了。條約制度直接引致了一個新型的混合社會的出現，在這一社會中，權力與地位不再是非文人學士莫屬了。條約制度解構的不僅是「夏——夷」的權威鏈，還動搖了「天子——紳士——民眾」的權威等級關係。正如《北華捷報》評論說：「就我們已經擴大的影響而論，我們已經削弱的恰恰是中國政治制度的基礎。」〔註135〕

二、科舉制被廢：知識權力化的基本制度潰決

科舉制是傳統「政治體系和社會體系的核心」，但明清以來，由於其形式日益僵化和內容不切實際，在很大程度上限制了其本來功能的發揮。人所論之，貶多於褒。特別是到了晚清，異質危機日迫，科舉制的生存環境出現了根本性的惡化。從理論上講，傳統政治源於解釋的政治合法性日益流失；從制度上講，條約制度幾乎在科舉制的所有權威領域都造成了削弱；從社會基礎上講，功利化、世俗化的社會氛圍日益濃厚，思想文化、經濟及生活方式

〔註133〕孫寶瑄，忘山廬日記〔M〕，上海古籍出版社，1983 年，第 352 頁。

〔註134〕許多志書中都有關於當地開埠前後社會風氣變化的記載。如浙江定海縣志中說：「海通以前，敦尚樸素，漁鹽耕讀，各安其業」，「迨商埠既闢，遂相率趨滬若鶩」，「風俗丕變，不重儒，應科試者少，士子多志在通曉英算」。定海縣志，1924 年。

〔註135〕北華捷報，1866 年，4（14）轉引自〔美〕芮瑪麗，同治中興——中國保守主義的最後抵抗〔M〕，中國社會科學出版社，2002 年，第 106 頁。

的多元化漸成大潮。尤其，在晚清依託傳統理念、知識和人才體系抵禦外侮的爭戰中屢遭敗績，作爲這一體系的制度平臺的科舉制自然也就成了眾矢之的。因此，科舉制被廢實爲大勢所趨，毋庸贅筆。〔註136〕不過，晚清改革、削弱直至廢除科舉制並未挽救傳統政治的命運，反而致其促亡，並帶來了「後科舉」時代中國社會的嚴重分化。這說明，科舉制與中國傳統政治有著俱榮俱損的關聯性，科舉制被廢對中國傳統社會的整合產生了結構性影響。

1、政治整合視閾下的晚清科舉制改革

中國傳統政治整合模式的內核可以簡單地概括爲：以皇權爲中心、道統爲靈魂、以經典知識爲支撐、以紳士爲載體和以社會結構間的縱向流動爲路徑。自隋煬帝大業元年（605 年）始設進士科取士至清光緒三十一年（1905 年）下詔廢除科舉制，嚴格意義上的科舉制度整整存續了 1300 年。在中國傳統政治制度體系中除了君主專制和中央集權制本身之外，鮮有演展如此之久的制度。〔註137〕這充分顯示了科舉制在傳統政治和傳統社會環境下的強大生命力。這一生命力正是源自其與中國傳統社會的契合和它對建構傳統政治合法性及維繫政治整合的價值。正如曾經主張廢除科舉制的梁啓超後來說：「科舉非惡制也」，「此法實我先民千年前之一大發明也」。〔註138〕西方學者克爾認爲「中國的競爭性文士考試制度是該國特有的制度……長期以來，它得到了每一個朝代每一位皇帝的認可和支持，得到了人民普遍的贊同和接受。」〔註139〕芮瑪麗進一步從以下三個方面概括了科舉制對儒教國家的貢獻：科舉考試選拔出聰明的深受儒家倫理思想薰陶的官吏；它使士紳的注意力集中在正統學說上，而且爲有才能和有抱負的人提供了正途；它通過爲百姓提供當官吏的機會而贏得了百姓的支持，而官吏的權力與行動是以普遍接受的教規爲依據，而不是建立於財富、出身、軍事權力或者皇帝任性行爲的基礎之上。〔註140〕可以說，科舉

〔註136〕也有學者提出另類觀點，有關討論詳見劉海峰，爲科舉制平反〔J〕，新華文摘，2005 年（8）。

〔註137〕王亞南先生稱科舉制是「支撐官僚政治高度發展的第二大槓杆」。王亞南，中國官僚政治研究〔M〕，中國社會科學出版社，1990 年，第 100 頁。

〔註138〕梁啓超，官制與官規〔A〕，見：飲冰室合集，文集之二十三〔M〕，中華書局，1989 年，第 68 頁。

〔註139〕J. G. Keer·Description of the Great Examination Hall at Canton〔A〕，見：劉海峰、李兵，中國科舉史〔M〕，上海：東方出版中心，2004 年，第 430 頁。

〔註140〕〔美〕芮瑪麗，同治中興——中國保守主義的最後抵抗〔M〕，中國社會科學

制在促進傳統政治整合諸要素的成長中均具有首推巨擘之功。選才、教化、規範和整合是科舉制服務於傳統政治體系所發揮的基本功能，而歸根到底又集於整合社會這一根本性問題上。

在本文的緒論中也分析過，漢唐創制科舉有其選才之外更深層的動力，那就是以此變財富權力化、軍功權力化和出身權力化的權力分配格局爲知識權力化的權力分配格局，形成皇權與知識士人的聯盟，抑制門閥豪族對皇權的威脅，從而鞏固中央集權的專制制度。科舉制在爲傳統政治提供合法性解釋、傳遞皇權的權威、樹立社會核心理念、形成社會的有序流動等方面發揮著其它制度不可替代的作用。選才和整合社會猶如科舉制功能的一表一里。如果囿於選才而論科舉，就不可能釐清科舉制在傳統政治制度體系中的地位及其對傳統政治、乃至傳統社會存續的深刻影響。

然而，綜觀晚清改革、削弱直至廢除科舉制之論，其著眼點無不局限在選才、教育問題上。鴉片戰爭前後至清末，改、廢科舉制的動議可謂此起彼伏，在此羅列一二，聊作論資。鴉片戰爭前，龔自珍主張科舉考試應廢除經義，效漢代「諷書射策」之法，改試策論，「十事中十者甲科，中七者乙科，中三四者丙科，不及三者擯之」。〔註141〕包世臣主張科舉考試仍照舊舉行，只是在考試內容上作些變動，「罷八股，以明經術、策時務二事應之」。〔註142〕鴉片戰爭後，魏源提出在「閩粵兩省，武試增水師一科，有能造西洋戰艦、火輪舟，造飛炮、火箭、奇器者，爲科甲出身」。〔註143〕洋務運動時期，馮桂芬主張在通商各口岸設船政局，聘請外國人教授工匠，如果工匠「工成與夷製無辯者賞給舉人，一體會試；出夷製之上者，賞給進士，一體殿試」。〔註144〕李鴻章「以爲中國欲自強，則莫如學習外國利器。欲學習外國利器，則莫如覓製器之器，師其法而不必盡用其人。欲覓製器之器與製器之人，則或專設一科取士，士終身懸以爲富貴功名之鵠，則業可成，藝可精，而才亦可集。」〔註145〕鄭觀應則主張在正科考試結束後，掛牌招考西學，「一試格致、化學、電學、重學、礦學新法。二試暢發天文精蘊、五洲地輿水陸形勢。三試內外

出版社，2002年，第101頁。

〔註141〕龔自珍，龔自珍全集〔M〕，中華書局，1959年，第123頁。

〔註142〕包世臣，說儲〔A〕，見：包世臣集〔M〕，黃山書社，1991年，第136頁。

〔註143〕魏源，海國圖志，卷二〔M〕，同治丁卯重刻本，第8頁。

〔註144〕馮桂芬，校邠廬抗議，下卷〔M〕，光緒24年武昌浮心精舍刻本，第6頁。

〔註145〕籌辦夷務始末，五，影印本〔M〕，文海出版社，第2494頁。

醫科、配藥及農家植物新法。」且西學科考試不論身份，也不定額數，量才錄取，「凡深明政治律例者，名爲政學舉人；精通藝術者，名爲藝學舉人」；「文字極優得以考列上等者名爲文學舉人。」〔註146〕康、梁在維新時期對科舉改革的要義集中在廢八股、將學校出身援入科舉制中。梁啓超曾指出科舉制度尤其是八股取士「爲中國錮蔽文明之一大根源」。因此「變法之本，在育人才；人才之法，在開學校；學校之立，在變科舉」。變科舉的上策是「合科舉於學校」，也就是把學校出身與科舉出身等同起來，「入小學者比諸生，入大學者比舉人，大學學成比進士，選其優異者出洋學習比庶吉士」；中策是「多設諸科」，如明經、明算、明字、明法、明醫等科目；下策是「略變其取士之具」，加試政治、歷史、時務、算學、格致等實學內容。〔註147〕清末新政時，袁世凱主張減歲科，另設實學一科，二科並舉。劉坤一、張之洞也聯名上奏，表達學堂與科舉並行，科舉遞減之額，爲學堂取士之額。〔註148〕清政府被迫於1905年9月2日下詔廢除科舉：「方今時局多艱，儲才爲急，朝廷以近日科舉，每習空文，屢降明詔，飭令各督撫廣設學堂，將俾全國之人咸趨實學，以備任使，用意至爲深厚。前因管學大臣等議奏，已准將鄉會試中額分三科遞減。茲據該督等奏稱，科舉不停，民間相率觀望，欲推廣學堂，必先停科舉等語，所陳不爲無見。著即自丙午科爲始，所有鄉會試一律停止，各省歲科考試亦即停止。」〔註149〕

上述改制之議，無論是觸及科舉制的形式、內容，還是功能，都集中於一個話題：即科舉制已不能造就適應時代需要的人才。最終清廷下發的廢科舉詔書也以「儲才」爲由，以「廣學堂」爲目的立論。這些動議不無道理，特別是在應對外來的異質危機中，政治的合法性越來越取決於有效性，而非解釋性，朝廷和社會渴望新知識、新人才之心完全可以理喻。但是，科舉制畢竟不是一種單純的教育制度、考試制度或選才制度，而是綜合了上述功能的政治整合制度。

比較一下太平軍興期間，南方諸省恢復科舉考試對社會穩定所產生的關鍵性影響，就更能領悟科舉制整合社會的價值。由於戰爭波及，南方諸省都

〔註146〕夏東元編，鄭觀應集，上冊〔M〕，上海人民出版社，1982年，第292、293頁。

〔註147〕梁啓超，飲冰室合集，專集之一〔M〕，中華書局，1989年，第27～29頁。

〔註148〕張之洞，張文襄公全集，一〔M〕，中國書店，1990年，第915頁。

〔註149〕朱壽明編，光緒朝東華錄，五〔M〕，中華書局，1958年，總5392頁。

程度不同地被迫停止過科考。如蘇、皖的江南鄉試時斷時續停了 7 年，貴州自 1855 至 1865 的十一年間，一直未舉行過科舉考試。〔註150〕這段時間，科舉制顯然沒有發揮選才功能，但其整合價值並未喪失，因為，科舉制不是被廢止，只是暫停。讀書人仍保持著對恢復考試的高度期盼，仍懷有對道統和傳統知識的熱衷。因此，他們中的絕大部分選擇留在傳統陣營，儘管太平天國也開考，視他們為人才，甚至給予優遇。1864 年，清政府鎮壓太平天國之後，各地就立即著手恢復科舉考試，而且恢復考試時的盛況都是空前的。〔註151〕此舉的目的顯然不主要是選才，而是穩定士氣、民心。誠如曾國藩認為，科舉考試的恢復象徵著傳統秩序的恢復，所以，他把修復貢院作為他入主金陵督辦的第一要務。〔註152〕當時的《漢口時報》稱頌恢復科舉考試是「一個最令人欽佩和最有益的計劃……打破所有觀念範圍，為國家和百姓提供了一種內聚力。」〔註153〕

　　所以，重要的問題並不在於科舉制在晚清的選才功能是否完全喪失？而在於新學堂也許能替代科舉制的選才和教育功能，但它並不能立即擔負起科舉制原有的政治整合功能。據何炳棣先生統計，在 1377 年到 1904 年間獲取進士的人中有 42% 來自下層社會。這種流動作為一種吸納機制，增強了社會結構的彈性並有利於朝廷對社會的駕馭整合。新學堂在當時能否如此大規模地推動社會上層與下層之間的互動呢？前文提及，科舉制通常可以動員全國二十分之一的人（大約二千萬）讀書，而新學堂到辛亥革命前所吸納的學生數也只有 300 萬人。僅從簡單的數量比較，新學制對社會的動員能力一時還遠不及科舉制。更不用說，科舉制在一千多年來所鑄成的思想觀念、政治結構、利益格局和生活定式等不可能在新學制中得到妥善的安排。因此，進一步的問題是，晚清在改革、削弱直至廢除科舉制的同時，應該有新的政治

〔註150〕當時三年一次的考試湖北省推遲過一次，四川、河南和山東推遲過兩次，江西、浙江、福建、廣東和陝西三次，湖南和江南四次，廣西五次，貴州和雲南六次。但一有可能就舉行補試。〔美〕費正清‧劍橋中國晚清史，上卷〔M〕，中國社會科學出版社，1985 年，第 531 頁。

〔註151〕曾國藩尚未移邸金陵就先修復貢院；張亮基恢復了貴州的考試，甚至還加補了部分耽誤的考試；蔣益澧恢復了廣東的考試；左宗棠恢復了陝西的考試。

〔註152〕參見史林、遲雲飛，曾國藩大傳〔M〕，中國經濟出版社，2001 年，第 639～640 頁。

〔註153〕轉引自〔美〕芮瑪麗，同治中興——中國保守主義的最後抵抗〔M〕，中國社會科學出版社，2002 年，第 102 頁。

整合機制的跟進，並且這樣的機制必須在短時間裏被社會所內化而完全替代科舉制整合社會的能量。否則，後科舉時代的中國社會就難免步入大動盪、大分化時期。歷史已經證明，晚清當局逐步開放西學、引入新學制以取代科舉制的選才和教育功能，對中國社會的進步起到了促進作用。但清廷以條約制度為基礎來重構外交關係以及國內的行政架構、社會觀念、利益格局，則沒有得到大多數紳民的支持，不僅整合不了社會，反而加劇了社會的分崩離析。

後來梁啓超倡言復科舉，在一定意義上正是重拾了科舉制對於整合社會和選才的雙重價值，認為清末廢科舉失之於偏。他說：「自此法行而我國貴族寒門之階級永消滅，自此法行，我國民不待勸而競於學，此法之造於我國也大矣。人方拾吾之唾餘以自誇耀，我乃懲末流之弊，因噎以廢食，其不智抑甚矣。吾故悍然曰：復科舉便！」〔註154〕

2、廢除科舉制對中國傳統政治整合的結構性影響

由於科舉制在傳統政治體系中所處的核心地位，它的廢除自然也是中國政治和社會發展史上的重大事件。嚴復稱廢除科舉「不佞嘗謂此乃吾國數千年莫大之舉動，言其重要，直無異於古者之廢封建，開阡陌。」〔註155〕美國學者羅茲曼更把 1905 年廢科舉作為新舊中國的分水嶺，其劃時代的重要性甚至超過辛亥革命，其意義「大致相當於 1861 沙俄廢奴和 1868 年日本明治維新後不久的廢藩。」〔註156〕這些評價在稱頌此舉的深遠意義的同時，實際上也道出了廢除科舉制對傳統政治的致命性影響。尤其傳統秩序在晚清早已處於風雨飄搖之中，廢除科舉制無異於提前宣告了傳統政治的終結，更直接叫停了傳統政治整合模式的運轉。

（1）廢除科舉制斬斷了知識權力化的鏈條，宣告了皇權與士人之間傳統聯盟關係的解體，道治一體、互為犄角的傳統政治整合模式由此潰決。中國傳統政治及社會的超穩定得益於道統與治統的密切結合，即所謂「政必由教」，士與大夫不分，皇權與士人結成聯盟，在此基礎上形成「以官率紳，以

〔註154〕梁啓超，官制與官規〔A〕，見：飲冰室合集，文集之二十三〔M〕，中華書局，1989 年，第 68 頁。

〔註155〕嚴復，論教育與國家之關係〔J〕，東方雜誌，2（3）。

〔註156〕〔美〕吉爾伯特・羅茲曼，中國的現代化〔M〕，江蘇人民出版社，1988 年，第 635 頁。

紳率民」的政治整合格局。朝廷通過開科取士，綿綿不斷地從紳士群體中提取合法性、知識和人才資源，〔註157〕而紳士則通過科舉考試獲取功名，一勞永逸地從朝廷得到特權的庇護。但在晚清應對外來危機的過程中，朝廷和士人群體的利益裂痕不斷加深，雙方相互提供保護和支持的能力越來越脆弱，致使雙方失去共信的基礎。廢除科舉制不僅意味著紳士群體停止了複製，功名與權力失去了制度化的關聯，士人也不得不大規模轉型，另闢發展路徑。它更表明朝廷和士人之間的失信公開化、正式化。廢除科舉制雖是時局的壓力使然，也是朝廷企圖吸納新政治整合力量的一種制度調整。但正如陳旭麓先生指出，清末「舊人辦新政」，「它推行教育改革，是想造就『尊崇孔教，愛戴大清國』的人，但無論是在國內新式學堂中還是在留學生中，清政府並沒有獲得多少爲己所用的人才，反而出現了一個不同於傳統士類的知識分子群體，成爲王朝的掘墓人。」〔註158〕

　　廢除科舉制而導致「道治分途」對傳統政治的另一個硬傷是：大夫不由士出，官員選拔失去了準繩。表面上，此舉拓寬了選官的途徑，但實際上，廢科舉後，官員既不由考試出，又不可能眞正實行西式的選舉制，因而仕途充滿了複雜的不可控因素。清末官場良莠不分、魚目混雜，選官無一定準則，連約束官員的基本道德規範也失去效力。官或出於商、出於捐、出於行伍，都按其自身的「潛規則」行事，很少去理會官場應有的職業道德。所以，官員的素質和整合社會的能力反不如以前，旨在重新整合民心的清末「新政」，在一定意義上正是因執行無人、無果而終。當時的官場人士自我評價說：「在位諸臣，人各有心，或陽奉而陰違，或始勤而終怠，行之不力，則功墮半途。」〔註159〕

　　（2）廢除科舉制解除了傳統理念、經典知識和儒業獨尊的合法地位，使支撐傳統政治整合的資源結構出現混沌化。科舉制背後所聚集的是支撐傳統政治的核心資源結構：道統、經典知識和紳士群體。張仲禮指出，科舉考試實際上是綱常名教和經典知識的運作，朝廷通過考試將這些官方的思想意識

〔註157〕劉建軍，中國現代政治的成長——一項對政治知識基礎的研究〔M〕，天津人民出版社，2003 年，第 232 頁。

〔註158〕陳旭麓，中國近代社會的新陳代謝〔M〕，上海人民出版社，1992 年，第 253 頁。

〔註159〕故宮博物院明清檔案部編，清末籌備立憲檔案史料，上〔M〕，中華書局，1979 年，第 360 頁。

形態灌輸於紳士，再由紳士印入民眾的頭腦中，達到整合社會的目的。〔註160〕雖然，早在清末廢科舉之前，歐風美雨的觀念、生活方式已通過通商口岸向內地浸染，經商、從軍及其他新式職業也逐漸受到人們的認可乃至熱衷，西學知識也越來越表現出超越舊學的魅力，尤其在一些得開化之先的地方，人們就新學有趨之若鶩之勢。但從制度層面講，傳統理念、經典知識和儒業仍有獨尊的合法地位。在很大程度上正是因爲有制度的支撐，讀書事儒仍有獲取功名和特權的指望，傳統理念、經典知識和儒業才能在西學東漸的衝擊下腐而不朽，仍然吸引了大部分讀書人的心，並將他們網羅在傳統政治的框架內。所謂「科舉一日不停，士人皆有僥倖得第之心，以分其砥礪實修之志。民間更相率觀望，私立學堂者絕少，又斷非公家財力所能普及，學堂決無大興之望」〔註161〕並非虛言。然而，科舉制被廢，不惟傳統理念、經典知識和儒業獨尊的地位喪失了，還意味著權威途徑、職業身份和知識類型的多元化獲得了合法性。這無疑將大大加劇早已開啓了的紳士群體的分化。理念、知識、職業和人才的多元化自然有利於中國社會的進步，問題是傳統政治體系不可能真正容納多元的理念，而新型知識和人才又與舊政治不契合。所以，不僅教育改革培養出了王朝的掘墓人，就是「編練新軍」也是「嘩兵愈眾」〔註162〕廢除科舉制實質上模糊了傳統政治所建基的核心資源結構，使之陷於無核心理念、無核心知識和無核心人才支撐的窘境中。難怪陳旭麓說：如此盲目「自救的新政不僅無法保持王朝的內在凝聚力和集體價值，反而使社會益形棼亂，成了王朝的催命符」。〔註163〕

（3）廢除科舉制削弱了京師作爲傳統學術中心和信息中心的地位，使東南沿海在條約制度中成長起來的影響力日益超乎京師之上，這是對京師——省會——府——縣的權威傳遞結構的另類解構。在傳統政治條件下，朝廷與地方、朝廷與社會的連接路徑本來就不多，每隔幾年的科舉考試便是其中除行政方式之外的最重要的形式。一個個儒生由生員成長爲舉人再升格爲進士

〔註160〕參見張仲禮，中國紳士——關於其在十九世紀中國社會中作用的研究〔M〕，上海社會科學出版社，1991年，第221頁。

〔註161〕舒新城編，中國近代教育史資料，上冊〔M〕，人民教育出版社，1981年，第62頁。

〔註162〕故宮博物院明清檔案部編，清末籌備立憲檔案史料，上〔M〕，中華書局，1979年，第356頁。

〔註163〕陳旭麓，中國近代社會的新陳代謝〔M〕，上海人民出版社，1992年，第255頁。

的過程實際上濃縮著由鄉村——縣治——府署——省會——京師的信息流。考生逐級趕考可以不斷會集社情，有時也集結民意（如「公車上書」），朝廷主持各級的考試本身就是一種嚴肅的國家行爲，也是朝廷向社會強化道統、傳遞大政方向（如晚清開設經濟特科、改試策論以及出題轉向時務等）的重要形式。通過科舉考試朝廷及各級官府可以提取社會名流，這對傳統政治來說，既是對其合法性的支持，也是其合法性的重要象徵。特別是在北京可以聚集一批批碩儒翰林，他們的言論對地方的輿論有很大的影響，有利於強化北京對地方的整合。但當晚清政府決定奉行條約制度後，率先在東南沿海成長起來的新理念、新知識、新經濟、新生活方式不斷向內地輻射，構織起一種社會新潮的話語權，同以京師爲中心發出的傳統社會話語權形成對抗。新理念、新知識和新群體的權威在制度上主要以條約制度爲支撐，而舊道統、舊學和舊士人的權威主要以科舉制度爲依託。清廷重條約抑科舉，使兩種話語權的生命力更似朝陽與夕陽之別。京師作爲傳統的堡壘不可能成爲新社會資源的集散地，這更決定了京師對地方的影響力會越來越減弱，而地方從東南沿海得到的信息和啓示則越來越多。特別是清末廢科舉後，讀書人每隔幾年集會京師、省會和府縣的機會也沒有了，京師又失去了向地方施加影響的一種基本形式，縱向權威不如橫向權威的趨勢更加明顯。

　　這裏僅列舉一些足以說明東南沿海呈強勢的社會導向能力的具體數字：19 世紀 40～90 年代，外國人主要選擇在五口通商地創辦了約占中國報刊總數 95％中外文報刊。〔註164〕1895～1898 年 4 年間，維新派陣營創辦的 27 種（除日本神戶 1 種）報刊中，東南沿海有 22 種（含長沙 1 種），而上海一地就佔了 15 種。1905 年～1911 年，革命派在內地辦報 116 家，長江以南諸省佔了 91 家，其中上海、廣州各 15 家。相比之下京師僅有 3 家。〔註165〕19 世紀中國出版機構共 10 家，除了京師同文館以外其餘 9 家全都集中在五口。1843 年至 1898 年，全國出版各種西書 561 種，其中上海出版 434 種，而五口出版西書總數則占到全國的 90％以上。1895 年至 1898 年創建的 68 個學會中，江蘇一省就超過 1／3。〔註166〕各類新式學堂的分佈情況也大致如此。1895～1899

〔註164〕參見方漢奇，中國近代報刊史，上冊〔M〕，山西人民出版社，1983 年，第 18 頁。

〔註165〕史革新，中國社會通史，晚清卷〔M〕，山西教育出版社，1996 年，第 231～236 頁。

〔註166〕參見張仲禮主編，東南沿海城市與中國近代化〔M〕孫燕京，晚清社會風尚

年新辦學堂 101 所，設在北京的僅有 7 所，江、浙、滬多達 31 所。〔註167〕
更不要說洋貨、新生活方式對內地的影響無不是來自沿海。

正是在這個意義上，當時的報人汪康年專門撰寫《論朝廷宜激勵國民多
設報館於京師》一文，直言京師既不能成為思想論說中心，又不能與各省互
相開引，則清廷勢益孤，垮臺是遲早的事。〔註168〕

（4）廢除科舉制不僅破壞了傳統的鄉村權威結構，迫使鄉村精英不斷向
城市聚集，還中斷了社會縱向流動的制度化途徑，使朝廷完全失去了與鄉村
和下層社會聯結的渠道。朝廷整合紳士、紳士整合民眾是建基於紳士在鄉村
社會的穩固權威之上的。在科舉制支配下，讀書人過著耕讀的生活，大都出
而為官，居鄉為紳。鄉村精英是循環流動的，不致流失。由於鄉村是他們的
根，他們中的多數人不論是在外地任官，還是已退居故里，都關心鄉村社會
的變化，養成了對家鄉公益事業的責任。朝廷可以從不斷循環的鄉村精英那
裏瞭解鄉村的情況，並以他們為紐帶將鄉村整合在朝廷的體制之內。據張仲
禮先生的研究，68%的紳士對社會活動積極響應。〔註169〕他們正是依靠科舉
制賦予的特權和自身的社會活動在鄉村社會建立了穩固的權威。有人曾這樣
記述過傳統社會中下層民眾對士紳的敬重：「吾少時居鄉，見閭閻父老、小民
同席聚飲，恣其笑談，見一秀才至，則斂容息口，惟秀才之容是觀，惟秀才
之言語是聽，即有狂態邪言，亦相與竊笑而不敢言短長。秀才搖擺行於市，
兩巷人無不注目視之曰：此某齋長也。」〔註170〕劉大鵬在 1892 年記載的情形
還依然如此：普通人乘坐的轎車須為「儒冠儒服」的孝廉乘坐的轎車讓路，
而且「市人皆歆服孝廉」。然而隨著科舉制不斷被削弱，這樣的情況已越來越
鮮見。1894 年初，他在日記中就開始談到：「世風之凌夷，不可言矣。邑人之
視讀書甚輕，視為商甚重」。1896 年，「事態」的發展更有損讀書人的威望，
出現了「教書之人往往被人輕視，甚且被東家欺侮，而猶坐館而不去，做東

　　　研究〔M〕，中國人民大學出版社，2002 年，第 108、113 頁。
〔註167〕史革新，中國社會通史，晚清卷〔M〕，山西教育出版社，1996 年，第 212
　　　～217 頁。
〔註168〕參見汪康年，論朝廷宜激勵國民多設報館於京師〔A〕，見：汪穰卿先生傳記
　　　〔M〕，第 260～261 頁。
〔註169〕張仲禮，中國紳士——關於其在十九世紀中國社會中作用的研究〔M〕，上海
　　　社會科學出版社，1991 年，第 241 頁。
〔註170〕呂坤，居官必要，卷一〔A〕，見：孫燕京，晚清社會風尚研究〔M〕，中國
　　　人民大學出版社，2002 年，第 230 頁。

家者遂以欺侮西席爲應分」的情形。到了 1904 年，劉大鵬更發出了士「窮困者十之七八，故凡聰慧子弟悉爲商賈」，「讀書之士往往坐困，並無生路」的感歎。而當他和鄉里的讀書人得知廢科舉事後，頓時茫然無措。他「心若死灰」，「同人皆言科考一廢，吾輩生路已絕，欲圖它業以謀生，則又無業可託，將如之何」。〔註171〕

清末廢科舉對傳統鄉村社會的權威結構產生了深刻的影響。一方面，它將讀書——功名——入仕之途永遠關閉了，鄉村無法再產生士人，不能按一致接受的標準形成權威階層，傳統的權威結構再也不能在鄉村發揮功能，惡霸、會黨、匪患由是充斥鄉里。另一方面，它斷絕了朝廷對士人權威的制度化供給，這在士人身價直線下滑的世態裏，對士人在傳統權威鏈中的地位更是釜底抽薪。已出去的士人無法榮歸故里，而鄉間士人如果不想坐困鄉里，就必須另謀出路。但無論經商、從戎，還是就新學、成爲自由職業人，其中心都在城市。這意味著，士人必須從其傳統的權威據點——鄉村抽身而出。他們從鄉村撤走的不僅是資金，更主要是對鄉村的關愛和責任。鄉村精英的流失不僅使鄉村與城市的差距擴大了，還使之與外界社會、官府的溝通困難叢叢。所謂的城鄉「二元結構」，追根索源的制度安排恐怕就始於廢科舉。〔註172〕城鄉「二元結構」的惡果不僅在於人所共目的發展問題，還帶來了政治整合的深度障礙。朝廷無論是通過行政管理或社會教化的手段，缺少了紳士群體的幫助，都難以將其影響穩固地在鄉村紮根。

可以說，廢除科舉制將同治中興所恢復起來鄉村傳統秩序一去不歸地破壞了。曾經由官府、紳士和宗族共治的鄉村權威結構逐漸被旺族、會黨、土匪、地痞等勢力所填充。這些群體沒有一個與朝廷有共同語言，也不具備鄉村社區廣泛接受的權威基礎。他們既不能如舊士人那樣管理和教化鄉里，更不可能將鄉村納入到朝廷的控制之下。所以，紳士失去了在鄉村中的權威也意味著朝廷失去了鄉村的支持。而面對城市社會的多元化趨勢，朝廷更無以節制。難怪，武昌城裏的短暫槍聲就震斷了傳統政治的命脈，而舉國上下咸有爲之哭喪者。對比太平軍聲勢浩大地奪取清朝城市，又被清廷動員來的紳

〔註171〕劉大鵬，退想齋日記〔M〕，山西人民出版社，1990 年，第 10、65、78、133、146 頁。

〔註172〕章太炎通過對興學堂、廢科舉給清末民初社會的變化分析，認爲城鄉分離始於興學堂和傳統耕讀生活的終止。參見湯志均，章太炎年譜長編，下冊〔M〕，中華書局，1979 年，第 760、823 頁。

士和鄉村的力量所包圍的情形，更能深入領悟朝廷——紳士——鄉村的整合結構對傳統政治整合的價值。

小結

　　眾所周知，外患將晚清社會拖入了半殖民地社會的深淵。殖民主義者為達此目的，採取武裝入侵、不平等的貿易掠奪和隱秘的文化征服三管其下的策略，給晚清社會的利益結構帶來了全面的攪動。滿清貴族、官僚地主、士、農、工、商的利益無不處於變數之中，造成「數千年未有之大變局」。因此，為應對外患，社會各個層面完全有整合的共同基礎。然而，史實證明，這種整合卻是分化無力的。其根本原因就在於，外來衝擊是與傳統危機完全不同的異質危機，它通過新經濟方式、制度模式和價值信仰體系所傳遞的新理念、新知識、新制度不僅打亂了傳統政治循環發展的邏輯，也破壞了傳統知識權力化的社會生態環境。其中，最突出的體現就是：它不斷解構著傳統政治所依賴的解釋性政治合法性的基礎，將社會對政治的認識由神秘化引向世俗化、功利化，這可以說是對傳統政治整合模式最深層的挑戰；它也不斷解構著傳統政治所依賴的道統、經典知識和紳士的權威，並樹立起了其對立面——近代政治理念、西學和傳教士，使傳統政治整合模式的各個要素不能一如既往地發揮功能；它還不斷解構著傳統政治所依賴的制度基礎——科舉制，並以條約制度和新學製取而代之，使傳統政治整合的核心主體完全分化，傳統的官紳民政治整合的路徑完全割斷。質言之，晚清社會不可能依靠傳統模式、傳統知識、傳統的主體和傳統的制度來應對這一異質危機。

　　另外，晚清社會所遇到的每一次外來衝擊都加劇著傳統危機的威脅，異質危機往往與傳統危機夾雜在一起，增添了政治整合的複雜性。因為，應對外來危機的制度安排並不同時適宜解決傳統危機，反之亦然。這就使傳統政治體系時常要做出兩難選擇。例如，為攘外、捍衛國權就必須依靠新理念、新知識和新型人才，也就必須改變傳統知識權力化的政治整合模式，然而，傳統知識權力化卻與傳統政治經脈相連，早已成為傳統政治本身的核心組成部分，這樣，抵禦外侮與保存舊政治之間就出現了背反的張力。再比如，條約制度本來是清廷處理對外關係的制度安排，但它的每一步強化無不是在加劇傳統政治體系內部的衝突，削弱其內部整合的基礎；科舉制一直是整合內

部社會的基本制度，但當它被寄予更多禦外機能時，它展現於世人面前的活力完全是負面的，因而遭致被廢的命運。而事實上，它在調整內部利益關係上的機能也許還未釋放盡然。也就是說，傳統的知識權力化的政治整合模式雖然不足以應對外患，但還未完全喪失調整內部矛盾的價值。這樣，晚清以禦侮為主旨的政治整合之所以分化無力，除了當時的中西方對抗是一場不對稱的競爭之外，還因為沒有將應對外來危機與緩解傳統危機有機地統一起來，沒有將除舊與布新有機地統一起來。最終，內部矛盾瓦解了官紳民一致對外的基礎。

馬克思說過：「與外界隔絕曾是保存舊中國的首要條件，而當這種隔絕狀態在英國的努力下被暴力所打破的時候，接踵而來的必然是解體的過程，正如小心保存在密閉棺木裏的木乃伊一接觸新鮮空氣便必然要解體一樣。」〔註173〕這一至理名言是對中國傳統政治歸宿的最好總結。

〔註173〕馬克思、恩格斯，馬克思恩格斯選集，第 2 卷〔M〕，人民出版社，1972 年，第 3 頁。

結　語

　　知識權力化是漢唐以來逐漸形成的中國傳統政治整合的獨特模式。它既是調整統治集團內部矛盾的必然選擇，也與傳統中國建基於小農經濟之上的社會結構相匹配。知識權力化的政治整合模式是一個集核心理念（道統）、核心知識（儒學經典）、核心制度（科舉制）和核心群體（紳士）於一體的系統。在它的支配下，朝廷培育起了紳士集團，並與之結成聯盟，共同抑制豪強對皇權的威脅。紳士從制度安排上講是一個高度開放的社會結構，與其說紳士抑制了豪強的勢力，還不如說知識權力化推動了豪強的紳士化。同時，知識權力化還爲普通民眾向上層社會流動預留了空間。這樣，皇權、紳權、族權和民眾之間的體制內溝通渠道便形成了。傳統中國社會的超穩態得益於傳統政治制度的超穩態，而傳統政治的穩定在很大程度上就是以知識權力化的政治整合模式爲支撐的。

　　知識權力化的政治整合模式之所以在傳統中國會有如此強大的生命力，從理論上講，是由傳統政治獲取合法性的主要路徑和朝廷與社會關係模式決定的。中國傳統政治獲取合法性的主要路徑是解釋性的，而不是認同性、績效性的。雖然，傳統政治也追求有效性的支撐，但它沒有條件將其合法性建基於有效性上。因此，政治面有強烈的知識化要求，知識面也有強烈的政治化欲望。朝廷需要知識階層爲其合法性進行理論建構和解釋，並向社會大眾灌輸和教化。另外，由於中國社會的超大規模及其分散性，給朝廷對社會的整合和管理提出了嚴峻的挑戰，而小農經濟基礎所能提供的財政空間又十分有限，不可能支撐大規模的政府機構，因而，朝廷與社會關係的模式儘管是以朝廷爲主導，但不可能是完全的朝廷一元化，它必須有一個中介階層來整合朝廷的影響力所達不到社會領域。給一個有威望、有知識、能溝通官民關

係的中介階層賦予特權，不論於朝廷的統治、於民眾利益的表達和保護都是有益的。這正是關於傳統中國尤其是明清之際，紳士何以作用獨特的政治學理論解釋。

但是，知識權力化的政治整合模式有著自身致命的弱點和特定的適應空間。首先，將權力與知識捆綁起來，必然使能配以權力的知識十分狹隘，這些知識一定是政治面認可的，如僅限於道德知識、經典知識、體制內合法化知識，或者叫功名知識，這對知識發展來說是個緊箍咒。這樣，不僅傳統政治從知識面汲取的營養是有限的，同時也限制了原本最具創新力的知識階層的創新力。這就決定了知識權力化的政治整合模式是一種「內卷化」的整合模式，質言之，其整合力是不斷萎縮的。其次，這是一種相對單一的整合路徑。它所依賴的價值觀念、知識基礎、社會階層和制度安排都是單一的，這自然也會限制其包容性，隨著社會多元因素的積聚，其整合力不可避免會被消解。最後，隨著近代民主、憲政、共和等政治思想的導入，特別是外來衝擊的挑戰，原先為知識權力化的政治整合模式提供理論支撐的解釋性政治合法性和由紳士中繼的朝廷與社會關係模式，也發生了轉型，並日益成為解構舊整合模式的力量。

「數千年未有之大變局」是時人對晚清社會政治特徵的一大共識。其中的蘊義複雜，但要旨無非是兩個方面。其一是說晚清政治處於變化、轉型之中；其二是說晚清政治的社會生態處於前所未有的危機之中。晚清政治所面臨的危機是我國前現代國家時代最深重、最典型和最集中的，包括由災荒、疾疫等引發的社會危機，由民變引發的政權危機，以及由外患引發的民族危機。晚清政治危機的嚴峻性還不只是體現在形式方面，更體現在性質上。此前，歷朝歷代雖也危機不斷，但都不過是改朝換代性的，舊朝廷可以用傳統的方式應對危機，新朝廷也可以循舊制整合社會。但晚清政治面臨的危機不僅僅是傳統意義上的社會危機和政權危機，更是道統意義上的，是直指傳統「禮教」的，因而是異質的。而且，晚清政治的危機往往是傳統危機與異質危機交織一起，使傳統政治體系沒有現成的經驗可循，出現了整合知識的枯竭，或者說知識危機。雖然，由道統、經典知識、紳士群體和科舉制組合的知識權力化的政治整合模式較為成功地應對了災疫和民變這類傳統危機，但他們都在新危機中喪失了獨尊的合法權威。這是促使傳統知識權力化的政治整合模式轉型的客觀環境。

　　通過對中國傳統政治整合模式的歷史分析，我們可以從中得出對發展中
國家的政治整合模式建設具有普遍意義的結論。即：政治整合模式是以政治
合法性模式和國家與社會關係模式爲基礎，集核心理念、核心知識、核心制
度和核心群體於一體的系統。政治合法性模式和國家與社會關係模式對政治
整合模式的建構和選擇具有支配作用。人類政治發展史上經歷的三種政治形
態：傳統政治形態、過渡政治形態和現代政治形態，其政治合法性模式也先
後走過了以解釋的（神秘的）政治合法性爲主向以世俗的、功利的、有效的
合法性爲主轉變的過程。這不僅爲中國的政治發展史所證實，也爲西方的政
治發展歷程所證實。在歐洲中世紀，世俗國家的合法性無疑來源於神職人員
的解釋和教會的安排。文藝復興和宗教改革後，近代國家的政治合法性脫離
了純粹的解釋模式，轉而從其在世俗社會的價值中獲取合法性，政治不得不
通過服務於經濟基礎和社會管理的有效性來證明其正當性。相應地，評判政
治合法性的主體也由中介性的解釋階層轉變成市民階層本身。國家與社會關
係的模式也經歷了從以國家（朝廷）一元爲主的模式向國家與社會二元乃至
社會多元的模式轉型。如果說，傳統政治形態在解釋的政治合法性模式和以
國家（朝廷）相對一元的國家與社會關係模式的支撐下，可以圍繞單一的核
心理念、核心知識、核心制度、核心群體和整合路徑來形成政治整合局面的
話，那麼，在過渡政治形態和現代政治形態裏，隨著政治合法性模式和國家
與社會關係的模式的演變，這樣的政治整合模式是不可能奏效的。政治整合
的核心目標就是鞏固政治合法性，保持國家與社會關係的和諧。所以，不同
時期的政治整合模式應該與同時期的政治合法性模式和國家與社會關係模式
相適應，適時調整政治整合的核心理念、知識、主體、制度和路徑。發展中
國家的政治形態大都處於由傳統政治向現代政治過渡的階段，無論是政治合
法性模式，還是國家與社會關係模式，都兼有傳統政治形態和現代政治形態
的一些特點，這就決定了發展中國家政治整合問題的複雜性，也使得他們在
建設或選擇政治整合模式時往往要面對傳統勢力和現代化誘惑的雙重擠壓。
雖然，對他們來說，權力配置路徑、理念和制度的開放性和多元性是大勢所
趨，但這一過程必定是漸進的。因爲，這些國家的民眾要從習慣於接受解釋
的政治合法性向學會自我評價政治的合法性轉變，這些國家的社會力量要成
長到具有自主地規範國家行爲的能力的程度，需要一個過程。在這一過程結
束之前，一些傳統的政治整合方式也許仍有幫助。

參考文獻

一、基本史料

1. 同治《上杭縣志》。
2. 同治《上海縣志》。
3. 光緒《吉水縣志》。
4. 光緒《撫州縣志》。
5. 光緒《海陽縣志》。
6. 光緒《撫州府志》。
7. 光緒《桐鄉縣志》。
8. 光緒《奉化縣志》。
9. 光緒《海陽縣志》。
10. 《豐順縣志》，光緒十年補刊本。
11. 《嘉應州志》，光緒二十四年刊本影印，成文出版社。
12. 光緒《重修嘉善縣志》。
13. 《定海縣志》，1924 年本。
14. 民國二十三年《陝西通志稿》。
15. 民國湖州《雙林鎮志》。
16. 民國《象山象志》。
17. 民國《寶山縣志》。
18. 《天津商會檔案》。
19. 《蘇州商會檔案》。
20. 《上海市自治志》。

21. 《常州衛生志》常州衛生局，1989 年。

22. 魏源：《海國圖志》卷二，同治丁卯重刻本。

23. 王爾敏：《淮軍志》，中華書局，1987 年。

24. 羅爾綱：《湘軍兵制》，中華書局，1984 年。

25. 黃彭年等編：《畿輔通志》卷八十四，商務印書館影印，1934 年。

26. 戴震：《戴震集》，上海古籍出版社，1980 年。

27. 龔自珍：《龔自珍全集》，中華書局，1959 年。

28. 林則徐：《林則徐集》，北京：中華書局，1965 年。

29. 魏源：《魏源集》，北京：中華書局，1976 年。

30. 包世臣：《包世臣集》，黃山書社，1991 年。

31. 曾國藩：《曾國藩全集》，嶽麓書社，1987 年。

32. 曾國荃：《曾忠襄公全集》，成文出版社據清光緒二十九年刻本影印。

33. 左宗棠：《左宗棠全集》，嶽麓書社，1987 年。

34. 李鴻章：《李文忠公全集》奏稿。

35. 張之洞：《張文襄公全集》，中國書店，1990 年。

36. 馮桂芬：《校邠廬抗議》下卷，光緒 24 年武昌浮心精舍刻本。

37. 鄭觀應：《鄭觀應集》，上海人民出版社，1982 年。

38. 彭啟豐：《芝庭先生集》惠州官署覆刊本。

39. 湯志均：《章太炎年譜長編》下冊，中華書局，1979 年。

40. 梁啟超：《飲冰室合集》，中華書局，1989 年版。

41. 沈垚：《落帆樓文集》，文物出版社，1987 年。

42. 蔡尚思、方行編：《譚嗣同全集》（增訂本），中華書局，1981 年。

43. 周馥：《秋浦周尚書全集》，臺北文海書版社影印本，1967 年。

44. 《劉光第集》，中華書局，1986 年。

45. 梁啟超：《梁啟超文集》，北京燕山出版社，1997 年。

46. 呂坤：《居官必要》卷一。

47. 余治：《得一錄》光緒十三年四川臬署重刊本。

48. 柯悟遲：《漏網喁魚集》，中華書局，1959 年。

49. 王韜：《弢園文錄外編》，中華書局，1959 年。

50. 魯一同：《通甫類稿》，咸豐己未刊本。

51. 孫寶瑄：《忘山廬日記》，上海古籍出版社，1983 年。

52. 劉大鵬：《退想齋日記》，山西人民出版社，1990 年。

53. 《李興銳日記》，中華書局，1976。

54. 吳慶坻：《蕉廊脞錄》，中華書局，1990 年。

55. 梁章鉅：《浪迹叢談》，道光二十五年本。

56. 容閎：《西學東漸記》，嶽麓書社，1985 年。

57. 梁啓超：《戊戌政變記》，中華書局，1954 年。

58. 《牧令書輯要》。

59. 徐棟輯：《保甲書》。

60. 《宦海指南五種》。

61. 汪輝祖：《學治臆説》。

62. 戴肇辰：《學仕錄》。

63. 盛康編：《皇朝經世文續編》。

64. 《欽定大清會典事例》，商務印書館，光緒三十四刻本。

65. 《大清律例彙輯便覽》。

66. 朱壽朋：《光緒朝東華錄》，中華書局，1984 年。

67. 王先謙：《東華續錄》。

68. 劉錦藻：《清朝續文獻通考》，杭州：浙江古籍出版社，1988 年。

69. 趙爾巽等：《清史稿》，北涼：中華書局，1977 年。

70. 汪志伊：《荒政輯要》，道光刻本。

71. 寄湘漁父：《救荒六十策》，光緒十一年。

72. 徐珂編：《清稗類鈔》，中華書局，1986 年。

73. 鄭光祖：《一斑錄·雜述三》，中國書店，1990 年。

74. 劉奎：《松峰説疫》卷一，人民衛生出版社，1987 年。

75. 歐陽昱：《見聞瑣錄》，嶽麓書社，1986 年。

76. 《清實錄》宣宗朝、文宗朝、穆宗朝、德宗朝。中華書局，1985 年。

77. 《籌辦夷務始末》道光朝、咸豐朝、同治朝、光緒朝。影印本，文海出版社。

78. 中國近代史資料叢刊《鴉片戰爭》、《太平天國》、《義和團》，神州國光社，1954 年版。

79. 故宮博物院明清檔案部編：《清末籌備立憲檔案史料》，中華書局，1979 年。

80. 中國第一歷史檔案館編：《清政府鎮壓太平天國檔案史料》，社會科學出版社，1992 年。

81. 太平天國歷史博物館編：《太平天國史料叢編簡輯》，北京：中華書局，1963 年。

82.《義和團檔案史料》，中華書局，1979年。

83. 梁啓超：《西學書目表》，光緒二十三年刻本。

84. 楊家駱主編：《太平天國文獻彙編》，臺北：鼎文書局，1973年。

85. 舒新城編：《中國近代教育史資料》，人民教育出版社，1981年。

86. 方漢奇：《中國近代報刊史》，山西人民出版社，1983年。

87. 史林、遲雲飛：《曾國藩大傳》，中國經濟出版社，2001年。

88. 曾國藩：《曾文正公書箚》。

89. 李鼎芳：《曾國藩及其幕府人物》，嶽麓出版社，1985年。

90. 左宗棠：《左宗棠家書》，中國華僑出版社，1994年。

91. 馬昌華：《淮系人物列傳》，黃山書社，1995年。

92. 張孝若編：《南通張季直先生傳記》，臺灣學生書局，1974年。

93. 汪敬虞：《中國近代工業史資料》，中華書局，1962年。

94. 李楚才編：《帝國主義侵華教育史資料——教會教育》，教育科學出版社，1987年。

95. 陳學恂主編：《中國近代教育史教學參考資料》（上冊），人民教育出版社1993年。

96.《辛亥革命回憶錄》，湖北人民出版社，1979年。

97. 張靜廬：《中國現代出版史料》（甲編），中華書局，1954年。

98. 李文海等編：《中國近代農業史資料》，三聯書店，1957年。

99. 高時良編：《洋務運動時期的教育》，上海教育出版社，1992年。

100.《清議報全編》，文海出版社影印本。

101.《申報》，上海書店，1982年。

二、歷史論著

1. 康有爲：《孔子改制考》，中華書局，1958年。

2. 梁啓超：《清代學術概論》，中華書局，1954年。

3. 湯志均：《戊戌變法史》，中華書局，1986年。

4. 陳邦賢：《中國醫學史》，上海書店，1984年。

5. 瞿同祖：《中國封建社會》，上海：上海世紀出版集團，2003年。

6. 鄧雲特：《中國救荒史》，商務印書館，1993年。

7. 羅爾綱：《太平天國史》，中華書局，1991年。

8. 吳晗等：《皇權與紳權》，上海觀察社，1948年。

9. 吳晗：《吳晗史學論著選集》，人民出版社，1986年。

10. 王德昭：《清代科舉制度研究》，中華書局，1984 年。

11. 張仲禮：《中國紳士──關於其在十九世紀中國社會中作用的研究》，上海社會科學出版社，1991 年。

12. 張仲禮：《中國紳士的收入──〈中國紳士〉續篇》，上海社會科學院，2001 年。

13. 周榮德：《中國社會的階層與流動：一個社區中的士紳身份的研究》，上海學林出版社，2000 年。

14. 酈純：《太平天國制度初探》（第二次修訂本），中華書局，1991 年。

15. 谷霽光：《府兵制度考釋》，上海人民出版社，1962 年。

16. 黃仁宇：《萬曆十五年》，中華書局，1982 年。

17. 陳旭麓：《中國近代社會的新陳代謝》，上海人民出版社，1992 年。

18. 李文海等編：《中國近代十大災荒》，上海人民出版社，1994 年。

19. 李文海等：《近代中國災荒紀年》，湖南教育出版社，1990 年。

20. 吳承明：《中國資本主義與國內市場》，中國社會科學出版社，1985 年。

21. 黃宗智：《華北的小農經濟與社會變遷》，中華書局，1986 年。

22. 章開沅：《辛亥革命與近代社會》，天津人民出版社，1985 年。

23. 章開沅、馬敏、朱英：《中國近代史上的官紳商學》，湖北人民出版社，2000 年。

24. 李時嶽：《反洋教運動》，三聯書店，1962 年。

25. 顧長聲：《從馬禮遜到司徒雷登》，上海人民出版社，1985 年。

26. 何炳棣：《1368～1953 中國人口研究》，上海古籍出版社，1989 年。

27. 劉澤華、汪茂和、王蘭仲：《專制權力與中國社會》，吉林文史出版社，1988 年。

28. 劉澤華：《士人與社會》，天津人民出版社，1988 年。

29. 彭澤益：《十九世紀後半期中國的財政與經濟》，人民出版社，1983 年，第 151 頁。

30. 梁其姿：《施善與教化：明清的慈善組織》，河北教育出版社，2001 年。

31. 李向軍：《清代荒政研究》，中國農業出版社，1995 年。

32. 嚴中平：《中國近代經濟史》，人民出版社，1989 年。

33. 林治平：《近代中國與基督教論文集》（臺）宇宙光出版社，1981 年。

34. 蘇雲峰：《中國現代在的區域研究─湖北省》，（臺北）中央研究院近代史研究所，1982 年。

35. 楊念群主編：《空間、記憶、社會轉型──「新社會史」研究論文精選》，上海人民出版社，2001 年。

36. 嚴耕望：《秦漢郎吏制度考》，臺北，聯經出版公司，1991年。

37. 閻步克：《察舉制度變遷史稿》，遼寧大學出版社，1991年。

38. 賈熟村：《太平天國時期的地主階級》，廣西人民出版社，1991年。

39. 龍盛運：《湘軍史稿》，四川人民出版社，1990年。

40. 龐毅：《中國清代經濟史》，人民出版社，1994年。

41. 楊公素：《晚清外交史》，北京大學出版社，1991年。

42. 馮爾康、常建華：《清人社會生活》，瀋陽出版社，2001年。

43. 馬敏、朱英：《傳統與近代的二重變奏：晚清蘇州商會個案研究》，巴蜀書社，1993年。

44. 馬敏：《過渡形態：中國早期資產階級構成之迷》，中國社會科學出版社，1994年。

45. 馬敏：《官商之間：社會巨變中的近代紳商》，華中師範大學出版社，2003年。

46. 龔鵬程：《中國文人階層史論》，蘭州大學出版社，2003年。

47. 史革新：《中國社會通史‧晚清卷》，山西教育出版社，1996年。

48. 張研、牛貫傑：《19世紀中期中國雙重統治格局的演變》，中國人民大學出版社，2002年。

49. 周育民：《晚清財政與社會變遷》，上海人民出版社，2000年。

50. 劉志琴：《近代中國社會文化變遷錄》，浙江人民出版社，1998年。

51. 賀躍夫：《晚清士紳與近代社會變遷》，廣東人民出版社，1994年。

52. 王先明：《近代紳士》，天津人民出版社，1997年。

53. 徐茂明：《江南紳士與江南社會》（1368～1911），商務印書館，2004年。

54. 許順富：《湖南紳士與晚清政治變遷》，湖南人民出版社，2004年。

55. 桑兵：《晚清學堂學生與社會變遷》，上海學林出版社，1995年。

56. 桑兵：《庚子勤王與晚清政局》，北京大學出版社，2004年。

57. 李長莉：《晚清上海社會的變遷——生活與倫理的近代化》，天津人民出版社，2002年。

58. 劉海峰、李兵：《中國科舉史》，東方出版中心（上海），2004年。

59. 楊國強：《百年嬗蛻——中國近代的士與社會》，上海三聯書店，1997年。

60. 張玉田等編著：《中國近代軍事史》，遼寧人民出版社，1983年。

61. 程嘯：《晚清鄉土意識》，中國人民大學出版社，1990年。

62. 顧衛民：《基督教與近代中國社會》，上海人民出版社，1996年。

63. 郭松義、李新達、楊珍：《中國政治制度通史》，人民出版社，1996年。

64. 任恒俊：《晚清官場規則研究》，深圳海南出版社，2003 年。

65. 孫燕京：《晚清社會風尚研究》，中國人民大學出版社，2002 年。

66. 《近代中國教案研究》，四川社會科學院出版社，1987 年。

67. 余新忠：《清代江南的瘟疫與社會》，中國人民大學出版社，2003 年。

68. 〔英〕馬士：《中華帝國對外關係史》，北京：三聯書店，1957 年。

69. 〔美〕費正清：《劍橋中國晚清史》（上），中國社會科學出版社，1985 年。

70. 〔美〕費正清、劉廣京：《劍橋中國晚清史》下卷，中國社會科學出版社，1985 年。

71. 〔美〕芮瑪麗：《同治中興——中國保守主義的最後抵抗》，中國社會科學出版社，2002 年。

72. 〔美〕孔飛力：《中華帝國晚期的叛亂及其敵人》，中國社會科學出版社，1990 年。

73. 〔法〕魏丕信：《18 世紀中國的官僚制度與荒政》，江蘇人民出版社，2003 年。

74. 《日本學者研究中國史論著選譯》，中華書局，1993 年。

三、政治論著

1. 馬克思、恩格斯：《馬克思恩格斯選集》，人民出版社，1972 年。

2. 黑格爾：《歷史哲學》，三聯書店，1956 年。

3. 列寧：《列寧選集》人民出版社，1972 年。

4. 孫中山：《孫中山選集》，人民出版社，1981 年。

5. 毛澤東：《毛澤東選集》，人民出版社，1969 年。

6. 王亞南：《中國官僚政治研究》，中國社會科學出版社，1990 年。

7. 錢穆：《中國歷代政治得失》，三聯書店，2001 年。

8. 李劍農：《中國近百年政治史》，復旦大學出版社，2002 年。

9. 費孝通：《費孝通文集》，群言出版社，1999 年。

10. 《吾土與吾民》，三聯書店，1992 年。

11. 蕭功權：《中國政治思想史》，遼寧教育出版社，1998 年。

12. 黃仁宇：《近代中國的出路》，臺北聯經出版事業公司，1995 年。

13. 余英時：《士與中國文化》，上海人民出版社，2003 年。

14. 黃宗智：《中國研究的範式問題討論》，社會科學文獻出版社，2003 年。

15. 羅榮渠主編：《從西化現代化》，北京大學出版社，1990 年。

16. 李學勤：《中國古代文明與國家形成研究》，雲南人民出版社，1997 年。

17. 袁偉時：《晚清大變局中的思潮與人物》，深圳海天出版社，1992 年。

18. 劉澤華：《中國傳統政治哲學與社會整合》，中國社會科學出版社，2000
年。

19. 閻步克：《士大夫政治演生史稿》，北京大學出版社，1996 年。

20. 葛兆光：《中國思想史——七世紀前中國的知識、思想與信仰世界》（第
一卷）復旦大學出版社，1998 年。

21. 周良霄：《皇帝與皇權》，上海古籍出版社，1999 年。

22. 黃枝連：《天朝禮治體系》，中國人民大學出版社，1994 年。

23. 李天剛：《中國禮儀之爭》，上海古籍出版社，1998 年。

24. 金耀基：《從傳統到現代》，中國人民大學出版社，1999 年。

25. 顧長聲：《傳教士與近代中國》，上海人民出版社，1991 年。

26. 何懷宏：《世襲社會及其解體》，三聯書店，1996 年。

27. 何懷宏：《選舉社會及其終結》，三聯書店，1998 年。

28. 熊月之：《中國近代民主思想史》，上海社會科學院出版社，2002 年。

29. 熊月之：《西學東漸與晚清社會》，上海人民出版社，1994 年。

30. 郭漢民：《晚清社會思潮研究》，中國社會科學出版社，2003 年。

31. 王滬寧、林尚立、孫關宏：《政治的邏輯——馬克思主義政治學原理》，
上海人民出版社，1994 年。

32. 俞可平：《權利政治與公益政治：當代西方政治哲學評析》，社會科學文
獻出版社，2000 年。

33. 俞可平：《中國公民社會的興起與治理的變遷》，社會科學文獻出版社，
2002 年。

34. 吳惕安、俞可平：《當代西方國家理論評析》，陝西人民出版社，1994 年。

35. 王邦佐：《政治學與當代中國政治》，上海人民出版社，2005 年。

36. 徐勇：《非均衡的中國政治：城市與鄉村比較》，中央廣播電視出版社，
1992 年。

37. 徐勇：《鄉村治理與中國政治》，中國社會科學出版社，2003 年。

38. 林尚立：《當代中國政治形態研究》，天津人民出版社，2000 年。

39. 任劍濤：《倫理政治研究：從早期儒學視角的理論透視》，中山大學出版
社，1999 年。

40. 任劍濤：《道德理想主義與倫理中心主義：儒家倫理及其現代處境》，東
方出版社，2003 年

41. 陳明明：《所有的子彈都有歸宿》，天津人民出版社，2003 年。

42. 劉建軍：《中國現代政治的成長——一項對政治知識基礎的研究》，天津人民出版社，2003 年。

43. 鄧正來、亞歷山大主編：《國家與市民社會：一種社會理論的研究路徑》，中央編譯出版社，1999 年。

44. 時和興：《關係、限度、制度：政治發展過程中的國家與社會》，北京大學出版社，1996 年。

45. 馬長山：《國家、市民社會與法治》，商務印書館，2002 年。

46. 袁祖社：《權力與自由：市民社會的人學考察》，中國社會科學出版社，2003 年。

47. 馬小泉：《國家與社會：清末地方自治與憲政改革》，河南大學出版社，2001 年。

48. 唐士其：《國家與社會關係：社會主義國家的理論與實踐比較研究》，北京大學出版社，1998 年。

49. 何一民：《轉型時期的社會新群體——近代知識分子與晚清四川社會研究》，四川大學出版社，1992 年。

50. 黃奏勝：《倫理與政治之整合與運作》，臺北：中央文物供應社，1982 年。

51. 張國華：《大變局時代整合社會資源大師：五博士解釋曾國藩》，中華工商聯合出版社，2000 年。

52. 張繼紅：《整合與互動：民國時期中央與地方財政關係研究 1927～1937》南京師範大學出版社，1999 年。

53. 余國瑞：《中國文化歷程》，東南大學出版社，2004 年。

54. 呂元禮：《政治文化：轉型與整合》，江西人民出版社，1999 年。

55. 李軍：《變異與整合：玄儒佛道教育思想比較研究》，湖北教育出版社，1997 年。

56. 劉豐：《先秦禮學思想與社會的整合》，中國人民大學出版社，2003 年。

57. 張曉紅：《文化區域的分異與整合：陝西歷史地理文化研究》，上海書店出版社，2004 年。

58. 汪志國：《周馥與晚清社會》，合肥工業大學出版社，2004 年。

59. 夏曉紅：《晚清社會與文化》，湖北教育出版社，2001 年。

60. 陳國慶：《晚清社會與文化》，社會科學文獻出版社，2005 年。

61. 韓星：《儒法整合：秦漢政治文化論》，中國社會科學出版社，2005 年。

62. 王文元：《權力潛規則：中國歷史上的權力鬥爭》，中國市場出版社，2004 年。

63. 李軍：《士權與君權：上古漢魏六朝政治權力分析》，廣西師範大學出版社，2001 年。

64. 虞維華、張洪根：《社會轉型時期的合法性研究》，中國科學技術大學出版社，2004 年。

65. 楊宏山：《經濟全球化與政治發展：以政治合法性爲視角》，黑龍江人民出版社，2003 年。

66. 趙秀玲：《中國鄉里制度》，社會科學文獻出版社，2002 年。

67. 康沛竹：《災荒與晚清政治》，北京大學出版社，2002 年。

68. 〔德〕馬克斯‧韋伯：《經濟與社會》，商務印書觀，1997 年。

69. 〔德〕馬克斯‧韋伯：《學術與政治》，桂林：廣西師範大學出版社，2004。

70. 〔德〕馬克斯‧韋伯：《新教倫理與資本主義精神》。

71. 〔德〕于爾根‧哈貝馬斯：《交往與社會進化》，重慶出版社 1993 年。

72. 〔德〕于爾根‧哈貝馬斯：《公共領域的結構轉型》，學林出版社，1999 年。

73. 〔德〕于爾根‧哈貝馬斯：《合法化危機》，上海人民出版社，2000 年。

74. 〔德〕馬克斯‧舍勒：《知識社會學問題》，北京：華夏出版社。

75. 〔法〕讓——弗朗索瓦‧利奧塔爾：《後現代狀態——關於知識的報告》，三聯書店，1997 年。

76. 〔法〕讓——馬克‧誇克：《合法性與政治》，中央編譯出版社，2002 年。

77. 〔法〕M‧迪韋爾熱：《政治社會學》，華夏出版社，1987 年。

78. 〔法〕佩雷菲特：《停滯的帝國——兩個世界的撞擊》，三聯書店，1993 年。

79. 〔英〕羅素：《中國問題》，學林出版社，1999 年。

80. 〔英〕卡爾‧波普爾：《通過知識獲得解放》，中國美術學院出版社，1996 年。

81. 〔英〕艾爾曼：《從理學到樸學——中華帝國晚期思想與社會變化面面觀》，南京：江蘇人民出版社，1995 年。

82. 〔英〕邁克爾‧歐克肖特：《政治中的理性主義》，上海：上海譯文出版社，2004 年。

83. 〔英〕麥高溫：《中國人生活的明與暗》，1988 年，時事出版社。

84. 〔日〕三石善吉：《傳統中國的內發性發展》，中央編譯出版社，1999 年。

85. 〔日〕豬口孝：《國家與社會：宏觀政治學》，經濟日報出版社，1989 年。

86. 〔日〕原田鋼：《少數統治的原理：政治權力的結構》，臺北：黎明文化事業公司，1983 年。

87. 〔美〕費正清：《偉大的中國革命 1800～1985 年》，世界知識出版社，2000 年。

88. 〔美〕費正清、賴肖爾:《中國:傳統與變革》,江蘇人民出版社,1992年。

89. 〔美〕孔飛力:《叫魂——1768年中國妖術大恐慌》,上海三聯書店,1999年。

90. 〔美〕格林斯坦、波爾斯比:《政治學手冊精選》(上),商務印書館,1996年。

91. 〔美〕馬丁·李普塞特:《政治人:政治的社會基礎》,上海人民出版社,1997年。

92. 〔美〕塞繆爾·亨廷頓:《變化社會中的政治秩序》,上海:三聯書店,1989年。

93. 〔美〕萊斯利·里普森:《政治學的重大問題》,華夏出版社,2001年。

94. 〔美〕戴維·伊斯頓:《政治生活的系統分析》,華夏出版社,1989年。

95. 〔美〕加布里埃爾·A·阿爾蒙得、小G·賓厄姆·鮑威爾:《比較政治學:體系、過程和政策》,上海譯文出版社,1987年。

96. 〔美〕巴林頓·摩爾:《民主和專制的社會起源》,華夏出版社,1987年。

97. 〔美〕卡爾·A·魏特夫:《東方專制主義:對極權力量的比較研究》,中國社會科學出版社,1989年。

98. 〔美〕S·N·艾森斯塔得:《帝國的政治體系》,貴州人民出版社,1992年。

99. 〔美〕羅納德·H·奇爾科特:《比較政治學理論——新範式的探索》,社會科學文獻出版社,1998年。

100. 〔美〕史蒂文·塞德曼:《有爭議的知識——後現代時代的社會理論》,中國人民大學出版社,2002年。

101. 〔美〕杜贊奇:《從民族國家拯救歷史:民族主義話語與中國現代史研究》,社會科學文獻出版社,2003年。

102. 〔美〕亞當·弗格森:《市民社會史》,中國政法大學出版社,2003年。

103. 〔美〕吉爾伯特·羅茲曼:《中國的現代化》,江蘇人民出版社,1988年。

104. 〔美〕托馬斯庫恩:《科學革命的結構》,北京:北京大學出版社,2003。

105. 〔美〕約瑟夫·勞斯:《知識與權力——走向科學的政治哲學》,北京大學出版社,2004年,第12頁。

106. 〔美〕丹尼斯·朗:《權力論》,中國社會科學出版社,2001年。

107. 〔美〕丹尼斯·加爾布雷斯:《權力的分析》,河北人民出版社,1988年。

四、西文文獻

1. Parsons,*The Social System*,NewYork:FreePress,1961.

2. Ping-ti Ho，*The Ladder of Success in Imperial China*，Columbia University Press，New York，1962.

3. Rodney Hilton，*The Transitation from Feudalism to Capitalism*，London，1976.

4. Hao Chang，*Chinese Intellectuals in Crisis：Search for Order and Meaning*（1890～1911），Berkeley，Los Angels，London：University of California Press，1987.

5. Edited by David Shambaugh，*The Modern Chinese State*，Cambridge：Cambridge University Press，2000.

6. Frederic Wakeman，Jr.，*The Fall of Imperial China*，New York and London：the Free Press and Collier Macmillan Publishers，1975.

7. Jean Chesneaux，*Secret Societies in China. In the Nineteenth and Twentieth Centuries*，Michigan：The University of Michigan Press，1972.

8. Jerome B. Grieder，*Intellectuals and the State in Modern China：A Narrative History*，New York and London：the Free Press and Collier Macmillan Publishers，1981.

9. Larry D.Spence，*The Politics of Social Knowledge*，*University* Park and London：the Pennsylvania University Press.1978.

10. Livia Kohn，*Early Chinese Mysticism：Philosophy and Soteriology in the Taoist Tradition*，Princeton New Jersey：：Princeton University Press，1992.

11. Mark Elvin，*The Pattern of the Chinese Past*，London，1973.

12. Mark Mancall，*China at the Center：300 Years Foreign Policy*，New York and London：the Free Press，Collier Macmillan Publishers，1984.

13. Edited by Leonard Tivey：*The Nation-State：The Formation of Modern Politics*，Martin Robertson. Oxford，1981.

14. Richard J. Smith，*China's Cultural Heritage：the Qing Dynasty*，1644～1912，Boulder，San Francisco，Oxford：Westview Press，1994.

後 記

論文寫到現在這個位置，內心既欣然，又悵然。欣然自是喜於即將「刑滿釋放」。雖說我寫這篇論文還沒有那種死去活來的感覺，但畢竟是煎敖了數百個晝夜之後，才有了眼前這不厚不薄的冊子。悵然則憂於文章能否經得起考問？且不拔高，以古訓「文章千古事」爲鏡，設身處地講，一篇以史立論的東西，要從死人堆裏，做標新立異之舉，實在也不易。

馬克斯·韋伯在《學術作爲一種志業》那篇著名的演講中說道：「一旦你們認定了這個實踐立場，你們就是取這個神來服侍，同時也得罪了其他的神。」學術之爲，莫不如此。學術思想之間的通約性是常然，還是偶然，不是這裏所能說得清楚的。韋伯是在爲我們打氣，只要是有一以貫之的邏輯，要得罪「他神」的地方，也無妨無畏。我這樣擡出韋大師來，並不是要耍滑頭。

因爲，傳統的研究政治整合的路徑大家已耳熟能詳，那就是從「經濟——政治」的矛盾運動中，重構新政治，達到新的政治整合。而這裏，我選取的路徑是「知識——權力」的互動。沿著這樣的路子，我建構了中國傳統政治整合的模式——「知識權力化」，以及中國傳統政治的合法性模式——「解釋性合法性」，他們都需要接受人們的考問，乃至批判。

我從 1989 年起，就沐浴在復旦閃耀的學術光環和嚴謹的學術氛圍之中。在這斷斷續續十七年的時間裏，一語警言時刻銘記在我心中，「任何批評都會受到最熱烈的歡迎！」

復旦國政系是個可以自由思想、充滿人文關懷的好地方。十七年來，她孕育了我滿腹的感恩。

我首先要感謝業師王邦佐教授。業師對政治整合有著高屋建瓴的見解，

本篇論文從選題構思到觀點提煉都滲透著他的心血。從第一份論文提綱到論文定稿，他都一絲不苟、字斟句酌地爲我推敲，生動地演繹出他對政治科學的執著和淵悟。特別是他對學術路徑的寬容大度，使我獲得了自由思索的遠大空間。從業師長期關注的政黨與政治整合問題，跳躍到著眼於非政治因素來思考政治整合問題，正是業師學術思想的延伸。業師對我的教誨和關懷，也從學術上延伸到工作和生活的諸多方面。

孫關宏教授是我的碩士導師，雖然從他門下畢業已過去了十多年，但他一直待我如初。他對我有啓頑之恩，引領我進了這以「勤爲徑」的雅域。他同樣關心著我的發展。曹沛霖教授在倡導知識政治學的研究方面，建樹頗豐，我正是從他的授課中吸收了這樣的思想，才堅定地沿著「知識權力化」整合模式的路徑開展此項研究。林尙立教授是我讀碩士時的輔導員，但現在已成長爲中國政治學界的青年領軍人物。他對政治學的情商以及智慧令人分外欽佩。這篇文章無疑也是在經過他的指點和批駁之後，才敢拿出來亮相的。陳明明教授曾是我的同學，現在是我的老師，他一直鼓動我來復旦「回爐」，沒有他的鼓勵，我可能連做這篇論文的機會都沒有。劉建軍教授在知識政治學的研究方面，有獨到的見地，他的許多思想對我啓迪有加。

同窗學友蔣柳萍、袁峰、唐皇鳳、郭臺輝、張書平、徐邦友等，分別以交流、回應等方式爲我的論文寫作提供了諸多的學術資源。特別是蔣柳萍、袁峰同學充當了我三年的信使，並爲此篇論文的打印、送審做了十分煩人的工作，我深表謝意！

「路漫漫其修遠兮，吾將上下而求索！」，我願以本文爲起點，深化相關的研究，以報答所有關心、愛護我的人們！